本书的出版受到国家自然科学基金青年项目（项目批准号：72002091）的支持，也是北京第二外国语学院科研专项项目"公司利益相关者取向的前因、过程机制与价值创造"（KYZX23A024）的部分研究成果。

董事会监督对公司创新的影响研究

——基于友好型董事会与监督密集型董事会的视角

Research on the Influence of Boards' Monitoring on Corporate Innovation
——A Perspective of Friendly Boards and Monitoring-intensive Boards

罗肖依　著

中国财经出版传媒集团

经济科学出版社
Economic Science Press

图书在版编目（CIP）数据

董事会监督对公司创新的影响研究：基于友好型董事会与监督密集型董事会的视角/罗肖依著． －－北京：经济科学出版社，2023.5

ISBN 978 － 7 － 5218 － 4820 － 5

Ⅰ．①董…　Ⅱ．①罗…　Ⅲ．①公司 – 董事会 – 监管制度 – 影响 – 上市公司 – 企业创新 – 研究 – 中国　Ⅳ．①F279.246

中国国家版本馆 CIP 数据核字（2023）第 098891 号

责任编辑：庞丽佳　刘子鋆
责任校对：齐　杰
责任印制：邱　天

董事会监督对公司创新的影响研究
——基于友好型董事会与监督密集型董事会的视角
罗肖依　著

经济科学出版社出版、发行　新华书店经销
社址：北京市海淀区阜成路甲 28 号　邮编：100142
总编部电话：010 － 88191217　发行部电话：010 － 88191522
网址：www. esp. com. cn
电子邮箱：esp@ esp. com. cn
天猫网店：经济科学出版社旗舰店
网址：http://jjkxcbs. tmall. com
北京时捷印刷有限公司印装
710 × 1000　16 开　15.5 印张　223000 字
2023 年 5 月第 1 版　2023 年 5 月第 1 次印刷
ISBN 978 － 7 － 5218 － 4820 － 5　定价：60.00 元
（图书出现印装问题，本社负责调换。电话：010 － 88191545）
（版权所有　侵权必究　打击盗版　举报热线：010 － 88191661
QQ：2242791300　营销中心电话：010 － 88191537
电子邮箱：dbts@ esp. com. cn）

公司创新作为一项长期性的战略决策，不仅有助于促进公司的内生性增长及提高公司的长期价值和竞争力，对于一个国家的经济增长也至关重要。尽管创新对企业成长有重要作用，中国上市公司的创新投入水平还仍然比较低，据国泰安数据库统计，沪深 A 股上市公司 2011～2017 年的 R&D 密度的均值仅为 3.39%，以发明专利申请量衡量的创新绩效在不同公司之间还存在很大差异。扎根于代理理论的管理者机会主义行为及风险规避特征引致的创新活动中的代理风险，主要体现在两个方面：创新投资不足，以及对所投入的创新资源的无效配置。公司治理作为企业运行的一项根本制度，目的就是缓解代理问题，确保公司战略决策的科学化，以及使企业在追求短期目标与长期目标之间进行平衡。因此，如何设计最优的公司治理机制来缓解企业长期战略性投资决策——创新活动中的两类代理问题，是学术界及实践界面临的重要研究课题。

基于此实践背景和理论背景，结合中国转型经济的制度背景及注重"人情关系"的社会情境特征，引出了本书的核心研究问题：作为公司内部最高决策控制层级，同时又承载为高管团队提供战略咨询和建议职责的董事会，其友好性及监督密集性特征如何影响公司长期性的战略投资——公司创新。依托公司治理领域的代理理论、注意力基础观及资源依赖理论的思想，本书从三个视角探讨了友好型董事会及监督密集型董事会如何影响公司创新投入及创新绩效：通过影响（1）以 CEOs 为代表的高管团队的注意力分配；（2）以 CEOs 为代表的高管团队的信任感知，进而影响高管在创新投资中的短视倾向；（3）以 CEOs 为代表的高管团队主动向董事会分享信息的意愿及所供给信息的质量，进而影响董事会建议职能的有效性。

本书在结构上共分为 5 章。

第一章介绍了本书的实践背景与理论背景，以及本书的研究内容、研究方法与研究价值。第二章对本书的核心概念进行了界定，对相关领域的研究进行了文献述评，为后续章节提供相应的研究基础，并对本书所应用的核心理论的基本思想做了回顾与整理。第三章和第四章在理论上分析了董事会友好性、监督密集型董事会影响公司创新的内在机理，提出了相应的假设，并对假设进行了实证检验。第五章对论文的主要研究内容及结果进行了提炼和总结，结合本书的研究结论为相关监管部门及上市公司的实际控制者提出了政策与建议。

本书识别了影响公司创新投入及创新绩效的董事会层面的前置因素——董事会友好性及监督密集性，是对"友好的"董事会模型及"监督密集型"董事会在中国上市公司治理情境下，对战略决策影响有效性的检验。此外，作者在理论上初步探索了董事会友好性/及监督密集性影响公司创新投入及创新绩效的可能的三个内在过程，丰富了注意力基础观、CEO 风险承担行为及资源依赖理论领域的研究。希望本书能够对从事公司治理、董事会/高管团队治理相关领域的学术研究者有所帮助。由于个人能力有限，书中难免会有一些差错，恳请批评指正。

罗宵侬

2023 年 6 月于北京

目 录

第一章
引言

本章作为本书研究的切入点，首先，在对本书实践背景与理论背景介绍的基础之上提出了本书的研究问题；其次，围绕科学的研究问题设计了本书的研究内容、研究方法与技术路线；最后，论述了本书的研究价值与研究意义。

第一节　研究背景与问题提出

一、研究背景

"短期主义现象的效应是令人不安的……面临这些压力，越来越多的公司领导者开始实施那些短期能够为股东带来回报的行为，如回购股票或者红利增加，却对公司创新及有技能的劳动力以维持公司长期成长的投资不足。"

——劳伦斯·芬克（Laurence Fink），黑石集团 CEO，2015 年

（一）实践背景

创新对一个国家的经济增长（Aghion and Howitt, 1992；Grossman and Helpman, 1990, 1994；Jones, 1995；Romer, 1990）、企业的生存（Baumol, 2002；Porter, 1990；Schumpeter, 1942）及获取长期竞争力（Flammer and Bansal, 2017；Porter, 1992）的重要性已经得到了广泛的认可和证明。波特（Porter, 1992）认为要想有效地参与国际市场的竞争，一个国家的企业必须要持续地创新与升级他们的竞争优势，创新和升级来自可持续地投资于有形资产及无形资产，如研究与发展（R&D）。鲍莫尔（Baumol, 2002）认为创新活动对企业来说已经成为一个强制性的、非生即死的问题。创新能力对企业响应商业环境的变化（Eisenhardt and Brown, 1998；Eisenhardt and Martin, 2000）及确立市场领导力（Porter, 1990）都至关重要。2018 年发布的《财富》世界 500 强名单中，华为技术有限公司（以下简称"华为"）排名第 72 位，华为的崛起离不开其越来越强的研发实力，根据欧盟委员会发布的《2017 年欧盟工业研发投资记分牌》，在全球研发投入排行榜中，华为的研发投入紧随大众汽车、谷歌、微软、三星、英特尔，排名全球第六，2017 年用于研发的投入高达 897 亿元，占营业总收入比重达到 14.9%，过去十年，华为研发投入超过 3940 亿元，累计获得 74307 件专利，其中 90% 为发明专利。尽管华为的研发投入水平比较高，但中国企业整体研发和创新水平仍然处于较低的水平，根据国泰安（CSMAR）数据库披露统计，中国沪深 A 股上市公司 2011～2017 年的 R&D 密度（R&D 投入占营业总收入的水平）的均值为 3.39%，表明中国上市公司的创新投入水平仍然比较低，并且企业在配置财务资源于构建创新能力及开发新产品方面的行为也并不相同。事实上，即便在控制行业、企业规模、绩效等因素之后，中国企业间的 R&D 投资水平及创新绩效仍存在很大的差异。成力为和戴小勇（2012）通过对 2005～2007 年中国 30 万家工业企业的研发投入分布特征进行描述性统计分析，发现销售收入在 3 亿元以上的特大型企业，其研发费用占销售收入的比重也只有 0.52%，并且研发投入在不同行业和地区之间的分布存在很大差异。企业研发投入受政府引导作用明显，政府的科技支持及银行信贷资金支持对不同经济类型企业的研发投入有显著的促进作用，但是企业仍缺乏内生性的激励进行研发投入。

此外，创新活动中存在一些特征：（1）高风险性，有高的失败风险，但也有获取超额回报的可能性；（2）不可预测性及不确定性，很多未来的情境是难以预测的；（3）长期与多阶段特征，创新与研发项目需要经历发明、开发及完成的阶段，并且在任何一个阶段都有被终止的风险；（4）信息不对称及异质性，创新项目与其他项目往往很难相互比较。这些特征导致创新活动中的代理风险极高（Baysinger，Kosnik and Turk，1991；Holmstrom，1989；Lee and O'Neill，2003）。

（二）理论背景

有关创新的大部分研究基于代理理论中管理者机会主义的思想，股东和 CEOs 对待风险投资有不同的偏好，由于股东可以通过多个企业多元化他们的投资，因此股东是风险中立的。CEOs 不能够多元化他们的雇佣及薪酬风险，因此，CEOs 倾向于承担比股东期望的更少的风险。此外，由于管理者并不需要承担决策的全部成本，他们会偏离于价值最大化的行为以增加控制权的私有收益（周建等，2017）。这种利益冲突也会产生于企业的创新活动中，投资于创新活动会增加管理者的个人成本，一方面，他们需要掌握新的技能或管理新的不确定性；另一方面，当创新活动失败引致的企业绩效下降会使管理者面临被解雇的风险，因此，管理者为了规避失败的风险并没有将创新活动开展到最优的水平（Aghion，Reenen and Zingales，2013；Manso，2011）。

因此，扎根于代理理论的管理者的机会主义行为及风险规避特征引致的创新活动中的代理风险主要体现在两个方面：一是创新投资不足（Kochhar and David，1996；Hoskisson，Hitt，Johnson and Grossman，2002；David，O'Brien and Yoshikawa，2008）；二是对所投入的创新资源的无效配置，也就是说增加创新投入并不总是能够为企业创造更多的价值，何和王（He and Wang，2009）及周等（Zhou et al.，2017）认为代理风险会降低投入于创新活动中资源的利用效率。进一步地，贾等（Jia et al.，2019）基于多任务模型识别了能够产生这种创新资源利用无效率的一种特定类型的代理风险，他们认为代理人会以牺牲创新的质量（创新的新颖性）为代价，去追逐更容易被量化考评指标所考核的创新的数量。如果忽视了创新的质量会导致企业偏离于最优的价值，也不能使企业培养创新能力、竞争优势及获取长期的可持续成长。

因此，如何设计最优的公司治理机制来缓解企业长期战略性投资决策——创新活动中的两类代理问题是学术界及实践界面临的重要研究课题。公司治理、战略、组织理论及经济学领域已有大量的研究者从所有权结构、所有权性质，董事会内外部董事的构成、董事会多样性、连锁董事及董事会资本，CEOs及高管团队特征、薪酬激励等监督与激励机制的设计来考察对管理者从事于创新活动的影响（Aghion and Tirole，1994；Balkin，Markman and Gomez – Mejia，2000；David，Hitt and Gimeno，2001；Graves，1988；Hansen and Hill，1991；Manso，2011；Zahra，1996）。

董事会代表公司决策控制系统的最高层级（Fama and Jensen，1983），是控制和降低公司长期战略性投资决策——创新活动中代理风险的第一道防线。董事会作为战略决策群组（Forbes and Milliken，1999），虽然他们很少专研战略决策的具体细节，如给定创新方案的特定内容，但是一项由斯泰尔斯（Stiles，2001）发起的调查描述了董事会如何通过塑造高管进行公司创新的情境，使高管能够实施创新举措来促进公司的创新，他对所调查的其中一家公司的描述如下：

"创新正在被积极地寻求，对战略想法的限制被放松了，董事会允许从新的及难以预期的来源中获取企业的成长。通过设定战略参数，董事会能够确定组织承担的战略更新的程度，容忍超出已有战略情境的活动能够产生新的资源组合，这有助于企业获取竞争优势。"通过塑造和培养支持高管追逐创新的情境，董事会能够显著地影响公司追逐创新的程度，董事会可以为公司确立主导的方向，强调创新和变革而不是保守和效率，培养董事会与高管团队之间共同的信念，确立战略参数以容忍潜在的损失，鼓励高管对其创新提案进行不断试错，定期与高管讨论创新方案（Stiles，

2001）。

体现董事会监督强弱的两个重要维度特征——友好性与监督密集性①，能够直接影响和塑造高层管理者的创新行为。因此，本书探讨中国转型经济的制度背景下，董事会的友好性与监督密集性特征对公司创新的影响具有重要的理论意义。因为代理理论的核心思想认为随着所有权和控制权的分离，代理问题必然要发生，董事会制度的产生及董事会的职责在很大程度上就是对管理层进行监督和控制。2002 年美国证监会通过的萨班斯—奥克斯利法案及 2003 年中国证监会制定的《关于在上市公司建立独立董事制度的指导意见》都明确要求外部独立董事更大程度地参与公司治理。管制要求在很大程度上是基于或者寄希望于独立董事能够更好地约束以 CEOs 为代表的管理层，这种观点深深地根植于公司财务与公司治理理论（Fama and Jensen，1983；Jensen，1993）。尽管管理者和学术研究者在理论上对独立董事有益于公司已经达成了广泛的共识，但是很少有实证证据支持独立董事能够提高公司价值或效率。此外，有研究表明，在一些条件下，更不独立及更为友好的董事会有助于提升股东价值（Adams and Ferreira，2007）。当然，如果仅仅把某一董事会特征与企业绩效联系起来是有问题的，由于董事会构成与企业价值都是内生性的变量，推断二者之间的关系是困难的。施密特（Schmidt，2015）使用 CEO 与外部董事之间的社会关联作为友好型董事会的替代指标，考察友好的董事会对并购决策的影响，发现当董事会建议的潜在价值比较高时，友好的董事会能够增加并购回报，相反，当企业的监督需求比较高时，友好的董事会会降低并购回报。

董事会是公司战略决策控制最终的法律实体，董事会需要审议及批准

---

① 友好型董事会及监督密集型董事会在变量的度量上是 0 - 1 二值变量，董事会友好性及监督密集性代表董事会友好性及监督密集性的程度，是一种连续变量。由于对友好型董事会的衡量使用董事会与 CEO 之间友好性的连续程度更为贴切，本书在第三章的实证分析中使用董事会友好性连续变量作为核心的自变量进行回归。对于监督密集型董事会我们更想考察强的密集型监督董事会的影响，因此在本书第四章的实证分析中使用监督密集型董事会 0 - 1 二值变量作为核心自变量进行回归。但本书中"友好型董事会与董事会友好性""监督密集型董事会与董事会监督密集性"在概念意义上代表的含义相同。

公司基本的运营、财务决策及其他的公司计划和战略。由于管理者偏好的项目并不总是那些能够最大化股东价值的项目，董事需要对这些项目进行评价、提供建议及监督。由于很多董事会成员尤其是独立董事在其他地方都有全职工作，他们依赖 CEOs 提供的企业特定信息，CEOs 提供的有关企业投资机会的信息质量越高、越充分，董事会的建议职能越能有效发挥。由于监督密集型的董事会会更为密切地监督管理层，CEOs 在分享信息时会面临一个折中，一方面，如果 CEOs 分享更充分的信息时，董事会会给以 CEOs 为代表的管理层提供更好的建议；另一方面，CEOs 给董事会提供的信息越多，越有助于董事会确定适合于企业的选择区间，董事会拥有的有关这些选择的信息越精确，越可能干预公司战略决策。因此，亚当斯和费雷拉（Adams and Ferreira，2007）认为当董事会监督过强时，会降低 CEOs 给董事会分享企业特定信息的意愿及可能性。董事会的建议角色与监督角色可能会冲突，由于中国股权结构的独特特征，两类代理问题在中国上市公司中共存，在选择和设计董事会时，股东和管理层可能会倾向于董事会的一种角色而不是另外一个。由于董事会不同角色之间潜在的冲突，亚当斯和费雷拉（2007）认为管理层友好的董事会可能是最优的，强监督型董事会会使管理者过度关注短期目标的实现，而较少将注意力放在长期的战略性投资研发和创新上。

因此，虽然董事会监督对于促进创新投资有重要的作用（Kor，2006；Lim and Mccann，2013；Zona，2016），但不能被忽视的是，与监督职能同等重要的是董事会为管理者提供有价值的建议的职能。过强的监督一方面会转移以 CEOs 为代表的高管团队注意力的分配区间，过于关注短期业绩目标的实现，而降低对长期创新投资及新颖式创新的关注；还会造成高管团队对董事会的不信任感知，会进一步强化管理者的短视倾向及更大程度的风险规避；另一方面强的董事会监督还会降低以 CEOs 为代表的高管团队主动向董事会提供和分享企业专有信息的意愿及所提供信息的质量，这就会使处于信息劣势的董事会很难有效发挥其建议职能（Hoskisson，Castleton and Withers，2009；Manso，2011）。公司创新活动是高度复杂的过程，从新想法的产生、创新项目的筛选、评价到研发生产的整个过程，都需要董事会与高管团队之间高度紧密的沟通互动及战略合作，高管团队及时向董事会反馈创新过程中的问题，董事会依赖其丰富的经验和专长为高管提供解决问题的方案及建议，而董事会的友好性及监督密集性特征恰恰能够影响这个过程。因此，在中国转型经济背景及关系型社会情境特征下，探讨不同的董事会监督类型（友好型董事会与监督密集型董事会）对企业长期战略性投资决策——创新投入及创新绩效的影响具有重要的理论意义和现实意义。

二、研究问题

公司治理的目的是确保公司战略决策的科学化以使企业获得可持续的竞争优势。好的公司治理机制能够使企业在追求短期目标与长期目标之间进行平衡，公司创新活动作为一项公司长期性的战略决策，能够促进企业的内生性增长及提高企业的长期价值和绩效。贝洛克（Belloc，2012）及奥沙利文（O'Sullivan，2000）认为公司治理是公司开展创新活动的制度基础。党印和鲁桐（2012）也认为公司治理作为企业运行的基本制度，应以促进公司创新为导向，通过促进创新活动来提高公司价值，进而实现股东及利益相关者福利。公司治理对创新的影响可以追溯至科斯（Coase，1937）对企业理论的贡献，即企业并不是一个"黑箱"，而是组织、协调投入生产的劳动及资本所有者之间关系的机构，依据这个观点，公司治理系统是影响企业创新的最为核心的因素，因为它能够影响个体在企业内部整合他们的人力资源和物质资源的方式，以及影响个体如何作出投资决策。然而，公司治理系统中最为核心的两个制度就是董事会与高管团队，董事会与高管团队作为公司战略决策的核心主体，分别拥有决策的控制权和决策的管理权，具体地，高管团队负责决策方案的起草和实施，董事会负责对高管的决策方案进行审批、提供建议、监督战略决策的执行及对高管的实施效果进行评价（Fama and Jensen，1983）。

　　因此，本书研究的核心问题聚焦于在中国转型经济的制度背景下及典型的注重"人情关系"的社会情境中，处于公司内部最高决策控制层级，同时又负有为高管团队提供战略建议职责的董事会，其友好性及监督密集性特征如同一个连续体的两极，虽然不是完全相互对立，也有交叉重叠的部分，但是相对于以 CEOs 为代表的高管团队来说，至少可以代表相反的两个方向（一个是管理层友好的董事会，一个是强监督的董事会）如何影响公司长期性的战略投资——创新投入水平及创新绩效。具体地，本书研究的问题表述如图 1-1 所示，具体可以分解为以下三个方面。

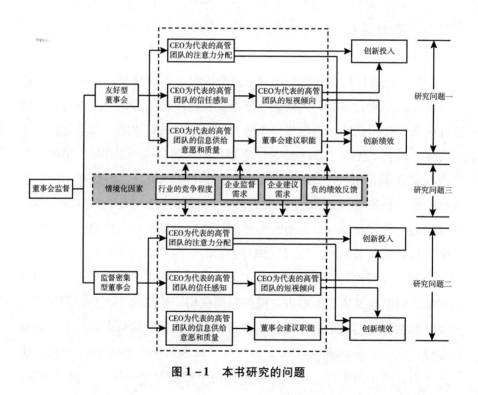

图 1-1　本书研究的问题

　　研究问题一，友好型董事会如何通过影响以 CEOs 为代表的高管团队的注意力分配和信任感知进而影响其短视倾向来影响公司的创新投入？如何通过影响以 CEOs 为代表的高管团队的注意力分配和信任感知进而影响其短视倾向？如何通过影响以 CEOs 为代表的高管团队的信息供给意愿和质量来影响董事会建议职能的有效性，进而影响公司的创新绩效？

研究问题二，监督密集型董事会如何通过影响以 CEOs 为代表的高管团队的注意力分配和信任感知进而影响其短视倾向来影响公司的创新投入？如何通过影响以 CEOs 为代表的高管团队的注意力分配和信任感知进而影响其短视倾向？如何通过影响以 CEOs 为代表的高管团队的信息供给意愿和质量来影响董事会建议职能的有效性，进而影响公司的创新绩效？

研究问题三，友好型董事会与监督密集型董事会在什么情境条件下更为有效？具体地，我们分析了行业的竞争程度、企业的监督需求及企业负的绩效反馈会对友好型董事会与创新投入及创新绩效之间的关系产生什么样的调节作用？行业的竞争程度、企业的建议需求及企业负的绩效反馈会对监督密集型董事会与创新投入及创新绩效之间的关系产生什么样的调节作用？

第二节　研究内容与研究方法

一、研究内容

本书主要的研究内容包括：

第一，友好型董事会对公司创新投入及创新绩效的影响。由于高管团队的注意力是稀缺的资源，其注意力的分配能够在很大程度上决定公司的战略方向和战略重点，探讨影响高管团队注意力分配的前置因素有助于我们更好地理解公司的创新行为。基于注意力基础观的核心思想，本研究认为独立董事与 CEO 基于校友关系和老乡关系形成的董事会社会友好性，以及独立董事与 CEO 基于人口统计学特征的相似性（职能背景、教育水平及年龄）形成的董事会人口统计学特征友好性，可以影响以 CEO 为代表的高管团队分配到创新活动中的注意力，进而影响公司创新投入水平。此外，基于社会资本理论，CEO 更可能把与其有校友关系和老乡关系的独立董事归为自己人，进而建立"朋友"关系；基于社会分类和相似吸引原则，CEO 更可能把与其人口统计学特征相似的独立董事个体归为"内群组"，因此，当董事会中有与 CEO 存在校友关系或老乡关系，以及人口统计学特征相似的独立董事个体时，以 CEO 为代表的高管团队更可能对董事会产生信任感知，高管会认为友好的董事会会为他们的战略决策提供更多自由决策的空间及增加对失败的容忍度，这样就会降低由于创新失败导致绩效下降 CEO 会被解雇的风险，进而降低其短视倾向，增加对创新的投入及追逐高质量的创新活动。基于资源依赖理论，友好的董事会会增加以 CEOs 为代表的高管团队与董事会主动分享信息的意愿及所提供信息的质量，高质量的信息有利于增加董事会在创新决策及创新活动中提供建议的质量，进而提高创新的绩效。但是由于中国社会较为注重"人情关系"，并且"裙带关系"现象在中国上市公司中也较为普遍，上市公司独立董事与 CEO 基于校友关系和老乡关系形成的董事会社会友好性，很可能是由控股股东或管理层对独立董事选聘干预的结果，这样就会使得友好的董事会依附于控股股东或管理层，而在很大程度上降低监督的有效性，进而产生"友谊的成本"，加重管理者在创新投资决策中的机会主义行为，不利于公司的创新投入及创新绩效。

第二，监督密集型董事会对公司创新投入及创新绩效的影响。监督密集型董事会在管理层的眼中是与友好的董事会相对立的一面，虽然现有研究中主要从独立董事的比例或者独立董事是否拥有财务会计专长这种结构性特征来代替董事会的监督，但是出于遵从制度规范的压力及满足合法性要求，上市公司独立董事的设定大多仅停留在满足结构上的比例要求，而独立董事在实际中缺乏真正的独立性，这样我们就不能仅仅依靠董事会中独立董事的比例来代表董事会的监督强度（周建等，2016）。独立董事在董事会内部不同于委员会尤其是监督委员会（审计、提名及薪酬委员）中的任职和兼任情况往往被现有研究所忽略，然而，在多于一个监督委员会中任职的独立董事更能感知为其主要的职责是监督而不是为管理层提供建议，独立董事监督的边际价值更高，能够显著地提高董事会的独立性及监督能力（Nguyen and Nielse，2010）。有关组织公平的文献表明，如果独立董事在多于一个监督委员会中任职，他们会感知到不公平，如果他们仍然需要承担董事会的建议职责，这些独立董事会降低投入到建议中的努力程度以重塑平等感知（Colquitt，Conlon and Wesson，2001），独立董事建议的边际价值会降低，会显著地降低董事会建议职能的有效性。法尔伊等（Faleye et al.，2011）把董事会中有多数独立董事同时在两个及两个以上的公司治理监督委员会（审计、提名及薪酬委员会）中任职的董事会称为监督密集型董事会。

本书从三个理论视角来考察监督密集型的董事会对公司创新投入及创新绩效的影响：其一，基于注意力基础观的核心思想，本研究认为监督密集型的董事会会改变以 CEOs 为代表的高管注意力分配的区间，把更多的注意力分配到如何实现业绩目标中，而降低对创新活动及远距离与新颖性创新搜寻的关注。其二，基于代理理论的观点，本研究认为监督密集型董事会会使得以 CEOs 为代表的高管降低对董事会的信任感知，认为董事会对高管战略决策失败有较低的容忍度，一旦创新项目失败，会面临更大的解雇风险，进而会强化战略投资中的短视倾向，降低创新投入水平。其三，基于代理理论和资源依赖理论，本研究认为监督密集型董事会会降低以 CEOs 为代表的高管对董事会主动分享战略信息的意愿及所提供信息的质量，这就使得原本就处于信息劣势的董事会掌握更少有关企业专有化的信息，进而降低其对创新项目及创新过程所能提供建议的质量，不利于创新绩效的提升。

第三，本研究将行业层面的行业竞争程度、企业层面企业的监督需求、企业的建议需求及企业负的绩效反馈作为调节变量，来考察情境化因素对友好型董事会与创新投入及创新绩效，以及监督密集型董事会与创新投入及创新绩效之间关系的调节作用，有助于检验友好型董事会及监督密集型董事会与创新投入及创新绩效之间关系的边界范围。

第四，为了考察友好的董事会及监督密集型董事会到底是降低企业价值，还是能够提高企业价值，本研究进一步检验友好的董事会及监督密集型董事会对企业绩效的影响，以及公司创新投入和创新绩效是否在友好的董事会及监督密集型的董事会与企业绩效之间发挥中介效应。

本书的章节内容及结构安排如下：

第一章为引言部分。本章首先介绍了本研究的实践背景和理论背景，在此基础上提出了本书的核心研究问题。其次，介绍了主要的研究内容及使用的科学研究方法。最后，结合本书的研究主题、研究内容及研究方法凝练了本研究的理论意义和现实意义，以及可能出现的研究创新。

第二章为文献述评与相关理论基础。本章首先对本书所涉及的核心概念（公司创新、董事会监督有效性、董事会的监督职能与建议职能、友好型董事会及监督密集型董事会）进行了简单的概念界定。其次，分别围绕公司内部治理特征（所有权结构及性质、高管特征及董事会特征）影响公司创新投入及创新绩效的相关研究，董事会友好性相关研究，董事会委员会监督有效性相关研究进行文献的回顾与梳理，并在总结梳理的基础上进行了文献的述评。最后，对本书所用到的核心理论（代理理论、注意力基础观、资源依赖理论及企业行为理论）的基本思想做了简单的回顾与整理，为第三章和第四章的理论分析与假设提供理论基础。

第三章为友好型董事会对公司创新的影响。本章首先分别对董事会友好性的两个维度（董事会社会友好性及董事会人口统计学特征友好性）影响公司创新投入及创新绩效的内在机理进行理论分析，并在理论分析的基础上提出本章的主研究假设。然后，分别对行业竞争程度、企业监督需求及企业负的绩效反馈如何调节董事会友好性与公司创新投入及创新绩效之间的关系进行理论分析，以及提出相应的研究假设。其次，介绍了检验假设所构建的回归模型、变量的设计与度量、样本的筛选，以及研究方法的选取，在实证分析中使用随机效应的混合 Tobit 回归、混合的 Poisson 回归并聚类稳健标准误。最后，得出本章的研究结论（描述性统计分析与皮尔逊相关性分析）及主要的回归结果，并做进一步检验（按照高科技企业和非高科技企业的分样本检验，按照国企和非国企的分样本检验，负二项分布回归的稳健性检验），控制潜在遗漏变量的内生性检验，以及董事会友好性影响公司绩效的中介效应检验，并对本章的回归结果进行了总结分析和讨论。

第四章为监督密集型董事会对公司创新的影响。本章首先对监督密集型董事会影响公司创新投入及创新绩效的内在机理进行理论分析，并在理论分析的基础上提出本章的主研究假设。然后分别对行业竞争程度、企业建议需求及企业负的绩效反馈如何调节监督密集型董事会与公司创新投入及创新绩效之间的关系进行理论分析，以及提出相应的研究假设。其次，本章介绍了检验假设所构建的回归模型、变量的设计与度量、样本的筛选，以及研究方法的选取，在实证分析中使用了随机效应的混合 Tobit 回归、混合的 Poisson 回归并聚类稳健标准误。最后，得出本章的研究结论（描述性统计分析与皮尔逊相关性分析）及主要的回归结果，并做进一步检验（按照国企和非国企的分样本检验），以及使用董事会监督密集性连续变量替代监督密集型董事会二值变量的负二项分布回归的稳健性检验，并对本章的回归结果进行了总结分析和讨论。

第五章为研究结论与政策建议。本章首先对主要研究内容及结果进行了提炼和总结，以此回答本书提出的研究问题。其次，结合本书的研究结论为相关监管部门及上市公司实际控制者提出可应用于实践的政策与建议。最后，对本书研究过程中遇到的难题、局限性做了回顾，以及对未来进一步可能拓展及值得研究的方向做了讨论。

二、研究方法

依据本书的研究内容，建立在中国特定的制度情境下，从代理理论、资源依赖理论、注意力基础观及企业行为理论的核心思想出发，考察不同的董事会监督类型——友好型董事会与监督密集型董事会对企业长期性战略投资——创新投入与创新绩效的影响，并考察不同层面情境化因素——行业层面（行业的竞争程度）、企业层面的监督需求与建议需求及企业负的绩效反馈对不同董事会监督类型对企业创新决策之间关系的调节效应。

这需要文献分析法与理论推演法，在此基础上形成研究假设并对假设进行实证检验和分析，需要规范的实证分析法如多元回归分析。具体地，本书使用的研究方法主要包括：

（1）文献分析法。文献分析法是对相关研究领域文献的搜集与整理，然后针对该研究主题对现有研究的脉络及进展进行归纳、总结与分析。首先，本书从影响企业创新投入和创新绩效动因的研究入手，总结引发企业创新投入及提升创新绩效的已有相关研究基础，结合代理理论、资源依赖理论、注意力基础观的前沿研究，分析董事会监督类型（友好型董事会及监督密集型董事会）对企业创新投入与创新绩效之间的关系，以及行业层面（行业的竞争程度）、企业层面的监督需要与建议需求对董事会监督类型与创新投入及创新绩效之间关系的调节效应。其次，基于企业行为理论的相关研究，分析企业负的绩效反馈对董事会监督类型与创新投入及创新绩效之间关系的调节效应。此外，对代理理论、资源依赖理论、注意力基础观及企业行为理论的文献梳理，能够帮助本书对于基本概念进行更为清晰的界定，也有助于本书识别和构建董事会监督类型影响公司创新投入与创新绩效的内在机制，进而形成本书研究的逻辑基础。

（2）理论演绎法。在主要研究问题的基础之上，通过分析所应用理论之间的相关性，并运用经典理论的核心思想去解读实践现象背后的逻辑，有助于勾勒出核心构念之间的因果关系。本书对中国制度情境下企业创新活动中代理问题的思考，受悖论元理论的思想所启发，将基于代理理论、资源依赖理论、注意力基础观的推理展开，分析公司核心战略决策主体董事会的监督类型对以 CEOs 为代表的高管团队进行研发投入这种长期性战略投资决策行为及创新绩效的影响。

（3）实证分析方法。实证分析方法是依据现有理论基础及实践发展的需求，通过对现象变化情况的观察、记录与测度，进而检验变量之间因果关系的一种科学研究方法，其主要目的是检验及论证研究结论的合理性。本书实证分析部分的流程为：首先，根据研究假设进行变量的设计与度量、选取合适的研究模型；其次，样本的选择及数据的处理；再次，根据样本的特征进行实证分析，主要包括描述性统计分析、相关性分析、回归分析等内容；最后，得出本书的研究结论。

具体地，针对董事会监督类型（友好型董事会及监督密集型董事会）对公司创新投入与创新绩效影响的分析，本书所采用的实证分析方法主要包括多元回归分析、随机效应的面板 Tobit 回归、计数模型的混合 Poisson 回归、负二项分布回归。而在加入行业的竞争程度、企业的监督需求与建议需求及企业负的绩效反馈的调节变量之后，需要增加调节效应的分析。在分析友好型董事会及监督密集型董事会通过创新投入及创新绩效对企业价值的影响时，需要使用中介效应的分析方法。

多元回归分析的基本思想是通过自变量与因变量现有的数据去找出最能代表它们之间关系的数学表达形式。调节效应分析，即因变量 Y 与自变量 X 的关系是变量 Z 的函数，即 Y 与 X 的关系受第三个变量 Z 的影响，则称 Z 为调节变量。中介效应分析，即在考察自变量 X 对因变量 Y 的影响时，如果自变量 X 通过影响变量 M 来影响因变量 Y，则称 M 为中介变量，具体地，根据加入中介变量 M 之后，自变量 X 对因变量 Y 影响显著性的改变，中介效应还可以进一步分为部分中介和完全中介（温忠麟等，2005）。

本书主要使用 Stata14.0、Excel 与 Matlab 进行数据的处理与统计分析。具体地，Excel 用于本书数据的预处理，Matlab 用于深度挖掘与整理，Stata14.0 用于分析本书构建的模型所使用的面板数据回归。

综合上述研究方法，本书的技术路线如图 1-2 所示。

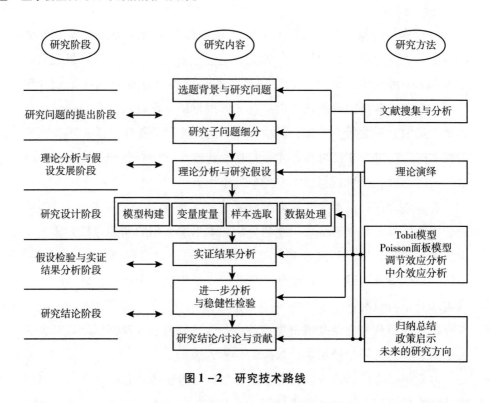

图1-2 研究技术路线

第三节 研究意义与研究创新

一、研究意义

(一)理论意义

第一,本书以中国上市公司为研究情境,分析不同的董事会监督类型(友好型董事会与监督密集型董事会)在中国转型经济的制度背景下及关系型社会情境特征下,影响公司创新投入及创新绩效的内在机制。这是对代理理论强调的以董事会监督为核心的上市公司应该设置"强董事会监督"思想在处于转型经济的中国情境下有效性的检验和拓展。代理理论认为董事会的监督水平越高，越有利于缓解管理者的代理问题及机会主义行为，即阻止管理者从事"坏"的降低公司价值的战略，但是忽视了一味地强调监督会使得高管产生对董事会的不信任感，这种不信任感会带来"过犹不及"的效应，即会加重高管的战略短视，使高管认为一旦决策失败导致绩效的降低就很可能被解雇，因此，高管在战略决策中会规避远距离的及新颖式的搜寻，更为遵从常规化的、路径化的搜寻以规避不确定性带来的失败风险。因此，本书的研究是对代理理论及管理层风险规避及风险承担行为研究的拓展。

第二，本书通过分析不同的董事会监督类型（友好型董事会与监督密集型董事会）影响创新投入及创新绩效的内在机制，能够丰富注意力基础观领域的研究。因为董事会的友好性与监督密集性可以影响以 CEOs 为代表的高管注意力的分配。由于不同的问题及战略任务会分散高管有限的注意力（Cyert and March，1963），高的任务需求如密集型的董事会监督需要管理者配置更多的注意力来关注与该任务相关的问题，如何实现季度或年度的盈利目标，该绩效任务会使管理者的注意力关注外部环境变化。不同任务之间的竞争性需要越大，高管的注意力越可能被分散，管理者就会降低对创新的关注，导致研发密度的降低。相反，当董事会的友好性提高时，董事会监督会减弱，以 CEOs 为代表的高管团队会面临更少的竞争性的任务需求，将更多的注意力配置到创新项目和高质量的创新活动中。

第三，本书通过分析不同的董事会监督类型（友好型董事会与监督密集型董事会）影响企业长期战略性投资决策——创新投入及创新绩效的内在机制，能够丰富资源依赖领域的研究。在对董事会角色及职能的理解和研究的过程中，一个不容忽视的问题是，与董事会监督职能同等重要的是董事会还拥有战略决策中的建议供给职能。监督密集型的董事会会降低以 CEOs 为代表的高管积极主动与董事会分享战略信息及企业专有信息的意愿及所提供信息的质量，这样会降低董事会建议职能在创新决策中的有效性。相反，友好的董事会会增加以 CEOs 为代表的高管积极主动与董事会分享战略信息及企业专有信息的意愿及所提供信息的质量，这样会增加董事会建议职能在创新决策中的有效性。因此，本研究认为董事会的友好性及监督密集性会破坏董事会监督及建议职能之间的平衡，最终使得某一职能不能有效发挥作用带来的"成本"远超出另一职能发挥作用带来的"收益"，而导致管理者作出不利于公司价值的战略决策。

（二）实践意义

第一，创新是企业内生性增长的一个重要来源，对于中国企业在国内外市场上获取核心竞争力及长期竞争优势至关重要。中国政府也越来越强调建立一个创新取向的经济及创新型国家的重要性，把创新提到了最为重要的战略地位上，并且鼓励企业进行自主创新。2006 年，中国政府提出到 2020 年成为世界领先的创新国家，到 2050 年成为科技的领先者。本书研究公司治理的核心机制董事会监督类型（友好型的董事会及监督密集型的董事会）对公司创新投入及创新绩效的影响，为降低创新活动中的代理风险，提高创新投入水平及创新的质量，进而提高核心竞争力有很强的借鉴意义。

第二，在上市公司董事会尤其是独立董事制度的建设中，虽然上市公司都满足了证监会规定的独立董事应该占董事会总人数 1/3 的标准，但是董事会的监督及建议职能的有效性是无法依赖于独立董事的人数及比例要求决定的，上市公司董事会监督机制，尤其是董事会中有多个独立董事同时在两个及两个以上监督委员会（审计、薪酬及提名）中任职形成的"密集型监督"虽然提高了董事会监督的强度，但是对公司的创新投入及创新绩效的提升并不是普适的有效的公司治理机制。监督密集型董事会在提高监督的边际收益的同时，也在很大程度上增加建议质量下降引致的成本。

第三，基于独立董事—CEO 之间的校友关系及老乡关系形成的董事会社会友好性会引致"友谊的成本"，董事会的社会友好性所提供的建议的收益，远远低于其监督无效的成本，进而会增加管理层的堑壕及机会主义行为，不利于公司长期性的战略投资及创新绩效的提升。但是独立董事—CEO之间基于人口统计学特征相似性形成的董事会人口统计学特征友好性能够发挥"友好性"的功效，促进管理者将更多的注意力分配到创新投资及新颖性创新的活动中，会增加董事会—高管之间的信任关系，为高管的战略决策提供更多的包容性及探索的空间，还会增加董事会—高管之间的信息互换及战略合作，进而提高董事会在创新战略决策中建议职能的有效性。因此，本研究对上市公司应该选择友好型董事会还是监督密集型的董事会有较强的借鉴意义和政策启示。

二、研究创新

本书预期在以下内容中发展及细化已有研究，从而形成研究创新。

第一，不同于以往从更为宏观的制度因素、竞争、企业内部资源能力及公司治理特征影响公司创新的视角，结合转型经济的制度背景及"关系型"社会的情境特征，本书进一步识别了影响公司创新决策（创新投入及创新绩效）的董事会层面的前置因素——董事会友好性（社会友好性及人口统计学特征友好性）与监督密集型董事会（董事会中有多数独立董事同时在两个及两个以上的监督委员会中任职），是对亚当斯和费雷拉（2007）及威斯特法尔等（Westphal et al.，1999）等提出的管理层"友好的"董事会模型，以及法尔伊等（2011）提出的监督密集型董事会在中国上市公司治理情境下对战略决策影响有效性的检验，进一步细化及丰富了董事会友好型及监督密集型与公司创新领域的研究。

第二，本书从理论上探讨了友好型董事会及监督密集型董事会影响公司创新投入及创新绩效的三个潜在的内在过程，通过影响：（1）以CEOs为代表的高管团队的注意力分配；（2）以CEOs为代表的高管团队对董事会的信任感知，进而影响高管在创新投资中的风险规避程度；（3）以CEOs为代表的高管团队主动与董事会分享企业专有信息的意愿及所提供信息的质量，进而影响董事会建议职能的有效性，最终影响公司创新投入水平及创新绩效。丰富了注意力基础观、CEOs 风险承担行为及资源依赖理论领域的研究，即以 CEOs 为代表的高管团队的注意力配置、CEOs 在战略决策中的短视倾向、董事会在战略决策中建议职能的有效性均情境依赖于董事会的监督类型。

第三，本书识别了行业层面（行业的竞争程度）、企业层面的监督需求与建议需求及企业负的绩效反馈对董事会友好型及监督密集型与公司创新投入及创新绩效之间关系的调节效应。进一步检验了代理理论所强调的"强董事会监督"制度设计在中国制度背景条件下和关系型社会特征中应用的边界条件。

第二章
文献述评与相关
理论基础

尽管创新投入（如研发投资）在获取及维持企业租金产生能力中具有重要作用，企业在配置财务资源于研发投资及提高专利申请质量方面的行为表现并不相同。事实上，即便在控制行业、企业规模、绩效等因素之后，企业间的创新投入水平及代表高质量突破式创新的发明专利的申请量仍存在很大的差异。尽管宏观的国家及地区的制度和政策性因素、行业竞争水平及企业内部资源能力的差异能够影响企业的研发投资决策，研发投资战略及研发投资的绩效后果在企业层面异质性的持续存在仍然是战略管理与公司治理领域的一个重要的研究问题。

本章将在现有研究成果的基础上，首先，对本书的核心概念（公司创新、董事会监督的有效性、董事会监督职能与建议职能、友好型董事会、监督密集型董事会）进行界定。其次，将公司内部治理作为切入点来梳理影响公司创新投入与创新绩效的因素，还对董事会友好性及董事会委员会监督有效性的相关研究进行梳理，并对以上三部分的文献回顾进行述评，为后续章节提供相应的研究基础。最后，对本书所应用的核心理论的基本思想做回顾与整理。

第一节 核心概念的界定

结合本书的核心研究主题及主要的研究内容，本节对本书研究所涉及的核心概念——公司创新、董事会监督的有效性、董事会监督职能与建议职能、友好型董事会、监督密集型董事会进行简单的概念界定。

一、公司创新的概念内涵

（一）创新的概念

熊彼特在其经典著作《资本主义、社会主义与民主》（*Capitalism, Socialism, and Democracy*）中提出了创新理论，他在该书中强调了大规模企业和市场力量对创新的关键影响作用。企业所拥有的市场地位促使新竞争方式的出现，企业通过开展创新能够获取有利的竞争地位，但是其他企业可以通过同样的方式来取代甚至超越企业现有的地位，正是这种创造性破坏的过程推进了资本主义的发展。熊彼特认为"创新"，就是"建立一种新的生产函数，把一种从来没有过的关于生产要素和生产条件的新组合引入生产体系"，企业家的根本职能就是开展创新活动（熊彼特，1990）。

公司创新涉及产生、发展和实施新的想法或行为，创新被认为是对外部环境变化的反应，或者是一种先占性的行为来影响外部环境，广义上来讲，创新包括很多种类型，如新产品、服务、过程技术、组织结构或管理系统（Daft，1978；Damanpour，1996）。与公司创新紧密相关的技术创新是通过以新的方式对知识进行组合，开发原创性的产品或者过程，是通过集体性的、累积学习的过程，需要在很长一段时间持续投入资源。技术创新往往具有三个特征：（1）投资的专用性，与创新过程的集体性和累积过程有关，开发新的技术需要不同个体的知识和经验的交互，以产生对应特定关系的专有化的技能，对这些技能的整合会产生新的知识和创新；（2）结果的不确定性，个体事先不能描述他们会面临的所有可能的情境；（3）预期未来回报的不可能性，即创新过程产生新的知识，新技术或产品可能并不能保证商业上的成功。创新的维度主要分为以下几种：

（1）产品创新和过程创新。产品创新是指导入新产品或服务以满足外部市场或用户的需求；过程创新指在组织的产品或运作中导入新的要素如投入的原材料、任务规格、信息流或者设备。一般来说，企业更多的是进行产品创新而不是过程创新，因为过程创新常常更不可观测，其仅仅与最终结果相关，而不是结果本身；而且过程创新更难实施，它们的成功实施依赖于组织结构和管理系统在更大范围内的改变。一项对高管的调查显示，企业在生命周期的各个阶段会导入更多的产品创新而不是过程创新（Strebel，1987）。

（2）突破式创新与渐进式创新。创新活动的开展会改变组织的结构和过程，而改变的程度对所有的创新来说并不是相同的，因此，可以根据创新在组织内产生的改变的程度进行分类。当创新的"新颖性"或"突破式"程度不同时，结构和过程模式也不相同，根据新颖性或突破性程度的不同，可以将创新分为突破式创新和渐进式创新。突破式创新能够对组织活动产生根本性的变化，并且与已有的实践存在很大的偏离；渐进式创新对已有的实践产生更小程度的偏离。平均来说，突破式创新不如渐进式创新那么频繁，突破式创新代表对已有政治影响力结构进行严峻的挑战，在它们的实施过程中会受到更多的抵制，它们更具原创性，对组织成员来说也更为复杂，并且对发展和实施它们的结构要求产生更大不确定性。大规模的组织会比小规模组织在导入突破式创新时更为成功，因为突破式创新需要技术知识和冗余资源，这在大规模组织中更容易获得。大规模的组织有充足的资源来抵制突破式创新的不利条件，如有人力资本和技术资源去发起创新，有财务资源去吸收创新的高失败成本。

（3）创新的发起和创新的实施。创新的发起，由与问题感知、信息收集、态度形成、评价及资源获取相关的活动构成，进而形成采取创新的决策。创新的实施，由与更改创新、组织、初始化的利用、对创新的持续使用直到它成为组织的一个路径化的特征相关的事件和行为构成。组织创新的双元模式认为高组织复杂性有助于创新的发起，低组织复杂性有助于创新的实施。更高的复杂性导致更大的可变现及所获取信息的多样性，能够产生更多有关创新的新的提案。但是更高的复杂性也会导致多样性的观点及潜在的冲突，更难达成一致的观点，这会使得实施创新更为困难。

（二）创新投入与创新绩效

创新投入仅仅反映了企业在创新生产过程中投入的资金、人力等要素的情况。创新绩效能够衡量创新投入是否能够转化为高质量的创新产出，以及创新投入转化为创新产出的程度（吴延兵，2007）。法尔伊等（Faleye et al.，2014）通过两个维度来度量公司创新，即 R&D 投资及专利活动。因为 R&D 投资的时机与发起创新活动最接近，并且是公司投资于创新战略中被广泛应用的创新活动。法尔伊等（2014）使用专利的数量及每一个专利平均的引用量来度量创新活动。阿塔纳索夫（Atanassov，2013）认为 R&D 是创新过程中的投入诸如人力资本、实物资本、管理者和员工努力及创造力，不能代表创新的质量和结果，当其他的投入没有被有效利用时，高的 R&D 支出不太可能导致成功的创新。因此，创新产出指标更能度量管理者绩效和创新绩效，阿塔纳索夫（2013）使用专利的数量和专利引用来度量创新产出。每一个专利的引用情况能够区分突破性创新与渐进性的技术发现，因为如果企业基于之前的专利更愿意进一步投资于该项目，企业就必须要引用该专利，这就意味着被引用的专利在技术层面和经济层面都有重要的意义。

唐和杨（Tang and Yang，2015）使用新产品的销售收入与企业总销售收入的比值来度量企业的创新绩效，该指标基于新产品能够带来的市场绩效，意味着新产品经历了生产和营销过程，与创新文献中所理解的产品创新相一致（Laursen and Salter，2006）。周煊等（2012）及黎文靖和郑曼妮（2016）认为专利的授予需要检测和缴纳年费，有更多的不确定性因素和不稳定性，还可能会受官僚化因素的影响，然而企业的专利技术在申请过程中可能就已经对企业绩效和生产力产生了影响，因此使用专利的申请数据来衡量企业的创新能力和水平比专利的授予数据更加稳定、及时和可靠。

周等（2017）认为企业所产生的新产品的价值是创新能力的一个重

要指标，可以表示企业产品创新的商业重要性（Laursen and Salter，2006），创新只有在经历了检验、生产和商业化的过程之后才能增加企业绩效。周等（2017）认为可以使用新产品的产出与企业总的工业产出之间的比值来度量创新产出，国家统计局从两个方面对新产品进行了定义，即要么基于新的技术和设计，要么对现有功能和绩效作出了很大的改善。贾等（2019）使用企业当年所产生的新颖性专利的比例来衡量专利产出的质量。

综上，现有研究中有关创新投入与创新绩效的度量方式见表2-1。

表 2-1　　　　　　　　　　创新投入与创新绩效的度量

变量	指标	具体度量	代表学者
创新投入	R&D 投资	R&D 支出/总资产	法尔伊等（2014）
	R&D 投资	R&D 支出/总资产	科尔（2006）
	R&D 投入	研发费用/企业总销售收入	周等（2017）
	R&D 密度	（研发支出/企业销售收入）-行业研发密度	徐等（2019）
创新绩效	专利数量	USPTO 批准的专利数量	法尔伊等（2014）
	专利产出	企业当年申请的发明专利的数量	阿塔纳索夫（2013）；田轩和孟清扬（2018）；王姝勋等（2018）
	专利引用	每一个专利平均的引用量	阿塔纳索夫（2013）
	新产品绩效	新产品销售收入/总的销售收入	唐和杨（2015）；周等（2017）
	突破性创新	突破性创新＝企业开发的新于世界市场的产品的新产品/企业现有产品数量	劳尔森和索尔特（2006）
	渐进性创新	渐进性创新＝企业开发的新于企业的产品的新产品/企业现有产品数量	
	实质性创新	实质性创新＝企业当年申请的发明专利的数量/企业现有产品数量	黎文靖和郑曼妮（2016）

变量	指标	具体度量	代表学者
创新绩效	策略性创新	策略性创新＝企业当年申请的实用新型专利和外观设计专利的数量/企业现有产品数量	黎文靖和郑曼妮（2016）
	新颖性专利	新颖性专利＝企业当年所产生的新颖性专利的数量/企业现有产品数量	贾等（2019）

二、董事会监督有效性

董事会的监督角色一直处于公司治理控制机制的研究中心（Adams，Licht and Sagiv，2011；Campbell et al.，2012；Daily，Dalton and Cannella，2003）。大量的研究基于代理理论的思想认为董事会在监督管理者行为中发挥关键的角色，并且作为阻止管理者自利行为的一个重要的控制机制（Fama and Jensen，1983）。有效的董事会监督包括很多行为，但最为核心的是董事会通过雇佣合适的管理者，给管理者设定合理的薪酬水平及激励方式，监督管理者的战略选择与执行，监督管理者对公司战略绩效信息的操纵行为（程新生和李海萍，2011）。事实上，大部分的学术研究、主流媒体及相关的政策法规都深信董事会能够积极地监督和控制管理层。因此，有关董事会监督领域最为重要的一个问题便是：什么样的董事会结构及特征在治理企业及监督高层管理者方面最为有效？

资源依赖理论和激励观认为，董事会监督有效性的提高需要董事具备更高的资格及能力，也就是董事能够给企业提供的人力资本和社会资本的水平（Hillman and Dalziel，2003）。法玛和詹森（1983）认为对董事来说维持和增加劳动力市场的声誉是其监督重要的动力，他们认为董事想要建立一种作为管理层的勤奋的监督者的声誉，这能够直接影响他们在人力资本市场上的价值及获取未来董事席位的可能性（Fama，1980）。法伦布拉克等（Fahlenbrach et al.，2010）发现独立董事更倾向于从绩效较差的企业中辞职，绩效较差的企业为董事带来低的声望和高的工作负荷。马苏里斯和莫布斯（Masulis and Mobbs，2014）考察董事劳动力市场的声誉激励，发现有多重董事身份的董事会基于不同董事席位所能够为他们带来的相对威望大小，在他们所任职的不同董事会中不均等地分配他们的时间和精力。

基于代理理论的核心思想，提高董事会中独立董事的比例及独立董事的独立性被认为是董事会监督有效性的核心（Fama and Jensen，1983）。然而，独立董事的独立性常常受很多因素的影响，导致独立董事在上市公司的治理实践中独立性不足的问题。常见的影响独立董事独立性的因素主要有：

第一，独立董事的独立性受高层管理者施加"社会距离"（social distance）压力的影响，社会距离是一种非正式的社会控制（social control），社会控制指在社会系统中阻止个体偏离性行为的倾向，即个体或者子群体违反更大的社会群体规范的预期，社会控制既可以是正式的法律制裁还可以是非正式的制裁。社会学理论家如科尔曼（Coleman，1994）及吉布斯（Gibbs，1981）认为社会距离是对个体成员或少数子群体社会偏离行为的一种非正式的排斥。遭受社会距离的个体不会被真正地被排斥出该群体，但是会遭受非正式的排斥，如在群体决策制定的过程中被忽视、不被询问其持有的观点或建议、不被邀请参加非正式的会议、不被承认他们对群体所作出的贡献。"社会距离"在公司董事会的情境中，表现为不邀请董事参加非正式的董事会会议，在正式的董事会会议中不询问他们的观点或建议，或者是排他性的闲聊，即董事会成员讨论该董事不熟悉的人和事件。

威斯特法尔和康纳（Westphal and Khanna，2003）使用福布斯500企业有关董事和CEOs社会控制过程的调查数据及董事参与公司治理改变的档案数据，发现参与威胁管理层利益的以下四种治理改变行为的董事经历了其他公司董事会的更高水平的社会距离。董事会相对于管理层的独立性增强即代表能够在很大程度上威胁高层管理者的行为，董事会相对于管理层独立性的增强主要包括以下三种情形：（1）增强董事会代表股东利益对管理层的战略决策进行独立控制的能力，常见的是董事会结构的改变，如分离董事长和 CEO 的职位，以限制 CEOs 的自治权和最终的决策权（Ellstrand, Tihanyi and Johnson, 2002）；（2）通过设立独立的董事会提名委员会来改变董事会结构，这种董事会结构的改变反映了学术界、机构股东对 CEOs 控制董事选聘过程的意识和担忧，CEOs 控制董事选聘过程是董事会独立于管理层的一个主要的障碍（Lorsch, 1989）。已有研究表明，CEOs 在识别和筛选董事候选人中起主导性的作用，CEOs 倾向于选择与他们是朋友关系及与他们人口统计学特征相似的候选人（Zajac and Westphal, 1995）。给定提名委员会负责董事成员的选聘，那么机构投资者或者非控股股东就会给董事会施加压力使提名委员会独立于管理层，以降低 CEOs 对董事选聘过程的控制；（3）另外一个与高层管理者偏好冲突的行为是解雇 CEOs，董事会常会因为不愿解雇较差绩效企业的 CEOs 而受到批判，董事会这种不情愿的行为常被归因为缺乏对管理层的独立性。由于接管防护如毒药丸计划可以保护高层管理者的决策自治权，使其采取特定的战略路线而规避敌意收购，常被认为是管理者试图保护他们不受控制权市场约束的机制，撤销毒药丸计划是独立的董事会对管理层控制的一种体现。

第二，出于避免席位丢失或者规避财富损失的动机，独立董事的独立性也会降低。陈艳（2008）认为公开发表"异议"会使独立董事在未来获得新职位的可能性减少；唐雪松等（2010）研究发现独立董事在独立意见中说"不"会导致独立董事离职率上升。

第三，根据社会认同理论，同时担任其他公司 CEOs 的独立董事会感觉到与目标公司 CEOs 有一种密切关系或者认同感，即使与目标公司的 CEOs 没有"看得见"的关联，同样作为 CEOs，出于不愿意给彼此带来麻烦和困扰的考虑会降低其独立性（Hillman, Nicholson and Shropshire, 2008；Westphal, Park, McDonald and Hayward, 2012）。

汉布里克等（Hambrick et al., 2015）从独立董事个体的微观视角分析董事会监督的有效性，认为独立董事所拥有的某一领域的专长和经验及灵活工作时间对于个体的有效监督也是必不可少的。田等（Tian et al.，2011）发现当公司中拥有更高水平的董事会人力资本（体现为具有 CEOs 任职经验的独立董事的比例越高）时，投资者对公司宣布"CEOs 继任"事件的反应正相关；有财务背景董事的企业发生兼并活动的水平更低，独立董事的兼并经验能够提升企业的兼并绩效（Jensen and Zajac，2004）。财务专长对于监督角色尤为重要，具备深度评价财务问题的能力能够使独立董事在很多领域进行监督，《关于在上市公司建立独立董事制度的指导意见》中也规定了董事会中必须由具有财务会计背景的董事担任独立董事。叶康涛等（2011）认为具有财务背景的独立董事更有可能提出公开质疑，事实上，经过对财务报告进行仔细的审查之后，很多公司的违规行为——财务欺诈、侵占和挪用资金及关联交易也许都能够被阻止。

时间对于独立董事来说是宝贵的资源，上市公司大多聘任在某一领域具有一定成就、身份地位、政治关联的人士担任公司的独立董事（谭劲松等，2003；宁向东等，2012），并且这些人士中的大部分都是"繁忙"董事，他们能够投入公司董事会的时间和注意力较为有限（Khanna，Jones and Boivie，2014）。费理斯等（Ferris et al.，2003）提出了"繁忙董事"假说，他们认为在多家公司董事会中任职的董事可能会过于受到限制和约束，精力过于分散，他们认为在三家或者三家以上的董事会中任职的董事可以称为"繁忙董事"。这些董事自己也表示太多的董事任职可能会分散他们的时间及注意力，故而会损害他们进行监督的能力。菲希和施瓦达萨尼（Fich and Shivdasani，2006）认为公司董事会中大部分外部董事拥有三个或者三个以上董事席位其市账比（M/B）较低，并且由繁忙董事主导的董事会有更弱的公司治理，董事会中大部分的外部董事担任三个或者三个以上的董事席位更不可能解雇低绩效的 CEOs，他们的研究还揭示了当大部分外部董事都是繁忙董事时，CEOs 的强制离职对企业绩效并不敏感。

贝维等（Boivie et al.，2016）认为由于董事会群体层面的董事会互动动态以及个体董事有限的信息处理能力使得对管理者行为有效的、持续的监督在很多大公司是不太可能的。这些个体、董事会及企业层面的障碍因素会限制董事的行为，进而限制董事会对企业重要战略结果的影响。李建标等（2009）认为将序贯与惩罚机制引入董事会能够提高其决策的正确率和有效性。

三、董事会的监督职能与建议职能

董事会在组织中主要履行三种重要的职能：代表股东监督管理层、为企业提供资源，以及为管理层提供战略建议（Hillman and Dalziel，2003）。代理理论认为，董事会通过监督管理层减少代理成本，以确保管理者作出的决策能够有利于价值增加和资产的合理使用。资源依赖理论认为，董事会是资源的提供者，为管理层提供建议、咨询、合法性、社会资本及关系资源。监督职能和建议职能可以被看作一个连续统一体的两极，大部分董事会是在这两者之间作出选择，尤其在董事会会议期间表现明显（Adams，Hermalin and Weisbach，2010；Brickley and Zimmerman，2010）。

大量研究关注董事会到底应该履行监督职能还是建议职能，有研究认为设计强调监督绩效的董事会结构和构成会牺牲董事会的建议绩效，由于这两个角色会分散董事会的时间及注意力，并且会影响 CEOs 分享信息的积极性（Armstrong，Guay and Weber，2010；Faleye et al.，2011）。董事会的监督角色，来源于代理理论的核心思想（Fama and Jensen，1983；Jensen and Meckling，1976），强调董事会监督管理者的决策及行为，为管理者设计合理的薪酬契约来激励管理者以使管理者按照与股东利益一致的方式行事，进而实现股东财富最大化的价值目标（Eisenhardt，1989；Jensen，1993；Zahra and Pearce，1989）。董事会的建议角色，其理论基础是资源依赖理论，把董事会作为边界旗帜者，能够为管理层提供外部信息、关联及咨询（Hillman and Dalziel，2003；Pfeffer，1972）。董事能够为战略问题提供有影响力的互动建议，甚至驱动战略的形成（Carpenter and Westphal，2001；Pfeffer and Salancik，1978）。然而，其他研究认为建议和监督是同时发生的，相比于这两个角色相互争夺董事的时间或者信息，董事的知识及董事会资本对董事会的绩效及有效性更为重要（Brickley and Zimmerman，2010；Hillman and Dalziel，2003）。

有关董事会能力的折中观认为企业主要通过调整内外部董事的构成来平衡监督职能和建议职能，外部董事由于其独立性能够更好地监督管理层（Armstrong et al.，2010；Bushman，Piotroski and Smith，2004；Cai，Garner and Walkling，2009；Coles，Daniel and Naveen，2008；Linck，Netter and Yang，2008），内部董事由于具有更多的企业特定的知识、信息，能够缓解董事会与管理层之间的信息不对称，进而有助于董事会建议职能更好地发挥作用（Duchin，Matsusaka and OzbaDuchin，2010；Lehn，Patro and Zhao，2009）。因此，企业基于对建议职能及监督职能的需求而确定内外部董事之间的最优配比（Adams et al.，2010；Armstrong et al.，2010；Hermalin and Weisbach，2003）。

四、友好型董事会与监督密集型董事会

（一）友好型董事会

1. 基于社会关系形成的董事会友好性

大量的实证文献考察 CEO—董事会关系如何影响董事会参与公司治理，其前提假设是有效的董事会主要通过代表股东监督管理层影响公司战略和绩效。科斯尼克（Kosnik，1990）强调外部董事在约束管理者决策制定中的重要作用。此外，治理研究者认为有效的董事应该客观地评价管理者的绩效来更好地服务于股东（Boyd，1994；Westphal and Zajac，1995）。把董事会监督作为一种形式的参与扎根于代理理论，根据代理理论的思想，董事会的职能就是降低委派战略决策权或决策管理权给管理层的代理成本，这涉及监督管理者的决策制定和绩效。董事会主要依赖外部董事进行监督，外部董事不像内部者会与管理者"共谋"来侵占剩余索取权。

外部董事的独立性被认为能够进行客观公允的评价，已有的研究认为董事会中外部董事的数量越多，通过提高监督和控制的水平越有助于促进董事会的参与（Johnson，Hoskisson and Hitt，1993）。尽管外部董事在形式上独立于管理层，但是强有力的社会和心理因素被认为有损他们客观地监督管理者绩效的意愿和能力。因为管理者能够任命那些满足管制要求的"独立"董事，实质上，这些董事仍然是对管理层富有同情心的。

科恩等（Cohen et al.，2012）认为董事会中独立董事的任命存在"橱窗装饰"的作用。拉赫贾（Raheja，2005）也认为为董事会中独立董事的数量设置的数字目标并不会提高公司治理质量，或者说实证研究中很难支持独立董事水平的提高能够增加董事会绩效（Hermalin and Weisbach，2003；Fields and Keys，2003）。这是由于尽管管制要求独立董事的独立性，但 CEOs 会使用他们对董事选聘的影响力，通过任命他们的朋友或者与他们存在社会关系的个体，使得董事会变得更为被动（Johnson et al.，1993）。

由于中国上市公司特殊的"一股独大"的股权结构，独立董事提名和聘任实际上都是由大股东或者 CEOs 决定的（唐跃军和肖国忠，2004），这种选聘机制使得独立董事并不能独立于控股股东和以 CEOs 为代表的管理者。CEOs 权力及 CEO 与独立董事的"社会关系"也会影响独立董事的任命，扎耶克和威斯特法尔（Zajac and Westphal，1996）及弗拉卡西和塔特（Fracassi and Tate，2012）的研究发现企业中 CEOs 权力越大，越倾向选择与自己在其他公司关系比较好的董事。刘诚等（2012）发现 CEOs 倾向于任命与自己有社会关系的独立董事，且 CEOs 拥有的权力越大这种现象就越明显。还有研究者认为通过任命过程本身会产生社会关联，因为董事会任命可以给予个体威望和地位，以及财务报酬和津贴。给定"互惠性"规范，外部董事会在心理上感知有义务支持任命他们的 CEOs。

科恩等（2012）利用手工收集的数据对"董事会任命管制意义上的独立董事，但实质上对管理层过于富有同情心"这种观点进行了检验，他们对卖方分析师进行了追踪考察，发现样本企业中有91%的董事会成员与分析师之前所任职的董事会是同一家公司的董事会，这表明企业—分析师的关系在很大程度上表现出持续性，此外，通过计算分析师推荐的股票回报绩效可以度量该分析师的能力及乐观性，他们发现董事会不但任命乐观的分析师，并且该分析师推荐的股票回报绩效还比较差。董事会任命的分析师会对该公司的股票进行更为积极的推荐，在这些分析师的推荐中，82%的推荐会是强买或买的建议，而其他分析师给出的强买或买的建议只占 56.9%。尽管乐观的分析师有助于董事会成员之间建设性的合作和沟通，或提供有关新战略及成长方向的想法。但是科恩等（2012）发现任命"啦啦队"（cheerleaders）董事其提名委员会的构成相比于其他企业有很大的差异，提名委员会中独立董事的比例更低，CEOs 也更可能在提名委员会中任职，任命企业的治理质量得分（GIM 指数）也更低。在任命"啦啦队"分析师之后，任命企业 CEOs 的薪酬会增加。从科恩等（2012）的研究中也进一步验证了，在实践中满足管制要求的独立董事，事实上并不能代表董事会真正意义上的独立性。

威斯特法尔（1999）认为 CEO—外部董事之间的"社会关系"会降低董事会的社会独立性，他们之间的关系会通过两个方面产生：CEO—董事会中外部董事的朋友关系，以及 CEOs 任职期间被任命的外部董事。威斯特法尔（1999）通过问卷调查的方式来考察 CEO—外部董事的朋友关系，即 CEOs 通过问卷的方式回答他们与外部董事的私人关系：（1）他们认为有多少外部董事是熟人关系而不是朋友关系；（2）他们有多少外部董事认为是朋友关系。

威斯特法尔（1999）的研究发现缺乏"社会独立性"的董事会通过提高 CEOs 与外部董事建议咨询互动的频率，能够增加董事会的战略参与及企业绩效。阿尔马赞和苏亚雷斯（Almazan and Suarez，2003）认为被动的或者弱的董事会是最优的，在他们的分析框架中，弱的董事会是对高成本激励薪酬的替代。霍姆斯特姆（Holmstrom，2005）也认为降低的董事会监督会增加 CEOs 与董事会之间的信任，CEOs 更可能感知那些不会紧密监督的董事为友好的，并且更愿意与他们分享信息及从友好的独立董事那里接收建议。信任关系对于 CEOs 与董事分享探索性的想法并获取董事的建议在战略形成的早期阶段尤为重要。

亚当斯和费雷拉（2007）提出了管理层友好（management-friendly）的董事会模型，该模型的四个假定条件是：（1）由于 CEOs 重视控制权不喜欢董事会的监督，董事会的干预会减弱 CEOs 的职权，会使他失去下属的尊重，也会降低 CEOs 在人力资本市场上的价值；（2）CEOs 喜欢董事会提供的建议，因为建议能够在不干扰 CEOs 战略选择的情况下增加企业价值；（3）当董事会掌握的信息越多时，董事会的监督和建议就越有效；（4）董事会依赖 CEOs 提供企业专有的信息。他们认为管理层友好的董事会是最优的，其观点背后的核心思想是董事会在监督与建议角色之间的冲突。

科恩等（Cohen et al.，2008）把公司主要高管（CEO、CFO 或董事长）与基金管理者之间通过校友关系形成的关联分为四类：毕业于相同的学校、毕业于相同的学校并且获得相同的学位、在同一时间毕业于相同的学校、在同一时间毕业于相同的学校并且获得相同的学位。他们认为最后一种关联是最强的关联，相互关联的个体很可能在上学的时候已经有很大程度的互动了。施密特（Schmidt，2015）使用 CEOs 与外部董事的社会关联来度量董事会的友好性，并且发现当公司的建议需求较高时，并购者能够获取较高的并购宣布回报。

康等（Kang et al.，2018）使用 CEOs 与董事的社会关联作为衡量董事会友好性的指标，他们认为如果至少有一个外部董事与 CEOs 存在社会关联，那么该董事会就是友好的，他们把社会关联界定为最容易形成私人关系的 CEOs 与外部董事拥有的共同的教育背景或者在同一个非商业组织中，如高尔夫俱乐部、兄弟会、慈善组织、信托基金、大学董事会中拥有共同的成员身份。在定义友好型董事会时聚焦于非工作场所的关联，是由于之前共同的雇佣经历所形成的职业化关联在本质上更体现为交易性和竞争性。而非工作场所的关系更容易培养 CEOs 与外部董事的信任关系。

综上，现有研究中有关董事会友好性（社会关系维度）的定义和度量方式见表2－2。

表2－2　　　　董事会友好性（社会关系维度）的定义和度量

变量	代表学者	度量变量	细分维度	具体定义
董事会的社会独立性	威斯特法尔（1999）	CEO—董事会的社会关系	CEO任职期间被任命的外部董事 CEO—外部董事的朋友关系	在CEO任职期间被任命的外部董事的数量/外部董事的总人数 有多少外部董事他们认为是朋友关系
董事会的友好性	康等（2018）	CEO—外部董事的社会关联	CEO—外部董事的校友关系 CEO—外部董事在同一个非商业组织中拥有共同的成员身份	CEO与外部董事毕业于同一所学校 CEO与外部董事在相同的高尔夫俱乐部、兄弟会、慈善组织、信托基金、大学董事会中任职
董事会的友好性	施密特（2015）	CEO—外部董事的社会关联	CEO—外部董事在同一非商业组织拥有共同的成员身份 CEO—外部董事的校友关系	俱乐部或兄弟会；网络俱乐部；NFP基金会 CEO与外部董事在同一时间毕业于同一所学校
TMT—董事会的社会关联	查宁和戈根（2013）	TMT—董事会成员的社会关联	前同事关系 俱乐部成员身份关联 专业协会身份关联 校友关系	曾经有共同的雇佣经历 属于相同的慈善机构、基金会 属于相同的专业协会如美国注册会计师协会（AICPA），内部审计师协会（IIA）毕业于相同的学校

变量	代表学者	度量变量	细分维度	具体定义
校友关系	科恩等（2008）	高管（CEO、CFO 或董事长）与基金管理者的校友关系	校友关系	本科学位；硕士学位；博士学位；商学院（MBA）；法学院；医学院
董事会网络密度	金（2005）	董事会成员之间的社会关联	家庭关系；校友关系；区域关系	董事会成员之间存在社会关联的数量除以董事会成员之间可能存在的总的关联数量

2. 基于人口统计学特征相似性形成的董事会友好性

已有研究者使用"相似吸引理论"来解释个体之间关系的形成。研究表明人们常常依据种族、性别、价值观及观念等特征进行特定的分类，这些特征也是社会情境中最具有特色和最显著的。社会分类行为激活了对"内群组"成员和"外群组"成员之间的差异化预期，在该范式下，个体对相似的其他人更具有吸引力，将会在同质化的群体中形成更强的凝聚力及更大程度的社会整合。曼尼克斯和尼尔（Mannix and Neale，2005）认为表层的社会分类差异，如种族、性别或者年龄，更可能对群组有效运作的能力产生不利的影响，但是职能背景、教育或个性方面的差异更可能提高群组的绩效，有助于创造力及群组问题解决的能力。

个体之间的相似性能够降低不确定性，这是由于与相似的个体互动与不相似的个体互动相比更容易预测，个体倾向于避免与那些他们不喜欢或者与他们的观点不一致的个体进行互动，作为一种降低不一致引致的压力的方式。伯恩（Byrne，1971）有关相似吸引范式的早期工作证实了个体更可能被那些与他们有相似态度的个体所吸引，并把这些个体评价为更聪明、知识渊博及容易调整的。研究者认为表层的相似性倾向于预测关联和吸引，如处于文化不相似群组的成员更不可能相互被吸引，并且文化差异群组的成员相比于相同文化群组内部的成员彼此之间更难沟通。

霍夫曼（Hoffman，1985）发现种族多元化的群体比种族同质化的群体倾向于有更多与过程相关的问题。相似吸引原则与以特征为基础的人口统计学特征多样性的观点相一致，认为表层差异如种族或年龄的多样性会意味着潜在的态度如价值观和信念的差异。个体特征的相似性可以产生潜在的信息收益，能够影响朋友关系及建议关系的形成（Mitteness，DeJordy and Ahuja，2016）。相似性不仅涉及可观测的属性，如教育和职能背景（Mannix and Neale，2005），还包括不可观测的属性（Vissa，2011）。

相似吸引范式用来理解和描述个体之间的关系，然而个体可以表达他们对特定群组成员身份的偏好，即便他们之前与该群组的成员没有社会互动，这主要是分类（categorization）的一个认知过程：个体被认为存在于在个人、群组及更高一级层面自我分类的层级结果中，也就是说双方个体（dyadic）层面的相似吸引范式不能解释所有的人口统计学特征效应，尤其当实际参与者之间的互动较为有限时。社会认同（Hogg and Abrams，1988）或社会分类理论（Turner，1982）能够为群组层面的互动过程提供理论洞察力。通过社会分类过程，人们可以对其所在的社会群组进行自我定义，分类的过程会强化不同群组之间的差异，而降低同一群组内的差异。由于在社会分类中一个关键的动机因素是支持和维持自尊的需求，社会分类的行为激发了对内群组和外群组不同的预期，社会分类实际上是创造了"我们—他们"。内群组成员之间会表现出更多的信任、支持及回报，对外群组成员会有较低的信任、支持或回报。

朱和威斯特法尔（Zhu and Westphal，2014）使用以下背景特征来度量新董事与其他公司CEOs的相似性：性别和种族（被认为是社会对比和社会分类的主要基础）、年龄（同样是社会分类和社会对比的一个显著的维度）、雇佣的行业、获取的最高学位、职能背景（Cannella，Park and Lee，2008）。

威斯特法尔和扎耶克（Westphal and Zajac，1995）使用组织治理的社会政治和社会心理方法来考察CEOs的影响力对董事选聘过程的影响，以及CEOs影响力如何影响后续的董事会有关CEOs薪酬设定的决策过程。

他们使用 413 家财富 500 强企业 1986~1991 年的数据，研究结果发现当现有的 CEOs 比董事会更有权力时，新董事更可能与企业的 CEOs 存在人口统计学特征的相似性，人口统计学特征相似的董事成员会对 CEOs 更加同情。

相似性能够产生共同的强化或者对个体观念交感的验证，进而增加人际间的吸引力，在评价决策时产生偏差。人口统计学特征的相似性能够为群组成员身份提供一个显著的基础，任命可以构建及维持同质化的群体以增加群组成员身份的显著性，进而维护他们的自尊和身份。CEOs 还会出于社会政治因素的考虑，偏好选择相似的董事候选人，通过故意识别对战略及管理有相似哲学的董事，CEOs 可以微妙地促进董事会对他们举措及决策的支持，或者降低意见不合的风险。社会确定性可以在一定程度上弥补不确定性的一些其他来源，沟通和互动的困难会加重 CEOs 与董事会之间的冲突及权力争夺。

扎耶克和威斯特法尔（1996）发现 CEOs 与董事会的相对权力能够影响继任 CEOs 的特征，更有权力的董事会会使得继任 CEOs 的特征与董事会自身特征更为相似。人口统计学特征相似的个体通过共同的经验背景和相似的选择，更可能形成类似的态度及共享的语言。他们选择职能背景、年龄及教育背景来度量继任 CEOs 与现有 CEOs 或现有董事会人口统计学特征的相似性，职能背景、年龄及教育背景是已有文献中最为经常被讨论的特征。

威斯特法尔和米尔顿（Westphal and Milton，2000）使用职能背景、行业背景、教育、种族及性别来衡量董事成员的少数地位。他们认为处于人口统计学特征少数地位的个体有助于增加群体决策过程中的多元化思维，为群体决策提供独特的观点，通过质疑已有假设能够改变传统的思维和智慧。但是董事会中在显著态度、观念或社会结构处于少数地位的董事也可能在决策制定中产生较小的影响力，根据群组间关系的社会心理动态，群组多数成员会把群组少数成员分类为外群组成员，而抵制少数成员的影响力。

综上，现有研究中有关董事会友好性（人口统计学特征相似维度）的定义和度量方式见表 2 - 3。

表 2 - 3　　董事会友好性（人口统计学特征相似维度）的定义和度量

研究内容	人口统计学特征维度	代表作
新任董事—CEO	职能背景、年龄、教育水平、内部者和外部者身份差异	扎耶克和威斯特法尔（1995）
继任 CEO—董事会	职能背景、年龄及教育背景	扎耶克和威斯特法尔（1996）
董事少数地位	职能背景、行业背景、教育、种族、性别	威斯特法尔和米尔顿（2000）
新任董事—CEO	性别、种族、年龄、雇佣的行业、最高学位、职能背景	朱和威斯特法尔（2014）

根据已有人口统计学特征相似性的文献回顾，本研究主要使用职能背景、年龄及教育水平相似性来度量 CEOs 与董事会中独立董事之间的人口统计学特征的相似性。

（1）职能背景的相似性。职能背景与特定的态度或行为倾向相关，高管会有选择性地依据他们的职能领域来感知和识别公司问题。职能背景主要分为生产职能（生产、运作、过程工程、会计）、产出职能（营销、销售、R&D）和外围职能（财务、法律、人力资源）（Hambrick and Mason，1984；Westphal and Zajac，1995）。有运作领域的高管会对运营效率的改变更为敏感，有特定职能领域经验的高管会对差绩效的来源有相似的观点。拥有相似职能背景的 CEOs 与董事会对战略决策有相似的认知图式和认知结构，促使他们以相似的方式分析战略问题（Hambrick and Mason，1984）。

（2）年龄的相似性。经验研究表明年龄与一系列与工作相关的态度，包括对待风险的态度相关，风险考虑是公司战略的一个重要因素（Hambrick and Mason，1984）。年龄差异可以预测高管对企业战略方向信念的差异，希特和泰勒（Hitt and Tyler，1991）发现年龄能够显著地预测高管对潜在并购的战略评价。年龄还可能会影响特定的行为倾向，年长的高管在作决策之前会搜寻更多的信息并花费更多的时间在战略决策中。

（3）教育水平的相似性。已有研究把教育水平与信息处理能力、对模糊性的容忍及领导风格联系在一起，教育背景与战略决策制定相关的潜在的态度和行为也存在关联。更高的教育水平可以形成共同的信念，以及规范性的，与企业相匹配的战略决策所共有的假设，还可以促进对管理复杂性的偏好（Hambrick and Mason，1984）。此外，徐等（Tsui et al.，1992）认为教育背景本身可以为群组认同提供一个显著的基础，以至于教育水平差异可以产生不相似性的感知。

3. 友好型董事会产生的根源

中国社会是一个典型的"人情关系"社会，在人情关系社会下，人们之间的交往模式遵循费孝通（2015）提出的差序格局模式，以自我为中心逐渐往外层层递推，距离"自我"越近，关系越紧密，距离"自我"越远，关系越疏远，并且会根据亲疏远近不同，有不同的对待方式及互动方式。朋友关系被定义为"没有功利性及算计在内的私人关系"（Silver，1990），朋友关系意味着信任，或者是对个人忠诚的预期。朋友关系受共同规范的约束，也就是个体有义务关心彼此的福利状况，而不是以交换为基础的规范，个体只关心利益的互惠（Clark and Mills，1979）。朋友关系还可以被定义为自愿性的人际间的关系，能够反映互惠的信息共享及社会支持增加信任感知，朋友关系可以降低社会不确定性。因此CEOs与外部董事之间的朋友关系能够增加董事会对CEOs的忠诚，尽管独立的董事会模型认为董事会的这种忠诚有损其监督活动，但是威斯特法尔（1999）提出的合作模型认为感知的朋友关系能够增进CEOs对董事会支持的信任，进而增加CEOs的建议寻求行为，同时还会增加董事会为CEOs提供支持感知的社会义务。

"朋友关系"及"社会关联"的概念在社会资本理论中也有所提及，

社会资本的核心内涵是网络关系构成了一种有价值的资源，能够为他们的成员提供"集体共有的"资本。通过"弱连结"及"朋友的朋友"，网络成员能够优先获取信息和机会。结构化维度、关系维度和认知维度构成了社会资本的三个维度（Nahapiet and Ghoshal，1998）。结构化维度描述了"联结"在人与人或者组织与组织之间配置的方式，其中最为重要的就是行为者之间网络关系的存在或者缺乏。关系维度描述了行为者在不断的历史互动中形成的人际关系，这个概念聚焦于行为者拥有的能够影响他们自身行为的特定关系，如尊重、朋友关系。在关系维度中最重要的就是信任和情感价值、规范和制裁、义务和预期、身份和认同。认知维度是指能够为相互关联的行为者提供共有的陈述、理解及意义系统的资源，如共有的语言、行为准则及叙述方式。

不像其他形式的资本，社会资本由处于同一个关系中的各方共同拥有，并且不在该关系中的其他行为者不能拥有的排他性所有权（Burt，1992）。此外，社会资本能够为行为带来特定后果。一方面，社会资本能够增加行为的效率，社会关系网络，尤其由弱连结或结构洞形成的社会关系网络能够降低冗余，提高信息传播的效率；社会关联以高信任水平的形式存在能够降低机会主义行为的可能性和交易成本，进而降低需要花费高监督成本的监督过程的必要性。另一方面，社会资本鼓励合作性行为，有助于创新型组织的发展，这对于理解制度动态、创新及价值创造至关重要。广义的社会资本概念更能反映社会生活的一种原始的本质，如朋友关系作为社会关联的一种，可以被用来获取信息或者建议。科尔曼（Coleman，1988）把这种特征称为社会结构的专用性，专用性把信任、文化、社会支持、社会交换、社会资源、嵌入性、关系关联等概念合法化了。

（二）监督密集型董事会

20世纪80年代，美国证券交易委员会已经把通过董事会这一机构设置来增强公司问责制，开始转向为强调董事会内部子委员会结构设置的重要性，委员会能够使董事会把注意力投向更为特定的责任领域。哈里森

（Harrison，1987）认为主要有两种董事会委员会：一种是管理支持或运营委员会，为管理层或董事会的主要商业决策提供建议；另一种是监督委员会，通过对公司事务进行客观、独立的评价来保护股东利益，尤其是对公司的合法性、诚信及公司活动的道德质量作出评价。监督委员会主要由外部独立董事构成，包括监督、薪酬和提名委员会。

出于监管、问责及合法性的意图，董事会中最为重要的委员会是监督委员会。1978年，美国证券交易委员会规定公司的代理人陈述中需要披露董事会中审计、薪酬和提名委员会的建立情况、人员构成及职能（在1979年开始生效）。美国律师协会也提出审计、薪酬和提名委员会需要由非执行董事构成。1978年，纽约证券交易所规定所有在该交易所上市的美国企业需要在董事会中设立由独立董事构成的审计委员会，设立审计委员会还受到了美国证券交易所和全国证券交易商协会的极力支持。监督委员会通过提供一个监督公司活动的独立机制，有助于增强公司的合法性，合法性被定义为"组织向它的同行或者监管机构证明它存在的权利，也就是能够继续输入、转换及输出能源、原材料或者信息"（Harrison，1987）。

董事会的委员会结构不仅能帮助企业获取合法性，即遵从法律规范或者实践，还可以帮助董事会获取更多超出管理层愿意供给的公司有关的信息。1999年12月，纽约证券交易所和纳斯达克证券交易所更改了对审计委员会的要求，在新的标准下，审计委员会至少需要由3个独立董事构成，高水平的财务专长也是履行审计委员会职责的必要条件，其中至少1个独立董事必须拥有财务专长。该要求是美国证监会对提高公司审计委员会在监督财务报告过程中有效性呼吁的回应。克莱因（Klein，1998）发现董事会子委员会的数量在不同的企业之间存在显著的差异，从1个到9个数量不等。

中国证监会于2001年颁布的《关于在上市公司建立独立董事制度的指导意见》中规定，若上市公司董事会下设审计、薪酬、提名等委员会，独立董事应当在委员会成员中占有1/2以上的比例。随后，中国证监会于2002年1月颁布的《上市公司治理准则》中有关董事会专门委员会的第五十二条规定，上市公司董事会可以按照股东大会的有关决议，设立战略、审计、提名、薪酬与考核等专门委员会，专门委员会成员全部由董事组成，其中审计委员会、薪酬与考核委员会、提名委员会中独立董事应占多数并担任召集人，审计委员会中至少应有 1 名独立董事是会计专业人士。

证监会于 2007 年要求上市公司在年报中披露薪酬委员会和审计委员会的履职报告，并于 2018 年 9 月 30 日发布了修订的《上市公司治理准则》（以下简称《治理准则》），在修订的《治理准则》的第六节董事会专门委员会中规定，上市公司的董事会应当设立审计委员会，并根据需要设立战略、提名、薪酬与考核等专门委员会，专门委员会对董事会负责。有关委员会的构成规定，审计委员会、提名委员会、薪酬与考核委员会中独立董事应当占据多数并担任召集人，审计委员会的召集人应当为会计专业人士[①]。

审计委员会的主要职责是选聘和监督独立的审计师，评价审计师的审计范围及他们的审计结果，满足公司外部和内部审计者的需求，对公司的财务陈述、审计过程及内部控制进行监督和评价，与管理层讨论公司的风险评价与风险管理，使管理者向股东、债权人披露无偏的会计信息而有助于缓解代理问题，进而降低内部者与外部者之间的信息不对称性（Klein，2002）。此外，审计委员会承担监督企业风险，包括企业特定的风险因素，如与信贷评级、流动性、法律遵从、运作、公司声誉及战略相关的因素，以及这些因素如何受更宏观的经济状况或市场所影响。审计委员会的会议次数通常更为频繁，对管理层有关透明性、及时性、收入与费用的识别及资产的评价选择进行监督，对管理者行为与企业绩效之间的关系也有更为全面的理解。

薪酬委员会负责确定和审核 CEOs 及其他高级管理人员的薪酬水平及构成，监督管理资源、结构、继任计划及主要高管的发展、选择过程，评

---

① 中国证券监督管理委员会官网，http：//www.csrc.gov.cn/pub/zjhpublic/zjh/201809/t20180930_344906.htm。

价激励薪酬安排以保证激励薪酬没有鼓励不必要的风险承担，评价和讨论风险管理政策与实践、公司战略与高管薪酬之间的关系，通过构造及实施激励和津贴方案使得高级管理者与股东的利益相一致而缓解代理问题（Klein，1998）。

提名委员会负责研究董事、经理人员的选择标准和程序并提出建议，搜寻合格的董事和经理人员的人选，对董事候选人和经理人选进行审查并提出建议，对董事的绩效进行评价与考核及评价公司治理结构的合理性与优势。

战略委员会对公司长期发展战略和重大投资决策进行研究并提出建议，可以监督公司战略决策过程，使得董事会在相对早期的阶段对主要的问题作出建设性的反应，而不是在重要的问题发生之后再解雇 CEOs。

法尔伊等（Faleye et al.，2011）将监督密集型董事会界定为，董事会中有多数独立董事同时在两个及两个以上的公司治理监督委员会（审计、提名及薪酬委员会）中任职。阮和尼尔森（Nguyen and Nielse，2010）研究发现，在审计委员会中任职的独立董事的边际价值更高，其研究表明独立董事在监督委员会中任职能够提高董事会的独立性及监督能力。

第二节 文献回顾与述评

本节的文献回顾与述评主要包括四个部分的内容：第一部分主要对公司内部治理特征（所有权结构及性质、高管特征、董事会结构及特征）影响公司创新投入与创新绩效的相关研究进行回顾；第二部分是董事会友好性相关研究的梳理与回顾；第三部分是董事会委员会监督有效性相关研究的梳理与回顾；第四部分是对前三部分所回顾文献的述评。

一、公司内部治理特征对创新投入与创新绩效的影响

（一）所有权结构及性质对创新投入与创新绩效的影响

所有权结构决定控制权及剩余收益权的分配，以及决策者对资源配置所拥有的决策权和这些决策者投资于创新过程的动机和意愿（Aghion et al.，2013）。霍斯金森等（Hoskisson et al.，2002）考察所有者与创新战略之间的关系，发现不同所有者对公司创新的偏好存在异质性，养老基金的管理者偏好内部创新，专业投资基金的管理者偏好获取外部创新，这种偏好的差异主要基于他们的时间视野。李和奥尼尔（Lee and O'Neill，2003）基于代理理论和管家理论，使用美国和日本企业的数据，分析不同国家公司所有权结构对 R&D 投资的影响。研究结果发现在以市场为基础的美国，其公众公司所有权和控制权的分离及数量众多的原子股东的存在诱发了管理者与股东之间广泛的利益冲突，增加所有权的集中度能够增加企业的研发投资。但是在以关系为取向的日本，其公司的所有权结构是与已有供应商、企业集团或债权人之间合作关联的显现，管理者与股东之间的利益冲突随着关联程度的增加而下降，所有权集中度的增加对 R&D 投资水平并不能产生影响。他们的研究表明，治理因素对战略决策如创新投资的影响是嵌入在一个国家特定的文化情境及制度过程中的，因为一个国家或地区经过长期的历史积淀形成的独特的文化情境及制度过程能够产生重要的互惠关系和路径依赖（Boyd，1994，1995）。

崔等（Choi et al.，2012）基于代理理论和资源依赖观，通过对 301 家韩国企业的截面数据分析，发现所有权集中度对企业的技术创新绩效没有显著的影响，他们进一步考察了不同的所有权类型对技术创新绩效的影响，发现机构持股和海外投资者持股对技术创新绩效有正向的影响。戴维等（David et al.，2011）研究发现机构投资者被动的所有权对企业 R&D 投资的影响是不充分的，但是机构投资者的积极主义行为可

以给管理者施加压力，以增加企业的长期投资，如 R&D 水平。

传统的效率为基础的经济观认为，国家所有权在促进企业创新与绩效方面发挥的作用非常有限，因为国有企业（SOEs）常常由行政命令主导而不是经济需求，政府干预是不可避免的，并且政治任务会阻碍国有企业的发展。国有企业的管理者常常缺乏追逐市场驱动的、以效率为基础的创新活动的激励，而仅仅履行行政命令。因此，传统的效率为基础的经济观认为，国有企业会逐渐失去创造力与竞争力。但是制度观认为，政府是新兴经济体中最显著的制度体，对管制政策及对稀缺资源的控制有重要的影响力（Peng, Wang and Jiang, 2008），因此政府能够在很大程度上塑造企业的竞争环境（Nee and Opper, 2012）。国有企业可以获取政策信息、政府支持及有价值的资源，这些优势有助于企业创新。

官等（Guan et al., 2009）的研究表明国家所有权对新产品的规模、专利申请及从创新项目中获取的收益有重要的影响。阿亚加里等（Ayyagari et al., 2011）的研究发现国有企业的创新力比私有企业低。然而，其他的研究表明，国有企业比非国有企业能够产生更多的专利注册或新产品（Choi, Lee and Williams, 2011）。周等（Zhou et al., 2017）使用中国制造企业的纵向面板数据，考察国家所有权对企业创新的影响，发现新兴经济体中国家所有权能够使企业获得关键的 R&D 资源，但是企业将资源转化为创新产出的效率较低，并且发现少数国家所有权对于新兴经济制度情境下的创新发展是最优的。

鲁桐和党印（2014）使用中国沪深 A 股和 B 股的公司为样本，对比分析不同行业类型中公司治理对技术创新的影响，发现第二至第十大股东持股比例及基金持股比例在劳动密集型、技术密集型和资本密集型行业中均能显著提高研发投入水平。冯根福和温军（2008）使用中国 2005～2007 年 343 家上市公司的样本数据，实证分析了公司治理对技术创新的影响，研究发现股权集中度与公司的技术创新呈现倒"U"型关系，国有持股比例与企业技术创新呈负相关关系，机构投资者持股比例能够显著提升企业技术创新水平。

张西征（2013）实证分析了中国企业所有权结构和性质对研发投资的影响，发现控股股东持股比例与企业研发投资强度呈"N"型关系，国有股虽然能够为企业的研发投资带来较强的资源效应，但其公司治理效应较弱，公司股不仅能为企业的研发投资带来较强的资源效应，还具有较强的公司治理效应。任海云（2010）以2004～2008年中国A股制造业上市公司研究样本，实证分析了股权结构与研发投入之间的关系，发现股权集中度能够提高研发投入水平，一定程度的股权制衡度及公司法人大股东均与研发投入水平呈现显著的正相关关系。

李显君等（2018）使用中国汽车行业的数据，以所有权结构（国有、私有、外资及机构投资者）为门槛变量，构建了企业研发投入影响企业绩效的面板门限回归模型，研究结果发现，当国有股比例处于42.5%～90.7%的区间时，企业研发投入与绩效呈显著的正相关关系；当私有股权比例处于29.4%以下时，企业的研发投入与绩效呈显著的正相关关系；当外资股比例处于2%～13.8%的区间时，企业研发投入与绩效呈显著的正相关关系；当机构股比例处于2.3%～31.2%的区间时，企业研发投入与绩效呈显著的负相关关系。

陈凌和吴炳德（2014）考察家族企业所有权对研发投入的影响，发现家族企业相比于非家族企业有更强的防御性及不安全感的特征，外加家族企业对社会情感财富的诉求，使得其相比于非家族企业的研发投入水平更低。唐跃军和左晶晶（2014）基于中国上市公司2006～2010年的数据，考察不同所有权性质对公司创新的影响，发现相比于国有控股，终极控股股东为民营控股、自然人或家族控股时，其研发投入水平显著提高。

综上，所有权结构特征对公司创新投入与创新绩效影响的文献回顾见表2-4。

表 2 - 4 所有权结构特征对创新影响的文献回顾

所有权结构特征	研究变量	结果变量	代表学者
所有权结构	所有权集中度	研发投资	李和奥尼尔（2003）；冯根福和温军（2008）；任海云（2010）
	所有权集中度	技术创新绩效	崔等（2012）；
	股权制衡度	研发投入	鲁桐和党印（2014）
	控股股东持股	研发投资强度	张西征（2013）
所有权类型	国家所有权	创新绩效	杰斐逊等（2003）；许和张（2008）；官等（2009）
	国家所有权	创新效率	周等（2017）
	机构投资者类型	内部创新 外部创新	霍斯金森（2002）戴维等（2011）
	家族企业	研发投入	陈和徐（2009）；陈凌和吴炳德（2014）
	国有企业	创新水平	阿亚加里等（2011）；陈等（2014）；穆萨奇奥和拉泽里尼（2014）
	所有权类型	研发投入	唐跃军和左晶晶（2014）

（二）高管特征对创新投入与创新绩效的影响

高阶梯队理论的研究认为高管的人口统计学特征及认知基础能够影响企业的战略结果（Hambrick and Mason，1984），高层管理者的战略决策受他们的价值观、心理特征及社会偏见所影响。管理者认为决策制定中的重要因素受他们的认知地图及思维过滤器所影响（Tripsas and Gavetti，2000）。当决策是对结果不确性的努力投入时，高管的思维偏差、认知地图及过滤器变得更为相关（Hambrick，Cho and Chen，1996）。由于创新努力有不确定性的结果，决策者的思维视野对创新决策有重要的影响（Wu，Levitas and Priem，2005）。

高阶梯队的相关文献认为高管的思维地图、认知可以从管理者的人口统计学特征，如教育水平及职能背景来推断（Hambrick and Mason，1984）。由于高管团队集体共同决策，考察高管团队的构成在创新中的角色是重要的（Hambrick et al.，1996；Hambrick and Mason，1984）。高管的个体层面特征，如年龄、组织任期及教育背景能够影响创新（Bantel and Jackson，1989）。巴克和米勒（Barker and Mueller，2002）认为企业的 R&D 支出水平是一种高层管理者有决策控制权的长期投资，高管会紧密地监督 R&D 投资水平，并根据他们的偏好对其进行调整。他们还认为 CEOs 对研发支出水平有最大的决策权和影响力，因为 CEOs 是公司核心的战略决策者，甚至还能控制组织战略决策群组的成员构成。巴克和米勒（Barker and Mueller，2002）的研究发现即便在控制了公司战略、所有权结构及其他企业层面的属性特征之后，CEOs 的特征如年龄、任期、教育水平、事业经验及股权比例也在很大程度上解释了不同企业 R&D 支出水平的差异。

受教育水平更高的高管有更高的认知复杂性（Hitt and Tyler，1991），这种认知复杂性能够为高管吸收新的创新思想提供更强的能力。班特尔和杰克逊（Bantel and Jackson，1989）发现更为创新的组织由受教育水平更高的 CEOs 或高管团队所管理。受科学及工程学科训练的管理者会对技术和创新有更为完整的理解。巴克和米勒（Barker and Mueller，2002）发现 CEOs 正规的教育水平与企业的研发支出并不存在显著的相关关系，但是当 CEOs 拥有科学及工程相关的学位时研发支出水平会增加。卡斯托迪奥等（Custódio et al.，2017）认为拥有通用型技能的 CEOs 更可能利用创新项目，由于他们拥有多样化的商业经验，通用型技能的 CEOs 会对创新活动终止的风险不那么敏感。通用技能的 CEOs 更容易在不同行业之间转移，能更好地吸收外部的观点，利用超出公司当前技术领域的知识，更能够容忍失败进而有助于创新。

高管团队职能背景的多样性在创新想法的产生阶段更有益处，职能背景多样化的团队能够吸收不同的观点、知识及技能集。在创新想法的实施阶段，由于职能背景多样化的团队更容易产生认知和情感冲突，冲突干预信息处理能力进而阻止任务绩效，尤其当任务复杂性程度较高时更为凸显，职能背景的多样性可能会限制灵活性及阻碍团队的有效工作（Lovelace，Shapiro and Weingart，2001）。钱等（Qian et al.，2013）通过对 122 家中国企业的 CEO 和 CTO 的调查数据的分析，发现企业外部环境竞争的不确定性及制度支持水平调节高管团队职能背景多样性与企业创新之间的关系，高度不确定的竞争性环境更可能使 TMT 更难利用和吸收来自职能背景多样性产生的认知冲突激发的创新性想法，但是来自制度环境及竞争性的压力通过转移管理者有限的注意力到集体性的任务，能够降低情感冲突的不利影响。

高管的年龄影响创新投资水平。心理学的研究发现年龄的增长会使得学习和记忆能力下降（Bantel and Jackson，1989），年轻的管理者更可能受到新技术的训练。由于创新涉及创造新的思想及以新的方式组合已有的要素（Schumpeter，1942），不断降低的思维能力使得年长的管理者更不可能投资于创新。此外，相比于年轻的管理者，年长的管理者对待创新更为消极，年长管理者的职业生涯几乎快要结束，他们更为担心创新失败所带来的短期不利的后果，因此，不倾向于投资在长期才能获取回报的项目。这两种观点都认为随着年龄的增加投资于创新的动机和可能性会下降。相反的观点认为，年长的管理者有更多的经验，对行业有更宽广的认识，并且培养了行业内重要的网络关系，这会增加用于创新所需资源的可获取性。从过去成功及失败中学习可以使年长的管理者更为了解成功所需的特定搜寻路径（Wu et al.，2005），这会使得他们有更强的动机投资于创新。然而，有关管理者年龄对创新的影响并没有得到一致性的结论，管理者年龄可能会影响创新活动的方向而不是创新的数量。年长的管理者可能更为关注渐进式的过程创新，年轻的管理者可能有更强的动机进行突破式的创新（Ahuja，Lampert and Tandon，2008）。

管理者的组织任期也会影响投资于创新的动机，组织任期会增加管理者对组织过程及组织价值观的认同感，这种认同会使得长任期的管理者抵制变革，进而降低对创新的投入（Bantel and Jackson，1989）。然而，相反的观点认为随着在组织中的任期增加，高管会更为有效地处理组织内外部的事物，他们从经验中学习并且建立内外部的网络关系有助于增加对组织的控制，增加的知识和权力能够使长任期的管理者更能主导组织的变革，把资源投入有风险的项目中。此外，短任期的管理者更愿意承担风险并进行更多的研发投资，由于他们急于想证明自己是有竞争力的管理者，此外，任期较短的管理者在内外部利益相关者眼中缺乏合法性，他们会感受到更多的压力去采取新的战略举措，如大胆激进地投资于研发以增加开发创新性产品的可能性和速度。而长任期的管理者对于研发投资会有更强的风险规避倾向，因为他们急需证明自己的压力比较小，因此，更偏好一般水平的研发密度以规避损失，长任期的管理者有更多的自由追逐他们喜欢的战略，即便这些战略并不是价值最大化的选择（Kor，2006）。

根据高阶梯队理论的观点，高层管理者共享的团队特定的经验及职能异质性与管理者对研发投资的偏好紧密相关。研发投资需要管理者之间感知的信任和共同的理解，高层管理者共享的团队特定的经验对于管理者的运行是必要的，由于高管团队工作涉及风险的承担，因此，当管理者共享的团队特定的经验比较丰富时，会对彼此的能力及可信性有更大的信心，更可能进行风险性高的投资。职能背景的异质性是指高管团队成员有不同的职能背景，如营销、运作和财务，更高程度的职能背景异质性会加剧不同部门对公司内部资金的竞争，导致将稀缺资源投资于研发中变得更为困难。因此，高管团队中存在多个目标及联合体会削弱研发逻辑，导致更少的集中的资金配置到研发项目中（Kor，2006）。

有关 CEOs "短视" 的研究主要考察企业如何通过薪酬结构设计给 CEOs 提供长期激励（Yanadori and Marler，2006；Lerner and Wulf，2007；Baranchuk，Kieschnick and Moussawi，2014；Chang，Fu，Low et al.，2015）。有关 CEOs 事业考虑的研究考察企业的所有权结构（如机构投资者持股）如何通过降低薪酬绩效敏感性进而增加公司创新（Lerner，Sorensen and Strömberg，2011；Tian and Wang，2014；Asker，Farre – Mensa and Ljungqvist，2014）。

唐和杨（Tang and Yang，2015）基于高阶梯队理论和注意力基础观的思想，考察高管自大如何影响企业创新，并分别使用中国制造企业的截面数据和美国高科技企业的纵向数据进行实证分析，两个样本的实证研究结果都显示高管自大与企业创新显著正相关。他们认为自大会使高管配置更多的注意力到创新活动中，追逐创新项目与高管的自我意识驱动的形象是一致的，创新性项目是复杂的、有风险性的及有挑战性的，自大的决策者会更倾向于认为他们更加擅长困难的任务而不是容易的任务，创新项目的成功是管理者愿景和较强能力的象征，因此，高管就更可能利用这样的机会来承担创新性项目。

加拉索和西姆科（Galasso and Simcoe，2011）认为过度自信的 CEOs 会低估创新失败的可能性，更可能追逐创新，这种效应在竞争性更强的行业中更显著，即成功的创新会揭示有关 CEOs 能力更强的信息，使 CEOs 获取其想要的回报。赫内弗等（Hirshleifer et al.，2012）认为过度自信的 CEOs 通过投资于风险性的项目能够增加股东价值，有过度自信 CEOs 的企业会进行更多的创新投资，能够获得更多的专利及专利引用，并且对于给定的研发支出能够获取更高的创新成功，他们的研究表明过度自信能够帮助 CEOs 利用创新性的成长机会。

马弗尔和伦普金（Marvel and Lumpkin，2007）认为企业家一般的人力资本（经验和教育水平）和企业特定的人力资本对创新结果都有重要的影响，正规的教育水平和之前的技术知识都能显著促进创新的激进性。因为增加的人力资本能够提高机会识别的可能性，有更高水平人力资本的个体比其他人能够感知到更多的机会，能感知到不同机会的个体更可能从若干机会中选择更为激进的机会。知识影响企业家理解和应用新信息的能力，个体所拥有的知识能够创造一个知识走廊，使个体识别特定的机会。

舒伯特和塔瓦索利（Schubert and Tavassoli，2019）使用 2004～2012 年瑞典公司的面板数据，分析了创新的过程并且把创新区分为是否从事于创新的决策及创新的结果，认为高管团队（TMTs）教育背景的多元化影响企业是否从事于创新的战略决策，中层管理团队（MMTs）教育背景的多元化影响创新的结果。教育是知识的一个重要来源，并且形成使个体决定哪一个信息是重要的认知框架，更为多样化的团队能够获取更广的认知框架。把多样性与绩效联系起来的机制是对信息的使用，由教育产生的认知框架不仅决定个体当前所知道的，还能影响和过滤个体感知为有用的或者有效的信息类型。舒伯特和塔瓦索利（Schubert and Tavassoli, 2019）认为教育背景的多样性能够影响高管识别有价值问题的能力，使得 TMTs 更准确地评价外部环境的状况，并且多样性有助于提高团队的创造力，帮助 TMTs 感知组织内部能力的新的应用，还可以使 TMTs 更好地评价内部可获取的知识来源，进而提高从事于创新的可能性。

文芳和胡玉明（2009）以中国上市公司 1999～2006 年的数据为研究样本，对高管个人特质与 R&D 投资之间的关系进行了实证分析，发现高管的受教育水平及技术职业背景（研发、生产和工程）能显著提升企业的 R&D 投资强度（使用 R&D 费用支出与主营业务收入的比值度量）。朱磊等（2016）使用中国 A 股高科技企业 2011～2013 年的数据分析管理者过度自信对企业创新绩效的影响，发现管理者过度自信与企业创新绩效存在显著的正相关关系。易靖韬等（2015）使用 2008～2011 年中国 A 股上市公司的数据，分析高管过度自信对公司创新绩效的影响，发现高管过度自信能够显著提高研发投入与专利产出水平。

陈春花等（2018）从资源依赖理论和社会资本理论的视角，以中国 2008～2013 年 A 股上市公司的企业数据为研究样本，考察高管学术资本对企业创新投入的影响，及高管连锁任职数量对高管学术资本与创新绩效之间关系的调节作用，发现高管连锁任职数量能够正向调节二者之间的关系。田轩和孟清扬（2018）使用中国上市公司 2001～2016 年的数据采用倾向得分匹配模型和双重差分的方法进行分析研究，发现对公司高管的股权激励计划（包括股票期权、限制性股票及股票增值权）能够显著地提高公司的研发投入与产出水平。王姝勋等（2018）通过对中国上市公司 2006～2011 年样本数据进行实证分析，考察高管的期权激励如何影响企业的创新产出，发现期权的行权期越长，以及高管被授予的期权规模越大，公司的专利产出水平越高。

综上，高管特征对公司创新投入与创新绩效影响的文献回顾见表2-5。

表2-5　　　　　　　　　高管特征对创新影响的文献回顾

高管特征	研究变量	结果变量	代表学者
高管的人口统计学特征	CEOs的教育水平	R&D支出	巴克和米勒（2002）
	高管的年龄	创新投入；渐进式创新与突破式创新	班特尔和杰克逊（1989）；阿胡亚（2008）
	高管的组织任期	创新投入	班特尔和杰克逊（1989）
	CEOs的通用型技能	创新水平	卡斯托迪奥等（2017）
	高管的技术职业背景	R&D投资密度	文芳和胡玉明（2009）
	高管职能背景多样性	创新水平	洛夫莱斯等（2001）；钱等（2013）
	TMTs教育背景多样性	是否从事创新决策	舒伯特和塔瓦索利（2019）
	MMTs教育背景多样性	创新产出	舒伯特和塔瓦索利（2019）
	共享的团队特定的经验	研发密度	科尔（2006）
	企业家的人力资本	突破式创新	马弗尔和伦普金（2007）
	高管的学术资本	创新投入	陈春花等（2018）
高管薪酬激励	薪酬绩效敏感性	创新投入	阿查里亚（2014）；田和王（2014）
	CEOs的薪酬结构	创新水平	巴兰丘克等（2014）；常等（2015）
	高管的股权激励	创新投入与创新产出	田轩和孟清扬（2018）
	高管的期权激励	创新水平	王姝勋等（2018）
高管过度自信	高管傲慢自大	创新绩效	唐和杨（2015）
	CEOs过度自信	创新绩效	加拉索和锡姆科（2011）；赫舒拉发等（2012）
	高管过度自信	创新绩效	朱磊等（2016）；易靖韬等（2015）

（三）董事会结构及特征对创新投入与创新绩效的影响

创新对于董事会和董事来说是尤为重要的和富有挑战性的战略问题（Hoskisson et al.，2002），有效的创新对公司的成长有重要的影响（Penrose，1959）。有关董事会特征对创新影响的已有研究，聚焦于董事会规模、独立董事比例、董事会资本、连锁董事、董事会多样性及董事会投入战略的时间和注意力等因素的影响（Golden and Zajac，2001；Payne，Benson and Finegold，2009；Tuggle，Schnatterly and Johnson，2010）。

1. 董事会结构及独立董事比例对创新投入与创新绩效的影响

贾等（Jia et al.，2019）认为代理风险会产生创新活动中资源的无效配置，即代理人会以牺牲创新的质量（新颖性）为代价去追逐创新的数量。创新的成本对所有代理人来说并不是相同的，对于那些利益与企业价值更一致的代理人来说，成本更高，这些成本主要体现在抛弃其他价值增加活动的机会成本。一些投入创新活动中的资源如果被投入其他的活动中可能会给企业价值带来更大的贡献。因此，那些与企业价值利益更为一致的代理人将会对创新的成本进行更为严格的审查。此外，财务资源可以被用来开发不同的创新项目，高度新颖的技术开发的成本很高，由于新颖的创新会花费更长的时间去创造，比一般的技术的失败率更高，当代理人不能从开发更新颖的创新中获取更多的私有收益时，他们没有理由进行更高成本和更大风险的新颖性创新。贾等（2019）研究发现提高的公司治理机制设计，代理人更好的利益一致设计（使用国有企业样本的董事会持股比例代表代理人的利益一致）与更强的监督能够降低国有企业创新活动中的代理风险。

康等（Kang et al.，2018）使用 CEOs 与董事的社会关联度量董事会的友好性，来考察对公司创新的影响，发现 CEOs 与董事存在关联的友好的董事会相比于 CEOs 与董事不存在关联的董事会，能够产生更多的专利及专利引用。巴尔斯梅尔等（Balsmeier et al.，2014）使用德国企业

2001～2008 年的样本，考察外部董事对企业创新绩效的影响，发现董事会中的外部高管董事能够显著地增加企业专利的申请数量，并且二者之间的关系随着关联企业之间的技术临近性的增加而增强。他们的研究结果表明外部高管董事能够为目标公司董事会提供稀缺的知识和经验，进而提高目标公司董事会的服务质量。这些额外的能力可以帮助企业产生更高数量的创新，也即外部高管董事的知识、经验可以帮助目标企业获取更高水平的创新，通过有效地识别新的利基市场和利基产品（Shane，2000）、预期技术和产品市场的发展（Helfat and Lieberman，2002）、识别新兴的创新性项目（Weterings and Koster，2007），或者实施有助于创新努力的激励方案（Ederer and Manso，2013）。

贝辛格和霍斯金森（Baysinger and Hoskisson，1990）认为外部董事偏好财务控制，这种偏好会导致聚焦于效率及更低的研发支出水平。佐纳等（Zona et al.，2013）使用意大利公司的样本考察董事会特征（董事会规模、外部董事比例、董事会多样性）对企业创新的影响，发现董事会特征对企业创新的影响情境依赖于企业规模的大小。

陈和徐（Chen and Hsu，2009）认为独立董事常常是家族企业信任的建议供给者，独立董事拥有充足的技术知识去有效地识别 R&D 机会，通过其社会资本，独立董事可以帮助家族企业获取财务资源，独立董事充足的人力资本和社会资本可以降低研发风险。陈和徐（2009）使用2002～2007 年中国台湾电子企业的样本数据，发现当董事会中有更高比例的独立董事时，家族企业所有权有助于增加企业的 R&D 投资。

科尔（Kor，2006）认为董事会与高管团队之间非生产性的冲突及不健康的对话会降低研发投资水平，即当董事会中较高的独立董事比例与高管团队更高水平的组织任期、共享的团队特定的经验及职能背景的异质性相交互时，企业的研发投资密度较低，其结果也表明外部独立董事的监督对公司的研发投资战略并不是"普适的"有效的公司治理机制。阿尔祖比亚加等（Arzubiaga et al.，2018）通过对 230 家西班牙家族中小企业的分析，发现董事会中的家族参与不利于创业取向转化为双元创新活动，董事会的战略参与，如服务和控制任务及供给知识和技能对创业取向向双元创新的转化有积极的影响，但是董事会活动密度不利于创业取向—双元创新之间的关系。

杨建君和刘刃（2007）从理论上分析了外部董事数量与企业创新之间的关系，他们认为当董事会规模一定时，外部董事数量的增加对创新决策的边际贡献会呈现先递增再递减的过程。徐向艺和汤业国（2013）使用中国中小上市公司2007～2010年的数据，考察董事会结构与技术创新绩效之间的关系，发现董事会规模对企业技术创新投入及产出的影响呈倒"U"型关系，董事会的独立性能够显著地提高创新产出水平。

徐向艺和尹映集（2014）使用中国家族控股2007～2012年的310家上市公司，考察独立董事比例对企业创新行为和成长性的影响，他们认为家族控股公司中独立董事的知识背景和经验技能有助于扩大董事会的视野，帮助董事会识别新兴的创新机会，其研究结果发现独立董事比例的提高能够显著地促进家族控股公司的创新水平。胡元木（2012）以中国沪深两市2006～2009年的上市公司为样本，考察技术独立董事能否对R&D产出效率产生影响，其研究发现上市公司董事会中技术独立董事的存在能够显著地提高R&D产出效率。

龚辉锋和茅宁（2014）依据董事在董事会子委员会中的现任职位、之前的任职经历及知识结构三个维度将董事分为咨询董事和监督董事，使用2010年中国沪深A股上市公司的样本，考察这两种类型董事对董事会监督绩效与咨询绩效的影响，研究发现咨询董事的数量能显著地提高创新活动水平，监督董事的数量会显著地降低创新活动水平。

2. 董事会资本及多样性对创新投入与创新绩效的影响

达尔齐尔等（Dalziel et al.，2011）认为董事会可以使用他们的人力资本和关系资本来提供和配置资源，进而抑制或促进研发支出水平，知识、经验及董事关联可以塑造他们为董事会提供的资源、建议。更多地聚焦于创新活动被认为是有风险的，并且会导致企业绩效的波动，然而心理和组织行为的研究表明多样性可以增加群组观点的广度及群组解决问题的能力，多样化的团队是更好的问题解决者，有更强的创新性。伯尼等（Bernile et al.，2018）研究发现董事会的多样性促使更高水平的创新产出。

张维今等（2018）基于沪深两市2007～2010年的271家制造企业为样本，从资源依赖理论的视角分析董事会资本（人力资本、社会资本）对公司创新的影响，发现董事会人力资本（董事的受教育水平、董事的行业特定经验）及董事会社会资本（连锁董事关系）均对公司的研发投入（研发投入/雇员数量）有显著的促进作用。周建等（2012）基于中国高科技上市公司2007～2009年的数据，考察董事会人力资本与社会资本对公司研发投资的影响，发现董事会受教育程度、董事会"输出职能"的职业背景（拥有研发、营销、设计背景董事比例）、董事会团队异质性（董事任职背景如管理型、社会影响型及支持专家型的异质性）均与企业R&D支出之间呈显著正相关关系。

还有学者从资源依赖和社会关系网络的理论视角，基于中国制造业2010～2012年主板公司的数据，考察董事会社会资本对R&D投入的影响，发现董事会社会资本（董事的横向关系网络如董事与其他公司及社会团体的关系，董事的纵向关系网络如董事的政府工作背景及政治身份）对R&D投入水平有很好的促进作用（严子淳和薛有志，2015）。严若森等（2018）基于代理理论和资源依赖理论，考察连锁董事网络的网络中心度和结构洞指数对企业创新投入的影响，一方面，连锁董事关系网络中行为者之间的互动可以增强信任感，有利于创新知识的传播和移动；另一方面，网络中心度越高越会降低董事的监督，不利于企业的创新。其研究发现董事网络中心度会抑制创新投入，而结构洞指数能够促进企业的创新投入水平。

综上，董事会特征影响创新的文献回顾见表2-6。

表 2-6　　　　　　　　　　董事会特征影响创新的文献回顾

董事会特征	研究变量	结果变量	代表学者
董事会结构及独立性	外部董事比例	研发支出	贝辛格和霍斯金森（1990）；科尔（2006）
	外部董事比例	专利申请量	巴尔斯梅等（2014）
	董事会规模	研发支出	佐纳等（2013）
	董事会持股比例	专利的新颖性专利的数量	贾等（2019）
	董事会的友好性	创新绩效	康等（2018）
	董事会的独立性	专利产出及引用	巴尔斯梅等（2017）
	独立董事比例	创新投入创新产出	徐向艺和汤业国（2013）徐向艺和尹映集（2014）
	技术独董	R&D 产出效率	胡元木（2012）
	咨询董事和监督董事	创新水平	龚辉锋和茅宁（2014）
	董事会的注意力分布	创新水平	塔格尔等（2010）
	董事会活动密度	双元创新	阿尔祖比亚加等（2018）
董事会资本	董事会的人力资本和关系资本	R&D 支出	达尔齐尔等（2011）；张维今等（2018）；周建等（2012）
	董事会社会资本	R&D 投入	严子淳和薛有志（2015）
	连锁董事网络	创新投入	严若森等（2018）
董事会多样性	董事会多样性	创新产出	伯尼等（2018）

二、董事会友好性相关文献回顾

公司治理的积极主义者常常批判管理层—董事会之间社会关系的存在，并且认为这种社会关系会增加董事会的被动性及降低董事会监督的有效性。董事会与高管之间的社会关联，如友谊关系会降低董事会监督的有效性，这种关系常常会被媒体描述为"共谋"。公司治理的主流理论，如代理理论强调董事会独立性对于董事会监督角色的重要作用，认为管理层会"滥用"他们的社会关系来影响董事会成员使之按照他们的意愿行事，董事会成员的职责应该是效忠于股东，这种观点就提出了一个道德上的困境，质疑是否社会关联的、独立的董事会成员具有在董事会中任职的资格。

法尔伊等（Faleye et al., 2014）使用 1997~2006 年的 1532 个标准普尔 1500 企业的 2366 个 CEOs 的数据，考察 CEO 关联如何影响创新活动，他们的研究发现，有更多关联的 CEOs 能够获取网络信息，这些信息能够提高他们识别和利用创新机会的能力，通过降低创新项目事前的风险性，还可以降低管理者在创新投资中的风险规避，进而导致更高的创新水平及更高质量的创新。CEOs 的个人关联还可以降低承担创新投资的事后风险，创新失败后失去雇佣也许是 CEOs 承担的最大的个人成本，因此，理性的 CEOs 会偏好路径化的项目及对创新的渐进性提高。网络关联通过给 CEOs 提供无形的劳动力市场担保可以降低创新失败的个人后果。

有关组织创新的文献表明，组织的创新能力是由组织路径的有效组合及这些路径在多大程度上与外部环境相匹配交互决定的（Cohen and Levinthal，1990）。组织能力反映企业有效的整合内部路径及增加组织学习的能力，环境匹配反映解析市场变化及技术发展信息的能力。在中国的转型经济中，不同类型的政治关联，尤其是以不同产权关系的形式体现的政府关联是制度安排的中心，在转型经济中不发达的制度环境，制度关联通过为企业提供政策信息及有价值的资源，可以弥补正式制度的缺失。

吴（Wu，2011）认为政治关联能够增强组织的环境匹配度，具体体现为：首先，政治关联有助于企业从政府那里获取有价值的资源如财务资源，尽管转型经济中的企业会面临缺乏有效融资渠道的问题，但政治关联能够使企业获取津贴、税收优惠及政府资助。其次，政治关联可以降低有关创新活动政策的不确定性，帮助企业获取有关政府管制及新兴政策的信息，提高企业的政策影响力。企业获取更多的政策信息，就会对创新投资有更多的信息，因为他们可以开发政府需要或者偏好的产品和技术。而且，对政策制定增加的影响力能够加强企业从创新投资中获取未来收益的预期，增加投入更多资源到创新活动中的激励。政治关联还可以增加企业的合法性，使顾客更可能接受其新产品，萨奇曼（Suchman，1995）认为顾客更可能信任合法性程度高的企业及购买创新的产品或技术。因此，政治关联通过为企业提供更多创新所需的资源、降低创新活动的不确定性、增强企业的合法性，而提高组织的环境匹配度。但是政治关联也会产生不利的后果，政治关联会增强政治干预及管理者的激励缺失，有损组织内部能力，也就是说政治干预会降低管理者有效定义内部路径的激励，导致内部沟通模式的刚性。当企业依赖于政府的优待来获取商业成功时，高水平的依赖会降低管理者提高创新效率的激励，管理者也会把创新的无效率归因于政府干预。

黄和金（Hwang and Kim，2009）以美国财富100企业1996～2005年的数据为样本，使用董事与CEOs之间基于校友、军队服务、地区、学术背景及行业形成的社会关联来代表董事会相对于CEOs的社会独立性，研究发现相比于传统的董事会结构化独立性，董事会的社会独立性越高，CEOs的薪酬水平越低，并且呈现出较高的薪酬绩效敏感性。更高水平的董事会独立性被认为代表更高的治理水平，尽管董事会可以遵守正规的独立性规则及管制要求，独立董事仍然可以与管理层存在社会关联。但是有关建议获取及组织中社会关联的研究表明，独立董事与管理层之间的社会关系可以提高合作水平（Westphal，1999）、增加管理层与独立董事之间的信任及信息共享（Adams and Ferreira，2007），提高董事在治理公司时的能力及有效性。

金（Kim，2005）认为董事会通常来讲有很少的"团队"特性，因为董事会成员仅在董事会开会期间见面，董事会成员的董事身份也不需要承担全职工作的责任，缺乏团队性不利于董事会成员之间进行合作及一起工作。董事会成员之间的非正式社会网络有助于解决缺乏团队精神、整合及合作的问题，金（Kim，2005）认为董事会网络密度通过增加董事会成员之间的信任、行为整合及合作行为，有助于企业获取竞争优势。

蔡恩和格尔根（Chanine and Goergen，2013）基于1997～2008年500个IPO企业的3613个高管团队成员的样本，发现高管团队成员与董事会成员之间的"社会关联"与 IPO 定价及 IPO 后的运营绩效正相关，也就是说 IPO 企业的社会关联能够创造价值。社会关联有助于建议寻求及共同的理解，使沟通更为顺畅，社会依赖会将规范的预期从交换为基础的规范所主张的"公平的互惠"转移到公共的规范所主张的"关爱和信任"（Silver，1990）。IPO 企业与成熟企业相比，有很大劣势，它们较为年轻，更不可能吸引有丰富经验和专长的独立董事去有效地履行服务职责，IPO 企业更可能依赖朋友或与高管有社会关联的个体来担任其董事会成员，有朋友在董事会中任职的潜在优势是有助于 TMT 和董事会之间更好的互动，这来自于二者之间由于"同源性"引发的相似的经验和观点。麦弗逊等（McPherson et al.，2001）把同源性定义为"相似的个体相比于不相似的个体能够以更高的速率进行互动"。

这些研究表明社会因素如信任及朋友关系有助于董事会参与战略决策，导致董事会有效性的增加。研究发现独立董事与管理层的社会关联能够提高财务报告的质量，也就是说当履行需要管理层与董事会相互合作的任务时，董事与管理层的社会关联有助于股东价值的增加（Hoitash，2011）。恩格尔贝格等（Engelberg et al.，2013）研究发现 CEOs 与其他公司高管及董事的个人关联（通过校友关系及过去的工作关系形成的关联）有助于增加 CEOs 的薪酬水平，他们的研究还支持了 CEO 有价值的网络关联能够为企业带来信息的观点，但是他们并没有识别 CEOs 网络关联为企业创造价值的具体渠道。

（一）校友关系

科恩等（Cohen et al.，2008）使用美国公司 1990~2006 年 7660 家公司的数据，来分析公司主要高管成员（CEO、CFO 或董事长）与共同基金的管理者之间的校友关系，发现基金管理者会对有社会关联的企业进行更多的投资，并且投资的这些与基金管理者存在关联的公司股票相比于没有关联的持股会获取更高的收益，平均能高出 7.8%。科恩等（2010）认为校友网络能够使分析师以更便捷的方式（如私下的电话沟通）及更低的成本获取公司的私有信息，对管理者质量作出更准确的评价，进而作出更好的推荐，他们的研究发现卖方分析师更可能对与他们有校友关系的公司进行更积极的推荐。巴特勒和牛仑（Bulter and Gurun，2012）考察校友网络是否影响基金管理者对有关高管薪酬的股东提案的投票行为，发现基金管理者与企业高管有相同的校友网络时，更可能对股东发起的限制高管薪酬的提案投反对票。

官等（Guan et al.，2016）分析审计合伙人与其客户企业管理者之间的校友关系对审计结果的影响，他们认为个体毕业于同一个教育机构能够为他们之间的社会关联形成一个有效的基础，这是由于：首先，如果两个个体在同一时间上同一所大学，个人的连结就会通过在校园中的互动得以确立；其次，如果个体在不同的时间上同一所大学，他们可能会有共同的爱好或者背景有助于以后通过校友会建立社会关联；最后，由于教育的风格和质量，上同一所学校可能会为个体提供独特的"印记"，这种印记会把校友连结在一起，增加他们之间的互动。因此，官等（2016）把校友关系定义为个体在相同的学校取得他们的本科或研究生学位，但并不要求他们在同一时间毕业于同一所学校。他们使用中国 A 股非金融企业 2006～2011 年的上市公司进行实证检验，发现 10.14% 的企业—年份样本中至少有一个高管（CEO、CFO 或董事长）与他们的签字会计师存在校友关系，回归结果表明当审计师和高管之间存在校友关系时，企业获得无保留的审计意见的可能性更高，企业也会支付更高的审计费用。他们的研究表明审计师与高管之间的校友关系有损审计质量，相应地，高的审计费用也不代表更高的审计努力或者审计质量，而是代表审计师与高管之间的互惠。

黄福广和贾西猛（2018）利用中小板和创业板上市公司中的风险投资事件为研究样本，考察风险投资人与创始人之间的校友关系对风险投资行为的影响，发现风险投资人与创始人之间存在校友关系能够增加二者之间的信任关系，降低交易成本，进而增加风险投资人投资于科技型企业的可能性。李维安等（2017）基于 2011～2014 年中国 A 股上市公司发生

CEO 变更的样本，考察董事会社会独立性对发生公司违规事件时 CEO 变更的影响，他们使用五个指标（董事与 CEOs 的年龄接近程度及性别的一致性，董事与 CEOs 是否存在老乡关系、校友关系及工作联系）来度量董事会与 CEOs 的社会独立性，研究结果发现董事会社会独立性能够显著提高违规公司 CEO 的变更率。

申宇等（2017）认为相比于老乡关系和同事关系，基于共同教育背景形成的校友关系带来的专业素养、价值观念的一致性有助于企业决策和创新。他们以 2004~2013 年沪深 A 股上市公司的数据为研究样本，基于社会资本理论的观点，分析了高管校友关系网络对公司创新绩效的影响，发现校友关系主要通过缓解融资约束及增加信息共享而显著地促进了专利申请的数量和质量。申宇等（2015）认为个体基于校友关系形成的社会关联有共同的文化烙印，能够增强个体之间的信任感和认同感，进而有助于信息的共享。他们分析了基金经理的校友关系网络对基金业绩的影响，发现校友关系的广度和深度均有助于基金收益率的提高，其研究表明校友关系能产生积极的经济效应。

（二）老乡关系

陆瑶和胡江燕（2014）认为当 CEOs 与董事来自同一个地区时，他们在更大程度上会有共同的文化和处事方式，这种共性会增加董事会与 CEOs 之间的"友善"关系。CEOs 与董事之间的老乡关系会减弱董事会对管理层的监督，更少地挑战和质疑管理层的决策。陆瑶和胡江燕（2014）基于 2000~2009 年沪深上市公司数据为样本，考察了 CEOs 与董事之间基于老乡关系形成的裙带关系如何影响公司的风险水平。研究结果表明，与 CEOs 有老乡关系的董事成员的比例越高，公司的风险水平（公司周股票收益率年度标准差）越高。

陆瑶和胡江燕（2016）基于 2000~2013 年沪深两市上市公司的数据，分析了 CEOs 与董事会之间老乡关系对公司违规倾向的影响，发现 CEOs 与董事之间的老乡关系会显著地增加公司违规的概率，其研究结果表明 CEOs 与董事之间老乡关系会降低董事会的监督倾向及有效性。陈霞等（2018）使用 2005～2013 年中国 A 股上市公司的研究样本，分析了上市公司独立董事与 CEOs 的私人关系，通过毕业院校、籍贯、专业协会成员及曾经工作单位等信息来衡量是否存在私人联系，及私人联系的广度和强度。进一步考察了独立董事与 CEOs 私人联系对公司绩效的影响，发现独立董事与 CEOs 的私人联系能够显著增强公司绩效。

（三）人口统计学特征的相似性

不相似性会增加排斥，人与人之间的差异会增加彼此之间的距离，并且降低互相的吸引力和喜爱程度，人们倾向于被这些与他们在人口统计学特征上相似的个体所吸引，除了人际间的吸引，相似性还被发现对社会群组中的沟通及整合有积极的影响。徐和奥莱理（Tsui and O'Reilly，1989）考察人口统计学特征变量（年龄、性别、种族、教育）对上级对下级的绩效评价、下级对上级的喜爱程度的影响，他们对 272 对上下级的田野调查发现，上下级人口统计学特征的不相似性会降低上级对下级有效性的感知，以及下级会对上级感知到更少的吸引力。

基里亚卡基斯和瑞各克（Georgakakis and Ruigrok，2017）发现外部 CEOs 继任者与现有高管团队之间的人口统计学特征的相似性，会正向调节外部 CEOs 继任者与继任后企业绩效之间的关系。这是由于人口统计学特征相似性会导致整合、信息交换及沟通变得更为容易，外部继任者相比于内部的继任者来说对企业更不熟悉，人口统计学特征的相似性更可能充当外部 CEOs 与现有 TMT 之间共同的基础，有助于现有高管帮助新任 CEOs 去学习和了解企业的内部情境（Grossman，2007）。还有助于外部继任者整合现有的高管团队，克服对企业不熟悉的挑战，进而利用他们的外部知识和信息作出匹配公司内部情境的决策，增加企业的绩效。

三、董事会委员会监督有效性的文献回顾

董事会委员会是董事会工作有效开展的关键结构设置，每一个子委员会被赋予特定的职权，如战略、监督等职责，有助于董事会更有效地履行公司治理任务。纽曼和莫兹（Newman and Mozes，1999）发现当公司的内部人员在薪酬委员会中任职时，CEOs 会受到优惠的对待，但是有内部人员在薪酬委员会中任职其 CEOs 薪酬相比于没有内部人员在薪酬委员会中任职并没有显著的差异。薪酬委员会会增加股权为基础的 CEOs 薪酬的使用，但是增加股权为基础的薪酬设计会增加 CEOs 操纵盈余的动机，随着股权授予量的增加，董事会监督需求也相应增加，此外，CEOs 薪酬业绩的敏感性对审计委员会从事监督有正向的溢出效应（Laux and Laux，2009）。委员会的设立虽然有助于董事的职责分工，但是并不意味着职能的完全分割，由于董事成员在多个委员会中任职的现象是普遍的，董事会中任务的分离并不仅仅依赖于委员会的存在，还依赖于董事在委员会之间交叠的程度。如果董事交叠的程度降低，即董事会中的任务分离程度更高，薪酬委员会将更少参与监督任务，更不了解和关心监督的成本。

孙等（Sun et al.，2009）考察薪酬委员会质量对 CEOs 股权授予的影响，其中，薪酬委员会质量使用五个指标来度量：在现任 CEOs 任职期间被任命的董事比例；有至少十年董事任职经验董事的比例；薪酬委员会成员加总的持股比例；薪酬委员会中繁忙董事的比例；薪酬委员会规模。其研究结果发现，当薪酬委员会的质量增加时，企业未来的盈余绩效与 CEOs 的股权授予存在显著的正相关关系，其结果表明由更高质量的薪酬委员会反映的公司治理水平能够设计和实施薪酬安排，以更好地激励 CEOs，进而降低 CEOs 攫取租金的空间。

谢德仁等（2012）通过使用中国国有控股上市公司的数据，发现薪酬委员会的独立性受经理人是否兼任委员所影响，当经理人在薪酬委员会中任职时，他们可以通过自身的影响力来影响薪酬政策，进而会通过经理

人薪酬业绩敏感性提高的薪酬辩护方法来对其较高的薪酬水平进行正当性的辩护。江伟等（2013）考察薪酬委员会特征，如独立性及规模对中国上市公司高管薪酬业绩敏感性的影响，研究结果发现，薪酬委员会中独立董事比例越高，以及更大规模的薪酬委员会能够显著提高总经理薪酬业绩的敏感性。邓晓岚等（2015）考察审计委员会与薪酬委员会的职位重叠对 CEOs 运气薪酬的影响，通过使用2007~2012年中国 A 股国有上市公司的样本数据进行实证分析，发现两个监督委员会的职位重叠能够显著降低 CEOs 薪酬对运气的敏感性。

刘焱和姚海鑫（2014）使用中国沪市 A 股上市公司2009~2012年的样本数据，考察审计委员会的专业性对公司内部控制的影响作用，以及高管权力对审计委员会专业性及独立性的影响，发现审计委员会专业性有助于提高公司的内部控制质量，但是审计委员会的独立性会受高管权力的影响而减弱。李云等（2017）使用沪深 A 股上市公司2010~2014年的样本数据，考察审计委员会专业性对公司审计费用的影响，结果发现，审计委员会的专业性能够显著降低上市公司的审计费用，但是 CEOs 权力会减弱审计委员会的独立性和专业性作用。

四、文献述评

（一）公司内部治理特征影响创新投入及创新绩效的文献述评

已有公司内部治理对创新投入及创新绩效的影响主要集中在所有权结构、性质，高管职能背景特征及薪酬激励，董事会结构，董事会资本及多样性等方面。具体地，所有权机构及性质对公司创新的研究，主要围绕股权集中度、股权制衡度、控股股东持股比例、所有权性质（国有、民营、家族所有权）及机构投资者类型对研发投入及创新绩效的影响，发现所有权特征与研发投入之间大多呈现倒"U"型，"N"型等其他的非线性关系。

有关高管特征对公司创新的影响主要围绕 CEOs 的教育背景、受教育水平、组织任期、年龄等职能背景对研发投资水平的影响，但并未得出一致性的结论，总体上，有工程技术教育背景的 CEOs 更可能增加研发投资。CEOs 的风险规避、过度自信、股权激励、期权激励等也会显著影响研发支出水平。此外，高管的受教育水平、教育水平的多元化、高管技术职业背景及高管股权激励也会影响公司创新的可能性及研发投资水平。有关董事会特征对公司创新的影响主要围绕董事会的结构特征及董事会资本对创新的影响，董事会规模、董事会持股比例、独立董事比例、独立董事的技术背景对研发支出水平的影响，有研究发现董事会规模与独立董事比例均与研发支出水平呈倒 "U" 型关系，还有研究发现外部董事会增加或者降低研发支出水平，董事会的人力资本及社会资本对公司的研发投入有促进作用。

通过对已有公司内部治理对公司创新影响的文献回顾发现，大多研究考察传统的公司治理结构化特征对研发投资的影响，很少有研究深入聚焦董事会的监督特征，例如，董事会的友好性及监督密集性特征对公司创新投入及创新绩效的影响，并且深入分析董事会的友好性及监督密集性影响创新投入及创新绩效的内在过程，这就为本书研究董事会的友好性及监督密集性特征对公司创新投入及创新绩效的影响提供了机会。

（二）董事会友好性及委员会监督有效性的文献述评

有关董事会友好性的研究主要围绕 CEOs 社会关系对公司创新活动的影响，CEOs 与董事会之间的社会关联对 CEOs 薪酬水平的影响，高管团队与董事会之间的社会关联对 IPO 后运营绩效的影响，高管的校友关系网络对专利申请数量的影响，CEOs 与董事会的老乡关系对公司违规行为的影响，独立董事与高管的社会关联对公司财务报告质量的影响。高管与共同基金的管理者之间的校友关系对所投资股票收益的影响，卖方分析师与目标公司高管的校友关系对股票推荐的影响，审计合伙人与其客户企业管理者之间的校友关系对审计结果的影响，风险投资人与创始人之间的校友关系对风险投资行为的影响，上级领导者与下属之间人口统计学特征的相似性对上级对下级绩效评价的影响，外部继任 CEOs 与现有高管团队之间相似性对继任后企业绩效的影响等。

有关董事会委员会监督有效性的研究主要围绕：高管在薪酬委员会中任职对 CEOs 及高管薪酬的影响，薪酬委员会的设置对高管薪酬激励及 CEOs 股权激励的影响，薪酬委员会的独立性对高管水平及薪酬业绩敏感性的影响，审计委员会专业性对公司内部控制质量的影响，CEOs 权力对审计委员会独立性的影响，以及同时在薪酬和审计委员会中任职的董事对高管运气薪酬的影响。

通过对高管及董事社会关联、董事会委员会监督有效性相关研究的文献回顾发现，很少有研究考察独立董事—CEO 之间的社会关联形成的董事会友好性对公司创新投入及创新绩效的影响，已有研究也较少考察独立董事同时在多个监督委员会（审计、提名、薪酬委员会）中的任职情况形成的密集型监督董事会对公司创新的影响，这为本书围绕董事会友好性及监督密集性如何影响公司创新提供了进一步深入研究的空间。

第三节　相关理论基础

一、代理理论

在一个给定的契约下，一方或多于一方（委托人）通过委派另一方（代理人）来代替他们从事一些事务，包括委派一些决策权给代理人，就产生了代理关系。代理理论主要关注于解决代理关系中的两个问题：一个是委托人与代理人的目标冲突时产生的代理问题，委托人很难证实代理人正在做什么，如果双方都是效用最大化者，我们有很好的理由认为代理人并不总是按照最大化委托人利益的方式行事（Jensen and Meckling，1976）。另一个就是当委托人与代理人对待风险有不同的态度时，就出现了风险共担的问题，也就是委托人和代理人由于风险偏好的不同，会产生不同的行为偏好。

因此，给定代理人是自利、有限理性及风险规避的，组织内的成员是目标冲突的及信息是稀缺的，代理理论致力于设计最为有效的契约来治理委托人—代理人之间的关系（Eisenhardt，1989），如通过给代理人确定恰当的激励措施，以及对代理人偏离常规的活动进行限制和监督来限制这种利益的分歧。此外，代理人也会向委托人保证其不会采取有损委托人利益的行为。因此，代理成本的概念被詹森和麦克林（Jensen and Meckling，1976）首次引入，包括为设计、监督及约束利益冲突的代理人之间的一组契约所必须付出的成本，加上执行契约时成本超过收益所造成的损失。委托人和代理人在不花费任何成本的情况下，使代理人作出从委托人的角度来说最优的决策是不可能的。

詹森和麦克林（1976）分析了管理者拥有100%的剩余索取权与其售出一部分剩余索取权给外部股东对管理者行为及代理成本的影响。初始状态时所有者—管理者拥有100%的股权，他将会作出最大化其效用的决策，这些决策不仅包括货币收益，还包括非货币收益带来的效用，如办公场所、与员工之间的关系。但如果所有者—管理者销售一部分股权给外部股东，所有者—管理者与外部股东之间的利益分歧将会产生代理成本，因为他只会承担一部分最大化其效用的非货币收益的成本。随着所有者—管理者持股比例的降低，他的剩余索取权就会降低，这将促使他以在职消费的形式占用更多的公司资源。这也会使少数外部股东花费更多的资源来监督所有者—管理者的这种行为。所有者—管理者与外部股东之间的代理冲突一方面表现为管理者的在职消费，另一方面表现为随着所有者—管理者持股比例的下降，他投入创造性活动如搜寻新的盈利性的投资的可能性会下降，因为这需要他投入更多的努力去学习新的技术，进而导致企业价值的降低。

　　企业制度在经历了古典企业制度时期的业主制企业、合伙制企业，到现代公司制企业时，代理问题更为突出。由于现代公司有两个显著特征：其一就是股权结构的分散化，公司的股权结构经历着由少数人持股到社会公众持股，再到机构投资者持股（共同基金、保险公司、养老基金等），高度分散化的股权结构是现代公司赖以生存和资本市场得以维持的润滑剂，使公司通过资本市场投融资更加快捷，然而，高度分散化同时会带来不利影响：首先，公司股东无法在行动上达成一致，从而造成治理成本的提高；其次，对公司经营者的监督弱化，大量的小股东缺乏对公司高层管理人员进行监督的积极性，而且也不具备这种能力；最后，分散的股权结构使股东和其他利益相关者处于被机会主义行为损害和掠夺的风险之下。

　　其二就是所有权和控制权的分离，围绕所有权和控制权的分离不乏研究，而法玛和詹森（Fama and Jensen，1983）发表的论文《所有权和控制权的分离》（*Separation of ownership and control*）一文对所有权和控制权相分离的问题研究得最为深刻，分析得最为透彻。以所有权和控制权相分离为特征的组织（股份公司、金融共同体、非营利组织）为什么会存在？该问题的提出最初来自亚当·斯密的《国富论》，即股份制公司的董事管理着别人的钱而不是自己的钱，不能指望他们会像私人合伙公司的合伙人一样时刻警觉、谨慎地经营着自己的财富。就像财主的管家，他们经常关心一些与主人利益无关的琐事，却不认为自己失职。因此，不论严重与否，粗心大意和挥霍浪费都会在这样的公司管理层中滋生。

　　组织是契约的集合体，任何组织的契约都强调剩余索取权的本质和决策过程在代理人之间的分配。在合约的缔约者中，有一种为了取得净现金流入而缔约的人，他们承担由资源随机流入和承诺支付的差额而造成的剩余风险，这类人就是所谓的剩余索取者或称为剩余风险承担者。法玛和詹森（1983）把决策的过程划分为四个阶段，分别是：决策发起、批准、实施和监督，把发起和实施归为决策管理权，批准和监督归为决策控制权。因此，法玛和詹森（1983）认为代理问题产生于决策管理和剩余风险承担的分离而带来的决策管理和决策控制的分离。决策管理和决策控制的分离，首先是由于随着组织规模的扩大带来的专有知识和决策职能的扩散。与决策有关的特定知识分散在各个层次、各个岗位的代理人中，而各种特定知识的传递与交流是需要成本的，将决策管理权委托给拥有相关知识的代理人，可以减少成本，由此产生的代理成本可以由决策管理和控制的分离而减少。

其次是剩余索取权和决策控制权的分散，当有很多剩余索取者的时候，他们都参与到决策控制中的成本太大，对他们来说委托决策控制权是有效的。因为如果剩余索取者本人精通内部决策，为了避免因多人参与决策而造成的无效率，应将决策权授予他人。如果剩余索取者本人并不精通决策，也无暇参与内部决策，则他们在决策控制方面也发挥不了作用，这时决策控制与决策管理的分离在所难免，这种分离可以造成权力制衡，以限制代理人损害剩余索取者的利益。故决策与风险承担相互分离时，将决策管理与决策控制分离会带来代理成本小于规模扩大、风险分散和决策专门化的利益，所以能够有效控制代理问题（Fama and Jensen，1983）。

对于公众公司来说，由决策管理和剩余风险承担相分离带来的决策管理和决策控制的问题大量存在，并且二者的分离是必要的，对公众公司的发展也是有利的。因为，公众公司普通股可以自由转让，一方面，普通股的这种无限制性和流动性有利于吸引广泛的投资者，由此聚集的大量分散资金正是大公司所需要的。另一方面，由于剩余风险承担被分散化（专业化），使得决策技能与承担决策风险之间不再有必要的联系，此时决策管理和剩余风险承担专业化会有利于提高复杂组织应对环境变化的能力。并且可以通过外部治理机制及董事会的作用对代理问题加以调节，使决策管理更加趋向于剩余索取者的利益。

另外，法玛和詹森（1983）认为公众公司可以通过以下几个方面来缓解代理问题：（1）外部治理机制—股票市场控制代理问题。普通股剩余索取权的无限可转让性，能产生股份公司的一种外部监督机制，即股票市场可以对普通股定价并以低成本转让。由这个市场形成的股票价格包含了有关公司现在和未来净现金流量以及内部决策的信息。这个外部监督机制（股价的涨落）作为一种反映内部决策的有形信号从外部施加压力，促使公司决策与剩余索取者的目标利益相一致。（2）并购与接管市场。由于剩余索取权可以自由转让，因此，有攻击性的所有者可以通过收购股票或吸引股东投票选择其他代理人来更换现有的董事会或者经营者，以取得决策程序的控制权，这样有利于经营者的决策与剩余索取者的利益相一致。（3）董事会。剩余索取者在授权董事会实施内部控制的同时，一般都保留挑选董事和会计师、兼并及增股等决策的批准权。

董事会在接受委托，并把大部分经营决策权与控制决策权授予内部代理人的同时，一般也会保留对他们的最终控制权，这包括认可和监督他们的建议、聘用与解聘主要经营者，以及决定他们报酬的权力等。在公众股份公司中，存在着四层委托代理问题，董事会作为决策控制的最高代理人，并不承担决策后果带来的财富效应，决策管理和控制职能的委托，首先在第一层级委托给董事会，然后从董事会委托给内部的各层级决策代理者，但是董事会保留最终的决策控制权。

二、资源依赖理论

自从佩弗和萨兰西克（Pfeffer and Salancik，1978）的经典著作《组织的外部控制：一个资源依赖观》（*The External Control of Organizations：A Resource Dependence Perspective*）发表，资源依赖理论已经成为组织理论和战略管理领域中最有影响力的理论之一，资源依赖理论把公司作为一个开放的系统，依赖于外部环境中的情境要素，正如佩弗和萨兰西克所说的："要想理解组织的行为，就需要理解该行为的情境，也就是组织生态"。资源依赖理论识别了外部因素对组织行为的影响，尽管受外部情境因素的限制，管理者可以采取降低环境不确定性及依赖的行为，这些行为的核心概念就是权力，即对重要资源的控制权，组织如果想降低其他利益主体或其他组织相对于组织自身的权力，就会试图增加他们相对于其他利益主体或其他组织的权力。

希尔曼等（Hillman et al., 2009）围绕佩弗和萨兰西克（1978）提出的企业降低环境依赖所采取的五种行为（并购/垂直整合、联合投资及其他的组织间关系、董事会、政治行为、高管继任）对资源依赖理论领域的概念发展、实证研究、应用及未来的发展方向做了一个文献回顾。基于本书的研究主题和研究内容，我们主要围绕资源依赖理论在董事会研究领域的应用和发展进行梳理和展开。

尽管代理理论是董事会领域研究的主要理论（Dalton, Hitt, Certo and Dalton, 2007; Zahra and Pearce, 1989），但董事会也同样是资源依赖理论研究的兴趣点。使用资源依赖理论考察董事会的早期研究主要使用董事会的规模及构成来代表董事会为企业提供关键资源的能力，如佩弗（Pfeffer, 1972）研究发现董事会规模与企业的环境需求相关，那些对外部环境有更强依赖的企业倾向于有更高比例的外部董事，他认为董事会规模和构成并不是随机化的结果，而是组织对外部环境理性反应的结果。

皮尔斯和扎赫拉（Pearce and Zahra, 1992）认为董事会构成和规模不仅情境依赖于外部环境，而且还依赖于企业当前的战略及之前的财务绩效。道尔顿等（Dalton et al., 1999）使用元分析发现董事会规模与企业的财务绩效存在正相关的关系。佩弗和萨兰西克（Pfeffer and Salancik, 1978）认为董事可以为组织带来四种好处：（1）建议和咨询信息；（2）企业获取外部环境信息的渠道；（3）优先获取有利于企业成长的资源；（4）合法性。科尔和米尚吉（Kor and Misangyi, 2008）发现高管团队与董事会拥有的行业经验水平存在负相关的关系，表明董事会的建议和咨询能够为高管团队提供补充。希尔曼（Hillman, 2005）对比来自强管制行业及弱管制行业的两组董事会，发现强管制行业组的企业董事会中有更多的政治董事，并且在这两组企业中，董事会中有政治家的企业都会表现出更好的以市场为基础的绩效。

希尔曼等（Hillman et al., 2007）基于资源依赖理论的视角分析影响女性在董事会中任职的因素，他们使用 1990～2003 年美国销售收入最高的前1000家企业的样本数据，发现组织规模、行业类型、企业多元化战略及网络效应能够显著地影响董事会中的女性代表。很多研究表明随着企业所处环境的不断改变，董事会的构成也会随之改变，比如，在中国不断改变的制度环境中，彭（Peng，2004）发现资源丰富的外部董事很可能对企业绩效产生积极的影响，而资源贫乏的外部董事并不能带来企业绩效的提升，他的研究表明当董事会构成没有作出改变以满足新的环境需求时，绩效就会下跌。希尔曼等（2000）基于董事能够为企业提供的资源好处，将董事进行了分类，分别为商业专家、支持专家、社区影响力人士，探讨特定类型的董事随着环境的改变如何更有价值或更没价值。克罗尔等（Kroll et al.，2007）使用希尔曼等（2000）的分类，发现IPO后的企业能够受益于特定类型的董事。

资源依赖理论研究的另外一个主线围绕不同类型的企业及处于不同成长阶段的企业最可能受益于董事会的资源供给，扎赫拉和皮尔斯（1989）最先提出企业所处的生命周期阶段会影响董事会资源依赖角色的重要性，戴利和道尔顿（Daily and Dalton 1993）在实证上证实了这一点，发现董事会规模及构成与企业绩效在小公司存在显著的相关关系。菲涅尔等（Fiegener et al.，2000）发现对小企业来说董事会监督职能更不重要，小企业缺乏生存所需的关键资源，董事会的资源供给职能更为重要。塞尔托（Certo，2003）发现有声望的董事会可以提高组织的合法性及随后的IPO绩效。塞尔托等（Certo et al.，2001）发现董事会规模与IPO绩效显著相关，表明潜在的投资者会把更大规模的董事会视为企业能够获取更多资源的信号。

三、企业行为理论

西尔特和马奇（Cyert and March，1963）的《企业的行为理论》（*A behavioral theory of the firm*）是继西蒙（Simon，1947）《行政行为》（*Administrative behavior：a study of decision-making processes in administrative organization*）及马奇和西蒙（March and Simon，1958）《组织》（*Organizations*）之后，卡内基学派有关企业行为的科学研究的第三个基石。企业行为理论的基本概念、假设及期望已经激发了组织和战略领域很多行为取向的学术研究（Gavetti et al.，2012），如加韦蒂和利文索尔（Gavetti and Levinthal，2004）认为当前战略的主流范式依赖于西尔特和马奇（Cyert and March，1963）、西蒙（Simon，1947）及马奇和西蒙（March and Simon，1958）所构建的基础。

西尔特和马奇（1963）注意到传统的企业理论都是从市场的层面去关注和解释特定的价格及数量结果，而不是过程解释。尽管这些企业理论的特征曾经被批判过，但是对正统理论的批判和维护都忽视了一个重要的点：试图预测加总的结果的理论并不适合于解释中间的发展过程及微观机理。有关企业行为的很多有趣的问题都不能得到解答，尤其是有关资源的内部配置及设定价格及产量的过程（Cyert and March，1963）。在《行政行为》及《组织》之前，组织理论对决策的制定，尤其是决策制定的过程并不关心，因此，对实际决策过程的明确强调成为西尔特和马奇（1963）的基本的研究承诺。

行政理论关注理性的局限以及组织影响这些限制的方式（Simon，1947），对有限理性的现实主义解释对于理解组织的行为本质是重要的。由于决策者缺乏完备的知识，又必须搜寻信息，因此决策者的行为通常与理性代理人模型"最大化"准则的假设是不一致的，也就是说，他们并不试图最大化，而是遵从不同的决策准则。

因此，按照这个思想，早期的卡内基学派的认知基础应该被重新理解，西蒙及西尔特和马奇逐渐意识到理解决策如何在组织中发生及组织如何获取理想的"可行的理性"需要一种能够替代主导经济理论的理性代理人模型的准则，这种替代的准则的基本前提假设就是：（1）满意化。个体不是要最大化，而是达到满意，这就意味着选择他们认为满意的方案或结果，什么是"满意的"依赖于期望水平，期望水平又依赖于一系列因素，如之前的历史绩效。（2）搜寻。西蒙定义理性的局限是缺乏"完整的知识及在每一个选择之后对结果的预期"。个体是有限理性的，是由于他们仅仅知道可能性选择中的一小部分及其相应的价值。因此，不同于理性代理人模型，信息或选择方案并不能自然地涌现到他们面前，他们需要搜寻。这就是为什么选择理论和搜寻理论常常交织在一起并且在决策理论中发挥重要角色的原因。不能获取满意的结果就会引发搜寻过程，因此，搜寻在本质上是问题化的搜寻，当预期一种方案是令人满意时，搜寻过程就会停止。（3）规则、标准化程序及现状。当不确定性凸显，对于达到完全理性决策所需的信息不可获取或很难获取时，个体常常会求助于自动化的规则如组织中标准化的运作程序，而不是计划的程序或远见，规则常常是简单的，因为它们把搜寻聚焦到临近化搜寻，个体是以规则为基础的行为者，他们常常解决紧迫的问题，搜寻他们当地的环境，采取几乎不违反现状的解决办法。

问题化搜寻是企业行为理论中的一个主要概念，该理论中的一个基石就是绩效低于预期时会促使对解决办法的搜寻。研究发现绩效低于预期水平会增加变革的速率，但是依据绩效是低于还是高于期望绩效水平，企业采取变革的措施也是不同的，不同于已有研究认为低绩效和高绩效的企业都从事于相同类型的风险承担活动，徐等（Xu et al.，2019）基于企业行为理论中以动机为基础的逻辑，认为低绩效的企业会关注于寻求对当前问题的短期的解决方案，企业会增加从事偏离性的（deviant）风险承担行为如贿赂，高绩效的企业主要关注获取长期的竞争优势，更可能从事积极正当的（aspirational）风险承担行为如 R&D。他们使用中国 A 股上市公司2006～2013 年的样本数据，发现随着企业绩效低于期望水平，企业会增加超额娱乐费用的支出而不是研发密度。然而，随着企业的绩效高于期望水平，会增加研发密度而不是更多的贿赂支出。

四、注意力基础观

注意力基础观（ABV）起源于卡内基学派的传统（Cyert and March，

1963；March and Simon，1958；Simon，1947）。注意力基础观被认为是信息处理观，注意力是对组织信息处理能力的关键限制。注意力基础观最初被提出时，目标是对结构化注意力的重要性有更为深入的理解，这与西蒙（1947）有关结构和认知及把个体信息处理及行为与组织结构联系起来的开创性工作相一致。西蒙（1947）引入了一个有关企业行为的新的观点，偏离了经济学理论的理性选择观点，并且强调了人类理性在解释企业如何作出决策时的局限性，人类的有限的注意力能力——关注行为后果的区间，这些后果如何被重视及可选择方案的范围都导致了保持理性的有限能力。西蒙认为组织通过配置能够引导管理者注意力的刺激因素而影响个体的决策过程。

企业行为既是认知的也是结构化的过程，由于组织中的决策制定是有限注意力能力及组织对个体行为结构化影响力的结果。尽管注意力在组织理论中已经有很长的历史和传统，但是它还没有发展成为一个影响企业行为的统一的观点。注意力理论已经从西蒙（1947）对结构和认知的双重强调发展到强调注意力如何被路径和有限理性所塑造（March and Simon，1958；Cyert and March，1963）。奥卡西奥（Ocasio，1997）把结构和认知整合到注意力基础观的理论框架中，即把个体的信息处理及行为通过程序和沟通渠道及注意力结构与组织结构联系起来，不同于西蒙（1947）把注意力处理作为一个由个体、组织及环境影响的多层次过程，而是聚焦于组织的注意力，由组织中决策者所构建的注意力模式。

奥卡西奥（1997）提出了注意力基础观（attention-based view）的三种前提，第一个是聚焦的注意力，即决策者的行为依赖于他们注意力所集中的事情；第二个是情境化的注意力，决策者的注意力受他们所处的情境化因素的影响；第三个是注意力的结构化配置，即控制（规则、正规的委员会结构、会议日程等），企业的资源及社会关系能够调节及控制决策者的注意力。注意力基础观在解释企业行为方面对已有的理性选择观如博弈论、代理理论及强调环境决定论的种群生态理论是一个互补性选择。从组织注意力的角度去解释企业行为对于理解战略选择是重要的。公司战略是能够确定及揭示公司的目标、意图及产生能够实现这些目标的政策和计划的决策模式，也是一种组织注意力模式，即企业投入时间和努力于一系列特定的问题、机会及威胁，以及技能、路径、方案及程序上。

大部分个体缺乏处理复杂性的能力和倾向，尽管存在很大的个体差异，大部分人也仅拥有较为有限的注意力（Tversky and Kahneman，1974）。危机、不满、紧张或重要的外部压力是促使人们采取行为的主要先决条件，马奇和西蒙（1958）提出了最为广泛接受的模型，他们认为对已有条件的不满会促使人们搜寻改善已有状况的解决办法，当满意的结果出现之后，他们将会停止搜寻。一个令人满意的结果是个体行为者期望水平的函数，也就是人们过去所经历的成功和失败的乘积，即当人们达到一个不满足于当前现状的初始水平时，就会发起行为来解决他们的不满。然而，由于个体潜意识的适应缓慢变化的环境，他们行为的初始水平常常并不能被引发。认知心理学家发现个体有广泛的、可变化的及可操纵的初始水平，当渐渐地暴露于一系列刺激因素时，人们常常不能感知到逐渐发生的改变，即他们无意识地适应不断恶化的条件。

这个时候他们容忍疼痛、不适或不满的初始水平并没有被触发，因此，并没有采取行为来改变现状。董事会监督会给管理者带来压力，压力会影响创新过程，在处理压力的基本模式中，只有警觉模式（vigilance pattern）会导致管理者决策满足稳健性决策的主要标准。警觉会促进对信息的进一步搜寻及吸收，警觉倾向于在一般压力条件下发生，这个时候有较为充分的时间及冗余资源作出决策。在没有冗余资源及短期视野的条件下，决策过程就类似于危机决策，会导致决策实施偏差。

注意力不仅由组织目标塑造，而且还受企业正式和非正式的结构、问题、举措及决策制定的渠道所影响，关键行为者如 CEO 及高管的权力是组织注意力的一个关键决定因素。利维（Levy，2005）发现当高管关注外部环境中不同的要素时，企业更可能发展一个扩张的全球战略。秋和汉布里克

（Cho and Hambrick，2006）结合高阶梯队理论和注意力基础观来考察航空业放松管制之后高管团队的注意力取向，发现高管团队对战略变革的影响受组织注意力中介作用的影响。

马塞尔等（Marcel et al.，2011）考察高管的认知取向如何与环境线索结合共同塑造组织的注意力、理解及对竞争对手作出反应。还有研究发现从致股东的信中所反映的高管注意力能够影响多个结果包括对竞争对手的技术反应（Eggers and Kaplan，2009）及技术创新（Kaplan，2008）。塔格尔等（Tuggle et al.，2010）的研究发现组织绩效与CEO权力影响董事会的注意力配置如董事会监督，与企业行为及注意力理论相一致的是，他们发现企业绩效的负的偏离能够增加董事会分配到监督上的注意力，相反，CEO—董事长的两职分离会降低董事会监督的注意力。

谢泼德等（Shepherd et al.，2017）提出了一个高层管理者机会观念形成进而形成战略行为的注意力模型（见图2-1），他们认为自下而上的注意力配置与自上而下的注意力配置是不同的过程，这种分离对于理解高管如何克服认知或者环境限制进而促使他们注意到外部环境变化的信号提供了进一步的理解。通过整合管理者认知和注意力心理学的文献，他们的模型把注意力分为暂时的注意力和持续的注意力，这有助于理解"自下而上"的处理如何影响暂时的注意力配置到不同类型的环境变革中，这个过程发生在管理者配置其可持续的注意力以形成战略行为的机会观念之前。此外，环境变化常常会产生潜在的机会，环境变化包括渐进的变化及激进的变化，管理者常常很难识别到不连续的变化，自上而下的注意力配置过程也很难解释这种变化，但是自下而上的过程有助于识别不连续的变化。

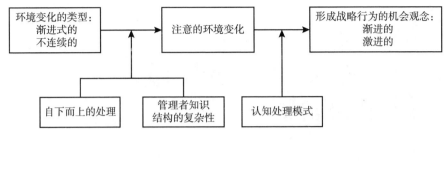

图 2 - 1　高层管理者机会观念形成的注意力模式

资料来源：笔者根据 Shepherd，Mcmullen，and Ocasio（2017）整理。

　　谢泼德等（2017）为管理者认知和外部环境的变化如何共同影响潜在机会的识别和评价提供了洞察力，并且认为任务需求是影响管理者自上而下的注意力配置的一个前置因素。近来的研究强调注意力和知识作为管理者动态能力的微观基础，动态能力的微观基础涉及感知、获取及重组以识别机会，作出战略性投资及重新规划战略性资产。谢泼德等（2017）解释了高管如何通过配置暂时的注意力来洞察和识别潜在的机会，以及如何通过持续的注意力来抓住潜在的机会，通过解释高管暂时和可持续注意力配置的差异，有助于对动态能力微观基础的进一步理解。

第三章
友好型董事会对公司
创新的影响

　　董事会常常被批判作为管理层的附庸或"橡皮图章"而存在，为了应对这种批判，公司治理改革及新的上市要求聚焦于提高董事会相对于管理层的独立性，认为通过增加董事会的独立性能够增强其监督，进而减轻代理问题。然而，对董事会监督角色排他性的强调并不是没有争论的，董事会除了作为监督者之外，还应该为管理层提供咨询、建议，把他们的经验、专长应用到企业的战略决策过程当中（Hillman and Dalziel，2003）。

　　"同源性"在很多情境下能够塑造群体的形成及社会关联，如校友关系、工作场所、朋友关系、老乡关系，以及成员之间的人口统计学特征相似性，如种族、年龄、性别、阶层、教育背景及社会地位等。非正式网络中的同源性的最初的系统化证据来自学校的儿童、大学生及小的社区邻居，最初的网络演进表明依据人口统计学特征形成的同源性，主要包括年龄、性别、种族及教育背景或者心理学特征如智力、态度及期望等。

　　有关董事会的社会学视角认为董事会是社会控制过程发生的场所，董事通过在董事会中的任职和服务，会被社会化为公司精英团体的规范化预期和优先偏好（Palmer and Barber，2001）。西姆（Useem，1982，1984）通过对大量的定性证据的分析，发现大公司的管理者与董事拥有一种共享的"阶层理性"或群体意识，商业领导者所组成的圈子内成员希望保护公司及其高管的利益，他们想要保护的核心利益就是高层管理者所拥有的自治及最终的决策制定权。西姆（1982）认为高层管理者与董事之间的人口统计学特征的相似性及董事会的交叉任职使得高管精英的这种集体意识变得更为可能。共同的董事会任命为高层管理者认同共享的利益，进而形成群体认同提供了机会。由于董事的选聘过程往往受 CEO 以及现有董事的主导，董事会通常能够通过限制新董事的聘任，即选聘那些更能够认同和维护管理者自治的个体来保护高层管理者的利益。

宋和撒克（Song and Thakor，2006）及亚当斯和费雷拉（2007）认为管理层友好的董事会，尽管可能会不能有效地监督管理层，但可以带来企业价值的增加，因为友好型董事会可以更为有效地给管理层提供建议。根据亚当斯和费雷拉（2007）的观点，外部董事依赖管理层获取监督管理层及为管理层提供建议的企业特定的信息。然而，如果董事会过于独立，就会使用该信息来强化对 CEO 的监督及干预管理层的决策，进而会阻碍管理层分享信息。相反，友好的董事会可以创造一种有利于信息共享的氛围来增加企业的价值。

霍姆斯特姆（2005）认为董事会需要获取管理层的信任，以使得管理层分享他们的信息。康等（2018）认为友好型董事会能够增加管理层与董事之间的信息交换，为 CEOs 提供高质量的建议，以及帮助 CEOs 识别、筛选及评价创新项目。创新是企业成长的主要动力来源，能够为企业的战略设定未来的方向（Aghion et al.，2013）。创新涉及探索新的及没有被检验的想法，在创新的每一个阶段管理层与董事会之间的充分沟通、信息交换都是至关重要的，以使董事会为企业下一个阶段战略的发展提供及时的反馈（Manso，2011）。如果 CEOs 给董事会提供低质量的信息，不仅会降低董事会筛选项目新颖性及可行性的能力，还会加重董事会项目推荐扭曲的能力（Song and Thakor，2006）。因此，创新过程需要董事会与管理层之间充分的沟通与整合，缺乏信息的共享，会导致外部董事很难获取企业特定的信息，进而降低他们提供高质量建议的能力。

第一节 理论分析与研究假设

董事会与 CEOs 均对公司战略决策及企业价值负有直接的责任，同时他们各自还关注自身的事业发展，CEOs 控制董事会尤其外部独立董事决策与监督所需的信息，董事关注他们的人力资本被感知的价值，董事的薪酬及他们被任命到其他公司董事会的机会依赖于其为 CEOs 提供建议及服务质量的价值。CEOs 同样意识到董事会是由有事业考虑的代理人构成的，这会影响董事会使用信息的方式，以及 CEOs 为董事会提供信息的激励（Adams and Ferreira，2007）。在创新项目的选择情境中，CEOs 主要负责产生新的项目想法，董事会负责对 CEOs 所产生的新项目想法进行评价。CEOs 还负责为董事会提供评价新项目想法所需的信息，我们假设 CEOs 可以控制董事会所接受信息的正确性，拥有各自事业考虑的 CEOs 与董事会的交互能够以经济上重要的方式影响他们各自的行为，进而产生不同的治理绩效及无效率。

一、董事会友好性对公司创新的影响

根据本书第二章对董事会友好性的定义及高管和董事会成员社会关系的文献回顾，本研究认为董事会的友好性主要通过两个维度形成：一方面是董事会中独立董事—CEO 通过校友关系和老乡关系形成的社会友好性；另一方面是董事会中独立董事—CEO 人口统计学特征的相似性形成的人口统计学特征的友好性。在接下来的部分，我们分别考察董事会的社会友好性及董事会的人口统计学特征友好性对创新投入和创新绩效的影响。

（一）董事会的社会友好性对公司创新的影响

麦克唐纳和威斯特法尔（McDonald and Westphal，2003）考察了高管的社会网络如何影响企业对差绩效的战略反应。有关战略决策的研究表明，相比于正式客观的信息来源如书写的报告及来自管理信息系统的建议，高管会赋予从个人渠道那里获取的信息和建议（如与同事的非正式交谈）更高的权重（Mintzberg，1973）。也就是说与同事或朋友之间建议获取式的互动对高管面对差的绩效时是否作出更改战略的决策有重要的影响。来自相对差的企业绩效的不确定性会促使 CEOs 从他们分类为内群组的其他企业的高管那里寻求更多的建议，因为他们拥有共同的职业背景、朋友关系或者受雇于同一个行业。

弗拉卡西和塔特（Fracassi and Tate，2012）认为高管及董事可以通过很多种方式产生联系，他们可能同时在另外一家公司的董事会担任董事，或者他们曾经是同事关系，即同为一家公司的员工或者董事，他们也可能在雇佣网络之外形成关联，比如在同一个高尔夫俱乐部一起出席商业圆桌会议，或者共同作为同一慈善组织的受托人，或者毕业于相同的 MBA 项目。社会心理及社会网络的研究表明这些内群组的管理者更可能提供能够强化当前 CEOs 战略信念的信息和观点，因此，高管的建议搜寻增强了他们对当前战略信念正确性的信心。

根据建议寻求方面的文献，建议寻求的一个主要的障碍因素是对建议寻求者地位的感知的效应，员工倾向于认为，其他人会认为他们寻求帮助是一种依赖，表明他们不能完全胜任。此外，个体寻求建议需要披露存在的问题及承认他们在解决该问题方面的局限性，也就意味着会降低代理关系中的信息不对称性（Jensen and Meckling，1976），这种对失去地位的担忧往往被认为会阻止很多不同类型的建议寻求行为。管理者的建议寻求还会受感知的印象管理成本的影响，或者是担心不确定性和依赖，这些担忧在评价性情境中尤为显著，如当建议的供给者（董事）处于对建议寻求者（CEO）进行评价的位置时。研究表明，个人关系会增加员工从朋友或者其他能够产生一种社会安全感及降低风险感知的个体那里寻求建议的倾向（Asbford and Northcraft，1992）。

私人关系通过增强共同的信任感而鼓励建议寻求，社会关联通过增强CEOs 承担可感知的社会和职业风险能够鼓励 CEOs 的建议寻求。有关组织行为的大量研究也表明人际间的信任有助于群组中合作性问题的解决。有关"帮助"（helping）行为的研究也表明当给予他们有社会关系的个体提供建议时，人们会感觉更舒服。有关"朋友"关系的研究表明人们会感知到为需要帮助的朋友提供建议有一种社会上的义务感（Shah and Jehn，1993）。

利文索尔和马奇（Levinthal and March，1993）提出暂时的（temporal）管理者短视会以牺牲长期代价来追逐短期目标的实现，使得管理者关注短期的绩效和解决方案而不是投资于未来的机会。空间的（spatial）短视会使管理者聚焦于当前的市场和创新，也就是缺乏一种意识，或者否定技术的效用及那些不是企业核心的过程、路径和市场。空间的短视会使管理者局限在已有或者熟知的技术和路径中，对新的战略方案的扫描较为有限，新的市场并不会被探索。里奇等（Ridge et al.，2014）考察管理者短视对企业战略一致性的影响，研究结果发现暂时的短视会使管理者聚焦于企业当前的战略而不是主动地改变战略方向，企业战略呈现更高的一致性，空间的短视会使决策者聚焦于已有的技术，更为遵从行业的战略。管理者短视会限制对未来机会的识别，以及如何扫描环境选择合适的战略方案。这些限制会影响利用和探索的水平，限制管理者的风险承担，更可能在战略决策过程中产生误差。

因此，本研究认为独立董事与 CEOs 基于共同的教育背景形成的校友关系，或者拥有相同的籍贯形成的老乡关系能够增加董事会的友好性。董事会的友好性更可能使得 CEOs 感知独立董事是"圈内人"，会增加以CEOs 为代表的高层管理者对董事会的信任感知，这种信任感知会降低CEOs 的短视倾向，进行更多的长期性战略投资，如研发投入，因为即便创新失败导致企业绩效下降，CEOs 会认为其被董事会解雇的风险不大。

此外，还有研究表明在 CEO 任期之后被任命的董事代表较弱的治理机制，管理者更可能作出长期投资，共选的（co-opted）董事能够提高企业的 R&D 投资（Chintrakarn et al.，2016）。

明茨伯格（Mintzberg，1973）对管理者行为的观察表明，管理者需要在时间有限的工作条件下，在不同的任务之间配置他们的注意力。在这种情况下，管理者需要作出的一个关键决策，就是如何分配他们的时间和精力。由于产品的开发是一个高度复杂的过程，受很多要素的影响，这就使得注意力的配置是一个关键的问题（Seshadri and Shapira，2001）。注意力是"注意、编码、理解，以及组织决策者把时间和努力聚焦于问题和答案"，管理者注意力被认为能够影响不同的因变量如对竞争对手的技术响应（Eggers and Kaplan，2009）、技术创新（Kaplan，2008）等。管理者对特定领域的关注，会通过影响企业中其他人关注的信息及信息如何被理解而使得该组织聚焦于特定领域的活动，还可以通过沟通及象征性的行为及开发和调整组织形式和资源配置而影响组织活动的方向（Yadav et al.，2007）。有助于促进与管理者关注问题相一致的预期和行为的发生，通过该组织机制，高层管理者能够主导企业的方向，因此，管理者注意力是企业行为及其后果的一个重要决定因素（Hambrick and Mason，1984）。瓦尔拉夫等（Walrave et al.，2017）认为当管理者注意力在利用（exploitation）时，会使企业知识的多样性下降、增加效率，产生短期的利润；当管理者注意力在探索（exploration）时，有助于企业获取与当前知识基础不一样的新知识，能够增强企业的适应能力。

高管注意力是有价值的稀缺的资源，由于不同的问题会分散决策者有限的注意力（Cyert and March，1963），高管的注意力配置会影响企业战略决策的方向和结果（Cho and Hambrick，2006；Ocasio，1997）。因此，什么因素能够影响和支配高管注意力的分布是一个重要的问题，根据高阶梯队理论，组织结果如战略和绩效反映高层管理者的价值观和认知偏差，高管的职能背景能够影响注意力的分配，也就是说有生产运作背景的高管会倾向于追逐成本降低的战略，有市场营销背景的高管更可能追逐成长型战略，有限理性和有偏的信息处理能力在这个过程中发挥了重要的作用。高管的知识结构可以影响他们对刺激因素的关注，管理者通过其知识结构与外部环境的互动来注意、理解环境刺激，并作出反应。

管理者的注意力如何在识别和评价来自不连续变化的潜在机会中分配，增加对渐进式变化的注意力分配会牺牲配置给不连续变化的注意力，帮助管理者更好地形成渐进式的机会观念会有损管理者形成激进式机会观念的能力，虽然提高了管理者的效率，但是牺牲了效果，这就是战略短视（Levinthal and March，1993）。机会观念由高层管理者的注意力配置、知识结构及认知模式所塑造，由于机会在事前是不确定的，高层管理者形成的有关潜在机会的观念能够驱动企业的战略行为。

心理学的研究表明当人们想强化他们的知识结构对注意力配置的影响时，不太可能注意到未预期的刺激。当管理者需要实现给定的绩效水平或绩效目标（任务需求）时，随着管理者面临更多的任务挑战，管理者实现特定业绩目标的任务需求会增加。任务挑战既可以来自组织内部，如一个警觉的董事会监督（Shepherd，Mcmullen and Ocasio，2017），董事会越警觉，高层管理者越需要董事会批准他们的战略决策和行为，还可以来自外部竞争性及复杂的环境，这些任务挑战会对管理者的信息处理形成竞争性需求。

高管的注意力有限，高的任务需求如强董事会监督会需要管理者配置更多的注意力来关注与该任务相关的方面，如收集有关组织内部效率的财务信息，如何实现季度或年度的盈利目标，该绩效任务会分散管理者关注外部环境变化的注意力，面临竞争性的任务和有限的注意力资源，高层管理者更可能依赖经验来配置注意力（Hambrick and Mason，1984），经验依赖于高管之前的职能背景、教育经验及工作经验。不同任务之间的竞争性需要越大，高管的注意力越可能被分割，管理者就会降低对创新的关注，导致研发密度的降低。相反，已有研究表明，当董事会的社会友好性提高时，董事会监督会减弱，以 CEOs 为代表的高管团队会面临更少的竞争性的任务需求，有更多的注意力可以配置到创新项目和创新活动中（见图 3 -1）。

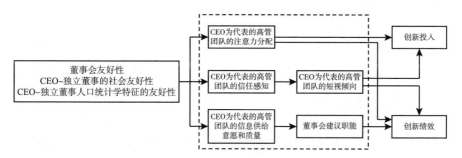

图 3 - 1　董事会友好性影响公司创新投入与创新绩效的内在机制

基于以上论述，本研究提出如下假设：

H1a：在其他条件不变的情况下，董事会的社会友好性程度越高，公司的创新投入水平越高。

李等（Li et al.，2013）认为当管理者的搜寻使其注意力放在获取新的信息及知识或者使其发现组合知识新的方式时会使得搜寻者开发新的行为、互动、战略及过程，选择性搜寻对于新产品的开发至关重要。搜寻选择反映了搜寻者聚焦的方向，能够影响搜寻的结果，远距离的及广泛的搜寻更具挑战性，但也更可能包含新颖的信息，这些新颖的信息和知识更可能使得管理者识别到与产品创新相关的洞察力和突破性进展，还会使TMTs形成如何更好配置资源新的想法，以及如何整合创新投入。此外，搜寻的密度也会对创新结果产生影响，不能进行持续性的搜寻会导致过度投资于次优的结果，进而陷入能力陷阱，在创新活动中，增加搜寻的努力程度和持续性会使搜寻者有更强的能力注意、理解及感知信息和知识，这有助于识别、开发及利用新产品。因此，当董事会的社会友好性程度越高时，越可能使得以 CEOs 为代表的高管团队把搜寻的注意力放在远距离及更广泛的搜寻方面，这样更可能获取突破式创新的知识和信息，有助于提高创新的绩效。

董事会社会友好性程度的提高，能够增加以 CEOs 为代表的高管团队的信任感知，当感知的信任和支持更高时，会降低 CEOs 的战略短视，有助于开发周期更长的创新和技术含量更高的专利，因为突破式创新有利于企业培养长期的创新能力和竞争优势。

董事会社会友好性程度的提高，会增加 CEOs 与董事会尤其是独立董事主动分享信息的意愿，更可能为独立董事提供高质量的有关创新项目的专有化信息，信息的数量和质量有助于董事会为高管团队提供建议，其提供的建议质量也相应提高，高质量的建议能够帮助 CEOs 识别、筛选及评价创新项目，由于创新涉及探索新的及没有被检验的想法，在创新的每一个阶段管理层与董事会之间的充分沟通、信息的交换、建议的提供，都有助于企业获取更好的创新绩效。

基于以上论述，本研究提出如下假设：

H1b：在其他条件不变的情况下，董事会的社会友好性程度越高，公司的创新绩效越高。

虽然基于校友关系和老乡关系形成的董事会的社会友好性，有助于优化以 CEOs 为代表的高管团队的注意力分配，增加 CEOs 的信任感知和为独立董事提供企业专有信息的意愿。但是董事会的社会友好性，还可能会引致"友谊的成本"，产生有损企业价值的后果。

弗拉卡西和塔特（Fracassi and Tate，2012）认为通过网络关联有价值的信息可以在不同企业的高管之间相互流动，进而不同企业高管之间的社会关联可能会为股东创造价值。但是这种网络关联如果在同一个企业内的董事和高管之间存在，可能会降低公司治理的有效性，有损企业价值。弗拉卡西和塔特（2012）使用美国标准普尔 1500 企业的面板数据来考察 CEO—董事之间的网络关联在美国大公司中的存在现象及对企业价值的影响，研究发现企业中关联董事的存在并不是随机的，对于那些 CEOs 权力（使用堑壕指数度量）更大的企业，更可能增加与 CEOs 有网络关联的新的外部董事，可能的原因是：一方面，出于对股东有利的考虑，这些企业利用 CEOs 的网络关系来雇佣董事可以降低搜寻成本或者能够利用内部信息了解董事质量。如果强权力的 CEOs 不愿给独立董事分享私有信息，友好的董事会可以通过给 CEOs 提供更好的政策建议而增加企业价值（Adams and Ferreira，2007）。

另一方面，强权力 CEOs 可能会使用他们增加的议价权影响和干预董事的选聘过程，使得董事会构成与他们自身的偏好更一致，并且可以减弱未来的董事会监督。他们使用与 CEOs 存在关联关系董事的死亡或者退休来证明董事会构成的变化并不是由于企业内部绩效条件改变引起的，以排除 CEOs 与董事之间关联的内生性问题，发现在与 CEOs 存在网络关联董事的死亡或者退休日期附近，企业价值显著地增加，进而验证了弗拉卡西和塔特（2012）的观点，企业的 CEOs 与董事之间的网络关联越多，企业价值越低。进一步地，他们发现在缺乏强股东权力（使用 GIM 指数度量）的条件下（Gompers，Ishii and Metrick，2003），CEOs 与董事之间网络关联对企业价值的影响最强。弗拉卡西和塔特（2012）的研究结果表明 CEOs 与董事之间的网络关联会破坏内部治理的有效性。

冈珀斯等（Gompers et al.，2016）基于 3510 个个体风险资本家及所投资的 12577 个组合公司 1973～2003 年的数据，考察个人特征如何影响风险投资家选择合作伙伴的意愿，以及这种人口统计学特征的相似性是增加还是降低风险资本的投资绩效，研究发现有相同种族、教育背景及事业背景的风险资本家更可能相互合作，这种同源性降低了投资成功的可能性，即如果这两个共同投资的风险资本家曾经有共同的工作经历，他们成功退出所投资目标公司的可能性降低 17%，如果这两个共同投资的风险资本家本科毕业于同一所学校，他们成功退出所投资目标公司的可能性降低 19%。冈珀斯等进一步使用风险资本家加总的相似性分数，发现风险资本家以关系为基础的特征越相似，他们投资成功的可能性越低。冈珀斯等的研究说明了虽然有相似特征或社会关系的个体之间能够更好地沟通及传递缄默的信息，或者以及时有效的方式作出决策，但是同源性还会导致社会遵从及群体思维，这会导致群体决策的无效率，有同源关系的个体有达成一致同意的更强的意愿，会忽视对他们偏好决策不利的一面，和来自群体外专家的意见。也就是说，基于与个体能力不相关的相似特征的合作会遭受"友谊的成本"，进而导致以关系为基础的相似性与企业绩效之间的负相关关系。

麦克唐纳等（McDonagh，2008）以福布斯榜单中最大的美国工业和服务企业中随机选取的 600 家公司作为样本，考察了公司治理因素（CEOs 利益一致设计及董事会监督）如何影响 CEOs 的外部建议寻求行为，研究发现治理因素增加了 CEOs 从与其没有朋友关系或者没有共同职能背景的其他企业高管获取有关战略决策建议的行为，因为这些高管更可能提供新颖的和与当前 CEOs 有关战略问题不一致的观点，CEOs 的建议寻求行为作为公司治理因素与企业绩效之间的中介变量，最终能够增加企业绩效。

阮（Nguyen，2012）通过对 1994～2001 年法国最大的公开上市企业的实证分析，考察 CEOs 与董事之间的非正式关系是否影响董事会监督，当 CEOs 与董事会成员属于相同的社会圈子时，他们的关联可能会阻止董事有效的监督 CEOs。法国的商业精英被普遍地认为存在长期的朋友关系网络，当大部分个体在精英学校学习时，这些关系就得以形成。当 CEOs 与董事成员属于相同的精英圈子时，CEOs 更不可能因为差绩效被解雇。根据社会阶层理论，公司精英反映了资本主义阶层、股东及商业关联的内部结构，沃茨（Watts，1999）把"小世界"问题进行了量化，在一定的假设条件之下，从总体中随机选择的任何两个个体之间社会联系的平均数量是 6 个，也就是说公司精英属于同一个"小世界"圈子，在同一小圈子内部，董事之间的距离比较短，公司精英群体的网络随着时间的推移也比较稳固。

因此，本研究认为基于独立董事与 CEOs 之间的校友关系和老乡关系形成的董事会的社会友好性可能会降低董事会监督的有效性，双方之间的社会友好性可能会使得独立董事更容易被 CEOs 为代表的高管团队所控制，并且表现出社会遵从及群体思维的倾向，加重管理层的代理问题，进而使管理者从事于价值降低的投资决策，而不是长期的战略性投资，以及降低对突破式创新想法的搜寻和投资。

基于以上分析，本研究提出如下竞争性假设：

H1c：在其他条件不变的情况下，董事会的社会友好性程度越高，公司的创新投入水平越低。

H1d：在其他条件不变的情况下，董事会的社会友好性程度越高，公司的创新绩效越低。

（二）董事会的人口统计学特征友好性对公司创新的影响

有关雇佣决策的很多研究表明申请者与评价者之间的人口统计学特征的相似性能够积极影响评价者对申请者可感知的质量，相关的证据表明人口统计学特征的相似性能够增加人际间的吸引力，这些发现与相似吸引准则相一致（O'Reilly，Caldwell and Barnett，1989），即显著性特征的相似性能够提供共同的强化或对每一个个体特征"一致的效度"，增加人际间的吸引力，并在评价决策时产生偏差。对该发现的另一种理解表明个体能够从可感知的群体中获得自尊，给定人口统计学特征的相似性能够为心理上的群组身份提供一个显著的基础，个体会偏好人口统计学特征相似的其他个体，能够构建和维持同质化的群体以增加"内群组"身份特征的显著性。

因此，根据相似吸引原则和社会分类理论，独立董事与CEOs人口统计学特征的相似性更可能增加董事会的友好程度。扎耶克和威斯特法尔（1996）认为当绩效信息模糊时，非官僚的理性因素如社会相似性、社会关联及个人风格更可能影响董事会对继任CEOs的评价，因为在这种条件下，客观的评价很难获得。给定有关候选人如CEOs的社会不确定性因素存在，董事会会偏向相似的继任者以降低"社会不确定性"及保证与CEOs有效的和频繁的沟通，增强社会整合。保证接受及容易沟通的一种方式就是寻找社会同质化的管理者，社会确定性可以弥补不确定性的其他来源。

根据高阶梯队理论和战略领导力的研究，高管基于他们各自对战略问题的理解，他们的战略评价常常受自身独特的经验和背景特征所影响（Finkelstein et al.，2009），拥有不同背景特征的高管更可能对战略问题有不同的评价，拥有相同职业背景的管理者会形成有关战略决策的共同的认知图式或者信念，以相似的方式分析战略问题（Hambrick and Mason，1984）。由于大部分董事在很多重要的特征方面不同于CEOs，有特定背景特征的CEOs会面临新董事是否会理解他们战略方法的不确定性。比如，有营销背景的CEOs在评价战略问题和机会时倾向于聚焦营销相关的问题，如果新董事不理解CEOs在评价战略问题时的营销取向，CEOs就会面临更大的冲突风险及权力争夺。

朱和威斯特法尔（Zhu and Westphal，2014）发现在新董事的任命中，CEOs偏好任命之前有与其人口统计学特征相似的其他公司CEOs共同工作经历的董事，因为这样能够降低人口统计学特征差异对当前CEOs薪酬的不利影响，他们通过对财富500强公司新董事任命的纵向分析验证了该理论预期。其研究结果表明，人口统计学特征的相似性是CEOs评价新董事是否将会支持他们的领导力和决策制定的一种方式。有关社会网络的研究表明，与有相似人口统计学特征背景的个体形成的网络关联，有助于相互提供社会支持的意愿，并且个体更容易对相似背景特征的个体产生移情效应（Westphal and Milton，2000）。威斯特法尔和扎耶克（1995）基于年龄、职能背景、教育水平相似性及内部者/外部者相似性，构造了CEOs与董事之间的人口统计学特征相似性的指标，发现CEOs与董事会的相似性程度与CEOs薪酬存在显著的正相关关系。扎耶克和威斯特法尔（1996）发现CEOs对董事选择过程有更强控制权的企业更可能会增加在其他企业有实施CEOs友好政策经历的董事。

因此，董事会中独立董事与CEOs人口统计学特征的相似性，会增加董事会的友好性程度，根据以上分析：（1）董事会友好性程度的提高，有助于以CEOs为代表的高管团队分配更多的注意力到创新活动和创新项目中；（2）董事会友好性程度的提高，有助于增加以CEOs为代表的高管团队的信任感知，降低其短视倾向和风险规避程度，进而提高公司长期性的战略投资到研发项目中。

基于以上的论述，本研究提出如下假设：

H2a：在其他条件不变的情况下，董事会的人口统计学特征友好性程度越高，公司的创新投入水平越高。

CEOs 与董事会中独立董事人口统计学特征的相似性，会增加董事会的友好性程度，根据前面的分析：（1）董事会友好性程度的提高，有助于以 CEOs 为代表的高管团队分配更多的注意力到远距离及更广泛信息的搜寻中，有助于获取突破性创新的知识和信息，提高创新的质量。（2）董事会友好性程度的提高，有助于增加以 CEOs 为代表的高管团队的信任感知，降低其短视倾向和风险规避程度，进而使得高管团队更为关注技术含量更高的创新，而不是渐进式的创新。（3）董事会友好性程度的提高，能够增加以 CEOs 为代表的高管团队信息分享的意愿及所提供信息的质量，有助于提高董事会建议职能的有效性，董事会与高管团队之间更多的沟通、互动、建议寻求及建议提供行为有助于解决创新活动及新产品开发中的问题，进而提高公司的创新绩效。

基于以上论述，本章提出如下假设：

H2b：在其他条件不变的情况下，董事会的人口统计学特征友好性程度越高，公司的创新绩效越高。

二、行业竞争程度的调节效应

代理理论认为代理人与委托人的利益一致设计是降低代理问题的最好方式（Eisenhardt，1989），可以通过不同的内部和外部控制因素来实现该目标，内部公司治理控制主要包括董事会对管理者的监督、为管理者设定结果为基础的薪酬契约、实施内部的控制程序及审计系统（Jensen and Meckling，1976）。外部控制包括竞争、披露绩效信息及实施会计管制，这能够使得外部利益相关者去监督公司的行为、战略及绩效。在不同的外部治理控制因素中，竞争是最为显著的因素，因为竞争可以使得无效率的企业退出市场（Porter，1985；Geroski，Mata and Portugal，2010）。行业竞争是指一个企业在它的行业中所面临的竞争的程度（Porter，1985）。在高度竞争性的市场中，竞争性对抗程度比较密集，为了应对激烈的行业竞争，创新性的产品发展成为组织生存、成功及更新的一个重要过程（Brown and Eisenhardt，1995）。公司需要对竞争性行为及战略作出快速反应，否则，它们就会被淘汰。

产品发展对很多企业来说是竞争优势的一个潜在来源，它是组织适应及匹配不断演化的市场和技术条件的一个关键方式（Brown and Eisenhardt，1995），因此，产品发展是企业成功、生存及组织更新的一个核心过程，尤其对于那些处在快速变化的竞争性市场的企业来说。布朗和艾森哈特（Brown and Eisenhardt，1995）认为在高度竞争的市场环境中，高管团队内部的沟通及与企业外部的沟通对于企业的成功至关重要，这时高效的"边界旗帜者"能够把企业外部的信息传递到组织内部。因此当行业竞争程度比较高时，友好的董事会有助于增加董事会与高管团队之间的沟通与互动，在沟通与互动的过程中能够交换和传递信息，高管为董事会尤其是外部董事提供企业专有化的信息，独立董事作为组织与外部环境之间的边界旗帜者，能够为高管带来有关市场环境、竞争对手状况、顾客需求等组织边界之外的信息，内外部信息的有效整合有助于以 CEOs 为代表的高管更好地识别和利用新兴的创新机会，进而增加新产品的开发及研发投入，也有利于高管获取高质量的创新绩效。

此外，行业竞争程度的提高会推动管理者提高创新绩效，这时高管更需要董事会提供有价值的建议、信息来帮助他们提高创新投入向创新产出转化的效率。另外，在高度竞争的行业中，用来比较和评价企业绩效的信息也更为充裕和透明，这就意味着高管更可能因为低绩效或者创新失败导致的绩效下降被解雇，但是友好的董事会为高管提供的信任担保和支持，能够使他们降低对雇佣安全的担忧，大胆地从事创新投入及突破式的创新来应对高度竞争的环境。

综合以上论述，本研究提出如下假设：

H3a：在其他条件不变的情况下，行业的竞争程度正向调节董事会的社会友好性与公司创新（投入）绩效之间的关系。

H3b：在其他条件不变的情况下，行业的竞争程度正向调节董事会的人口统计学特征友好性与公司创新（投入）绩效之间的关系。

三、企业监督需求的调节效应

本研究主要从三个方面来考察企业的监督需求：第一，根据自由现金流的代理成本假说（Jensen，1986），当企业拥有的超额现金越多时，管理者越可能开展自利活动，会加重股东与管理者之间的代理问题。因此，当企业拥有的超额现金水平越高，越需要董事会的监督。第二，根据代理理论的核心思想，随着所有权与经营权的分离，公众公司的管理者并不是资金的所有者，当管理者的持股比例比较低时，其与股东之间的代理问题越严重，越可能从事降低价值的公司活动，就越需要董事会的监督（Jensen and Meckling，1976；Castañer and Kavadis，2013）。第三，机构投资者的"发声"和"用脚投票"往往被认为是一种有效的监督机制，在一定程度上能够替代董事会对管理层进行监督。因此，当机构持股者的持股比例越低时，越需要董事会的监督。

1. 企业的超额现金

詹森（Jensen，1986）认为当企业的现金流超出企业净现值为正的项目所需资金时，额外的现金储备就会产生，不完全被控制的管理者会投资自由现金流到价值降低的项目中。当企业有充足的现金流但较少的盈利性的投资机会时，管理者更可能进行"帝国"构建。当管理者存储自由现金流而不是进行合理的投资时，企业的现金充足，出于缓冲库存以抵御投资不足的现金储备，积累过多时会使管理者掌握投资决策的自由裁量权，进而产生处置现金储备的代理冲突。由于管理者与资本提供者之间的信息不对称，致使资本市场的不完善，流动性具有重要的战略作用，管理者可以通过管理他们的现金储备来应对风险，当企业的自由现金流不足以满足企业的投资需求时，这部分额外的现金储备可以使企业继续维持投资能力，也就是可以维持内部的财务弹性来使他们缓解投资不足的问题。哈福德（Harford，1999）发现现金充裕的企业更可能作出多元化的并购，并且并购目标更不可能吸引其他并购者，并购后并购方的营运绩效有显著的下降，他的研究证实了自由现金流的代理成本假说。

迪特马尔和马尔特 – 史密斯（Dittmara and Mahrt – Smith，2007）认为现金储备容易被管理层支配，并且管理层对它们的使用比较随意，企业常常拥有大量的现金储备，这些现金储备的价值代表一大部分公司财富。如果管理者不能有效地使用现金资源，现金的价值就会遭受损失，但是好的公司治理能够阻止或者缓解管理者对公司资产的无效使用，使用大的机构投资者及反接管条款来代表投资者的监督，更能够影响投资者给管理者施加压力，使之有效地利用超额现金资源，研究结果发现，在控制其他因素之后，在一个治理较差的企业中 1 美元现金的价值仅仅为 0.42 美元。此外，有高的超额现金且公司治理差的企业会显著地降低的营运绩效，但是超额现金对营运绩效的负向影响能够被好的公司治理所抵消。他们的研究结果表明管理者在超额现金的投资和使用中存在代理问题，管理者要么投资超额现金到低回报的项目中，要么超额现金降低了管理层有效运作以降低营运成本及提高利润边际的压力。

2. 管理者持股比例

管理者激励与董事会独立性被普遍地认为是公司内部治理机制的两个关键要素，来阻止管理者的自利行为（Dalton et al.，2007）。当管理者持股比例比较低时，公司资产可能会被利用以满足管理者的私利而不是股东的利益，管理者私利主要包括逃避责任和在职消费和追逐非价值最大化的目标，如销售增长率、"帝国"构建等。根据詹森和麦克林（1976）的研究，随着管理者持股比例的增加，偏离于股东价值最大化的成本会下降，管理者的持股比例上升时，他们会承受更大比例的成本，更不可能浪费公司财富。

詹森和麦克林（1976）把管理者持股比例下降引致的风险和代理成本主要聚焦于在职消费，德姆塞茨和莱恩（Demsetz and Lehn，1985）认为有较低水平股权的管理者更倾向于逃避责任，施莱佛和维什尼（Shliefer and Vishny，1997）考察了更严重的代理成本，如管理者把自由现金流投资于多元化的活动中即超出理性限制的项目中，这些活动并不会增加股东价值。莫克尔等（Morck et al.，1988）认为管理者持股比例与托宾 Q 之间存在非线性的驼峰关系，管理者持股作为管理者激励的一种方式，当管理者持股比例低于 5% 以及高于 25% 时，持股比例的提高能够增加企业绩效，但是当管理者持股比例处于 5% ~ 25% 时，管理者持股比例与企业绩效之间是负相关的关系。

3. 机构投资者持股

当机构投资者对公司决策或绩效不满意时，可以"用脚投票"卖出他们持有的股份，还可以与管理层交涉进行直接干预。通过对 143 个大型且长期持有的机构投资者的调查，发现 63% 的受访者表示在过去的五年会直接与管理层讨论，45% 的受访者表示他们会与公司的董事会进行私下的讨论（McCahery，Sautner and Starks，2016）。长期持股的机构投资者比短期持股的机构投资者会更为密集地干预管理层，他们进行干预的主要动因是担心企业的公司治理或者战略方向而不是短期的问题。此外，机构投资者还表示"退出"也是一个可行的策略，49% 的受调查者表示他们在过去五年因为不满意公司的绩效而退出，39% 的受调查者表示他们在过去五年因为不满意公司的治理而退出。42% 的受调查者认为退出威胁对于约束管理层的行为是有效的。

陈等（Chen et al.，2007）认为独立的并且持有公司股份至少一年的长期型机构投资者更可能专有化到监督活动中，他们选择并购作为实证检验的情境，研究发现长期持有的机构投资者持股比例越高，并购后的资产回报率越高。由于监督需要收集和分析信息的固定成本，机构投资者的持股比例越高，监督的规模经济越显著，高的持股还会使机构投资者更容易接近管理层和董事会成员以获取信息，进而降低总的监督成本。

因此，本研究使用企业超额现金、管理者持股水平及机构投资者持股水平的加总代表企业的监督需求，当企业的监督需求比较高时，由于友好的董事会更不可能对以 CEOs 为代表的高管团队进行监督，此时，董事会的友好性会增加董事会与管理层之间"合谋"的倾向，加重管理者的堑壕效应及机会主义行为，更不利于企业的创新投入及创新绩效的提高。

综合以上论述，本研究提出如下假设：

H4a：在其他条件不变的情况下，企业的监督需求负向调节董事会的社会友好性与公司创新（投入）绩效之间的关系。

H4b：在其他条件不变的情况下，企业的监督需求负向调节董事会的人口统计学特征友好性与公司创新（投入）绩效之间的关系。

四、企业负的绩效反馈的调节效应

根据企业行为理论，决策者常常使用期望的绩效水平作为参照点来评价绩效，已有研究认为随着企业绩效相对于期望水平的不断下降，董事会在战略决策中的作用越来越重要，因为绩效的下降会促使管理者更需要从董事会那里寻求建议（McDonald and Westphal，2003）。低的绩效会增加管理者对风险的容忍，由于管理者会把绩效低于期望水平看作一个损失的情境，在损失情境下，管理者也更愿意承担风险并改善现状。一定水平的风险容忍会促使管理者探索更多的解决方案，风险容忍影响管理者从多个备选方案中选择解决方案的能力。

当绩效在更大的程度上低于期望水平时，以 CEOs 为代表的高管团队会发起"问题化"搜寻来寻求解决方案，如增加并购或者 R&D，以期扭转绩效下降的局面，进而提高未来的绩效（Greve，2003）。当绩效相对于期望水平下降的程度不严重时，管理者更可能进行临近式的搜寻，考察渐进式的或者熟悉的变革方案，但是当绩效下降得更为严重时，搜寻会变得更为紧迫，管理者更可能会考虑新颖式的搜寻（Greve，1998）。因此，当绩效远低于期望水平时，更大程度及更广范围的搜寻会发生，当负的绩效逐渐提高到快要接近期望水平时，搜寻的程度和范围会降低（Greve，1998）。

已有研究认为当企业绩效上升时，企业也会从事相同的"松弛"搜寻活动，因为高的绩效能够转化为更多累积的资源（Iyer and Miller，2008）。但是徐和周（Xu and Zhou，2019）认为低绩效和高绩效的企业会有不同的动机和能力，进而展现出不同的战略和行为，也就是说企业会进行不同种类的风险承担活动，相对期望绩效水平，拥有低绩效和高绩效的企业会承担相反的战略行为（Kuusela，Keil and Maula，2017）。

徐和周（2019）从动机为基础的逻辑出发，把企业的风险承担行为分为不正当的风险承担行为和积极进取的风险承担行为，分别对应企业负的绩效反馈和正的绩效反馈。不正当的风险承担行为是指企业从事非法的或不道德的行为，如不当的财务陈述、贿赂及公司的违法行为。积极进取的风险承担行为是指企业采取的维持其竞争优势及长期抱负的行为，如并购、固定资产投资及 R&D。他们认为企业的绩效低于期望绩效水平的程度越大，企业越可能从事不正当的行为如贿赂以使绩效重新达到期望水平。

松弛的资源与绩效反馈的含义不同，它们两个并不一定会朝着相同的方向变化，一个资源丰富的组织可以有低绩效的阶段，一个资源贫乏的组织也可以有高绩效的阶段。此外，管理者依据期望绩效水平来评价当前绩效的高低，他们对成功的主观评价依赖于期望水平如何被调整，一个客观上资源丰富的组织仍然可能会被管理者在主观上认为是不成功的，例如该企业过去有更好的绩效，或者它的竞争对手有更高的当前绩效。以动机为基础的搜寻行为受超出期望水平目标的激励，即对低绩效的不满意（March and Simon，1958）。松弛搜寻或者冗余搜寻强调通过富裕的资源能力进行搜寻，资源能力是对管理者行为的一个主要的限制，动机逻辑主要应用于绩效下跌的情境，而不是绩效上升的情境，松弛搜寻主要用于绩效高于期望水平的情境，本研究只考察绩效低于期望水平的负的绩效反馈（即负的绩效反馈）对董事会友好性与企业进行长期性战略投资 R&D 及高质量创新的影响。

格雷夫（Greve，2003）认为当绩效的下降低于期望水平时，企业更愿意采取有风险的解决方法。德赛（Desai，2016）认为当组织绩效低于期望水平时，董事会在组织决策制定中的重要性会更加凸显，他聚焦于绩效低于期望水平（即负的绩效反馈）对战略变革的影响，发现负的绩效反馈与组织变革之间呈负相关的关系。当绩效下降的程度越大时，管理者越需要从董事会那里获取建议，董事会成员的建议有助于企业重要变革的评价。

因此，本书仅考察负的绩效反馈对董事会友好性与公司创新决策之间关系的调节作用，创新决策中研发项目及对发明专利的投资需要花费很长的周期并且需要持续的财务支持，一方面，友好的董事会不会使得以CEOs为代表的高管团队对企业增加创新投入引起短期绩效的进一步下降被解雇风险的担忧；另一方面，由于友好的董事会使得董事会与高管团队之间建立更强的信任关系，会使得管理层更愿意向董事会寻求建议，友好的董事会也会感知有更强的义务为管理层提供建议。而且当企业实际绩效与期望的绩效水平差距越大时，即企业的绩效下跌得越严重时，管理者在友好的董事会支持之下越可能进行更大幅度及更大程度的问题化搜寻，来提出解决问题的方案，即进行更多的研发投资，或者提高创新的质量而不是创新的数量，从事更多的突破式创新。当下跌的绩效越临近期望参照点时，管理者搜寻的范围和深度会下降，董事会友好性对于高管建议的寻求及董事会的建议供给，以及董事会与高管团队之间的信任关系为高管提供的担保效应对于促进 R&D 投入及提高创新质量的效应会减弱（如图 3 – 2 所示）。

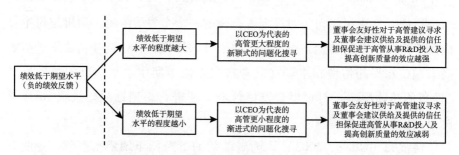

图 3 – 2　负的绩效反馈对董事会友好性与公司创新之间关系的调节机理

综合以上论述，本研究提出如下假设：

H5a：在其他条件不变的情况下，企业负的绩效反馈负向调节董事会的社会友好性与公司创新（投入）绩效之间的关系，即当绩效低于期望水平的程度越大时，董事会社会友好性对创新（投入）绩效的促进效应越明显。

鉴于前面在分析董事会社会友好性对公司创新影响时提出的竞争性假设 H1c 和假设 H1d，本研究认为如果董事会社会友好性会产生"友谊的成本"，加重管理者的机会主义行为，那么当企业绩效负向偏离于历史期望水平时，董事会的社会友好性会助长管理者从事一些短期能够提高企业绩效的投机性行为，而不是长期的战略性投资如 R&D，以及关注创新的质量。因此，在分析企业负的绩效反馈调节董事会的社会友好性与公司创新（投入）绩效之间的关系时，加入了与假设 H5a 相竞争的假设 H5b。

H5b：在其他条件不变的情况下，企业负的绩效反馈正向调节董事会的社会友好性与公司创新（投入）绩效之间的关系，即当绩效低于期望水平的程度越大时，董事会社会友好性对创新（投入）绩效的抑制效应越明显。

H5c：在其他条件不变的情况下，企业负的绩效反馈负向调节董事会的人口统计学特征友好性与公司创新（投入）绩效之间的关系，即当绩效低于期望水平的程度越大时，董事会的人口统计学特征友好性对创新（投入）绩效的促进效应越明显。

第二节　研究设计与研究方法

为了检验本研究所提出的假设，我们选取了 2012～2017 年中国沪深两市 A 股上市公司作为初始研究样本，并在此基础上构建本书所需的变量以及模型，并进一步根据变量设计及模型需要对研究样本作出整理、筛选和调整。本节主要围绕研究变量的设计、研究方法的选择、模型的构建展开。

一、变量与模型设计

（一）变量的度量

1. 因变量

（1）创新投入（Rdintensity）。本研究使用研发密度来度量创新投入水平，根据格雷夫（2003）和周等（2017）对研发密度的定义，使用研发费用与企业营业收入的比例来度量研发密度。

（2）创新绩效（Iapply）。由于专利的授予需要检测和缴纳年费，有更多的不确定性因素和不稳定性，还可能会受官僚化因素的影响，然而企业的专利技术在申请过程中可能就已经对企业绩效和生产力产生了影响，因此使用专利的申请数据来衡量企业的创新能力和水平比专利的授予数据更加稳定、及时和可靠（周煊等，2012；黎文靖和郑曼妮，2016）。参考阿塔纳索夫（2013）及田轩和孟清扬（2018）的研究，本研究使用企业当年申请的发明专利的数量来衡量公司的创新绩效。选择发明专利的申请数量而不是企业总专利的申请数量来衡量公司的创新绩效，是由于根据我国专利法对不同类型专利的定义，以及现有相关研究，认为相比于创新程度及科技含量较低的实用新型专利和外观设计专利，公司申请的发明专利更可能代表"高质量"的创新（Zhou et al.，2017；黎文靖和郑曼妮，2016；张杰等，2014）。

2. 自变量

（1）董事会社会友好性（Socialsim）。参考施密特（2015）、康等（2018）及陆瑶和胡江燕（2014、2016）的研究，本研究使用CEO—独立董事之间的校友关系和老乡关系来度量董事会的社会友好性，具体地，使用与 CEOs 存在校友关系和老乡关系的独立董事个数除以董事会总人数。

（2）董事会人口统计学特征友好性（Demsim）。根据已有的研究，本书采用 CEOs 与独立董事职能背景、年龄及教育水平来度量他们之间的人口统计学特征的相似性，这是由于职能背景、年龄及教育水平是高阶梯队理论、相似吸引理论及社会分类理论中最常被使用的用以内群组和外群组分类的人口统计学特征（Westphal and Zajac，1995；Westphal and Milton 2000；Zhu and Westphal，2014）。

独立董事—CEO 职能背景相似性：根据国泰安（CSMAR）数据库对 CEO 及独立董事职能背景的分类标准及赋值方法，以及参考现有学者的研究（Patel and Cooper，2014；张建君等，2016），本研究将 CEO 与独立董事的职能背景划分为：1＝生产，2＝研发，3＝设计，4＝人力资源，5＝管理，6＝市场，7＝金融，8＝财务，9＝法律。删除 CEO 与独立董事职能背景为其他或不明确方向的样本。若某一独立董事与现任 CEO 的职能背景相同则取值为 1，否则为 0，然后计算与 CEO 职能背景相同的独立董事人数占董事会总人数的比值。

独立董事—CEO 年龄相似性：本研究将某一独立董事的年龄与 CEO 的年龄相差在 10 岁以内的取值为 1，否则取值为 0（李维安等，2017），然后计算与 CEO 年龄相似的独立董事人数占董事会总人数的比值。

独立董事—CEO 教育水平相似性：根据国泰安（CSMAR）数据库对 CEO 及独立董事教育背景的分类标准及赋值方法，以及参考现有学者的研究（Zajac and Westphal，1996），本研究将 CEO 与独立董事的教育背景划分为：1＝中专及中专以下，2＝大专，3＝本科，4＝硕士研究生，5＝博士研究生。删除 CEO 与独立董事教育背景为其他的样本。若某一独立董事与现任 CEO 的教育背景相同则取值为 1，否则为 0，然后计算与 CEO 教育背景相同的独立董事人数占董事会总人数的比值。

参考扎耶克和威斯特法尔（1996）的研究，本研究构建了一个复合指标来表示独立董事—CEO 在职能背景、年龄及教育水平三个维度特征的相似性，因为个体可能会基于多个维度的社会特征来识别相似性，当个体同时拥有多个相似特征时，更可能被归类为内群组。因此，人口统计学特征相似性的复合指标就等于独立董事—CEO 在职能背景、年龄及教育水平维度相似性的加总。

3. 调节变量

（1）企业的监督需求（Monitoring）。基于代理理论的核心观点，本研究使用企业超额现金水平（Dittmar and Mahrt－Smith，2007）、管理者持股比例（Dalton et al.，2007）、机构投资者持股比例（Chen et al.，2007）来度量企业的监督需求。

企业的超额现金水平：参考迪特马尔等（Dittmar et al.，2003）及杨兴全和曾春华（2012）对超额现金水平的计算方法，他们认为公司的实际现金持有量与估计的现金持有量之间的差额为超额现金。现金持有量的估计值使用以下公式计算：

$$\ln(Cash_{it}/Assets_{it}) = \phi_0 + \phi_1 \ln(Assets_{it}) + \phi_2(NCF/Assets)_{it}$$
$$+ \phi_3(NWC/Assets)_{it} + \phi_4 Growth_{it} + \phi_5(Capex/Assets)_{it}$$
$$+ \phi_6 Lev_{it} + \phi_7 D_{it} + Industry\ Dummies + Year\ Dummies + \varepsilon_{it}$$

$$(3-1)$$

其中，$Cash_{it}$ 为期末现金持有水平，$Assets_{it}$ 为期末总资产，NCF 为净营运资本，$Growth_{it}$ 为企业营业收入的增长率，$Capex$ 为资本性支出，Lev_{it} 为资产负债率，D_{it} 为当年是否支付股利虚拟变量，ε_{it} 为残差项（也就是企业实际持有的现金水平与预期的现金持有水平之间的差值）。本书将超额现金水平定义为：当残差项 ε_{it} 与其行业中位数水平之间的差值大于等于 0 时，取值为 1，否则超额现金水平取值为 0。

管理者持股比例：本研究使用高级管理者（包括总经理、总裁、副总经理和年报上公布的其他高级管理人员）持有的公司股份数与公司期末总股数之间的比值来衡量（Beatty and Zajac，1994）。

机构投资者持股比例：本研究使用机构投资者持股数与公司期末总股数之间的比值来衡量（梁上坤，2018）。

首先对超额现金水平、管理者持股比例、机构投资者持股比例进行标准化，然后将这三个指标进行加总来度量企业的监督需求，由于超额现金水平越高，越需要董事会的监督（Jensen and Meckling，1976；Jensen，1986；Dittmar and Mahrt‐Smith，2007），管理者及机构投资者持股比例越低，越需要监督。因此，为了使三个变量沿着同一个方向变化，在加总的过程中，对标准化的管理者持股比例与标准化的机构投资者持股比例分别乘以负1，然后相加。

（2）企业负的绩效反馈（Below_aispir）。使用企业当前绩效水平与历史期望水平之间的差值来表示企业负的绩效反馈。本研究选取历史期望水平作为参照点即绩效期望水平，是由于期望水平是建立在指数加权平均的基础上进行估计的，一般会选择拟合效果最好的变量，而企业的历史绩效水平的指数加权平均估计拟合效果要好于基于社会期望水平的估计效果（Desai，2016）。因此，为了估计的准确性，本研究使用企业的历史期望水平作为参照点来计算负的绩效反馈。与已有企业行为理论的研究相一致，我们使用 ROA 来度量企业的绩效，企业绩效的期望水平使用企业的历史期望水平（Desai，2016；Greve，1998，2003）。*Below_aispir* 是一个样条函数（spline function），也就是说当企业绩效低于历史期望水平的观测值时，该变量取二者的差值；当绩效高于历史期望水平时，该变量取值为0，意味着当绩效低于期望水平时该变量的值为负。越低的值代表越差的绩效，越高的值代表绩效朝着历史期望水平的提高。具体计算公式如下：

$$Performance_{it}\,below\,Aispiration = \begin{cases} ROA_{it} - Aispiration_{it}\,, & if\ ROA_{it} < Aispiration_{it} \\ 0\,, & if\ ROA_{it} > = Aispiration_{it} \end{cases}$$

$$(3-2)$$

（3）行业竞争程度（Competition）。参考豪沙尔特等（Haushalter et al.，2007）及张远飞等（2013）对行业竞争程度的界定，本研究使用赫芬达尔指数来度量行业间的竞争程度，即通过行业 j 中各个企业 i 的营业收入占该行业总的营业收入之比的平方和来计算。该平方和越小，表示该行业的竞争程度越高，为了使得行业竞争程度的取值是正向变化，用 1 减去该平方和来表示行业的竞争程度，因此，*Competition* 取值越大，表示行业的竞争程度越高。具体计算公式如下：

$$Competition = 1 - \sum (S_{ij}/S_j)^2 \qquad (3-3)$$

其中，S_{ij} 表示行业 j 中公司 i 的营业收入，S_j 表示行业 j 中各个企业 i 的营业收入之和。

4. 控制变量

根据已有有关公司创新投入与创新绩效影响因素的研究，本研究从地区层面、企业层面，以及公司治理特征方面的影响因素，选取了以下对公司创新投入与创新绩效可能产生影响的潜在控制变量（Zhou et al.，2017；Jia et al.，2019；Xu et al.，2019；胡元木，2012；田轩和孟清扬等，2018）。

（1）地区层面的控制变量：市场化水平（*Market*），市场化水平越高的地区，产品市场的竞争也越激烈，会促使公司创新来提高企业的生存率，此外，市场化水平越高的地区知识产权保护及相关的创新支持政策也越完善，会对公司的研发投资产生促进作用（樊纲等，2011）。

（2）企业层面的控制变量：企业规模（*Size*）、企业的上市时间（*Age*）、资产负债率（*Lev*）、企业性质（*SOE*）、正的绩效反馈（*Above_aispir*）以及行业（*Industry*）和年份（*Year*）虚拟变量。

（3）公司治理控制变量：第一大股东持股比例（*Top*1）、股权制衡度（*Sharebalance*）、董事会独立性（*Indepratio*）、独立董事与上市公司工作地点一致性（*Indepworkplace*）、董事会持股比例（*Boardshare*）、CEO 任期（*CEOtenure*）、CEO 两职兼任（*Duality*）、董事会政治背景（*Boardpolitical*）。

具体地，本章实证分析所需的因变量、自变量、调节变量、控制变量的定义见表 3 – 1。

表 3 - 1   变量定义

变量类型	变量名称	符号	变量定义
因变量	创新投入	*Rdintensity*	研发费用与营业收入的比值
	创新绩效	*Iapply*	企业当年申请的发明专利的数量
自变量	董事会社会友好性	*Socialsim*	与 CEO 存在校友关系的独立董事个数加上与 CEO 存在老乡关系的独立董事个数除以董事会总人数
	董事会人口统计学特征友好性	*Demsim*	独立董事与 CEO 在职能背景、年龄及教育水平三个维度特征相似性的加总
调节变量	行业竞争程度	*Competition*	$1 - \sum (S_{ij}/S_j)^2$
	企业的监督需求	*Monitoring*	企业的超额现金水平、CEO 持股比例及机构投资者持股比例标准化后的加总
	负的绩效反馈	*Below_aispir*	企业当前绩效与历史期望水平之间的差值
控制变量	地区的市场化水平	*Market*	各省份市场化总指数
	企业规模	*Size*	企业年末总资产的自然对数
	企业的上市时间	*Age*	截至当年末企业已上市年限加 1 取自然对数
	资产负债率	*Lev*	公司年末负债总额与资产总额之间的比值
	企业性质	*SOE*	国有企业取值为 1，否则取值为 0
	正的绩效反馈	*Above_aispir*	企业当前绩效与历史期望水平之间的差值
	第一大股东持股比例	*Top1*	第一大股东持股数与公司期末总股数之间的比值
	股权制衡度	*Sharebalance*	第一大股东持股数与第二到第五大股东持股比例之和的比值
	董事会独立性	*Indepratio*	独立董事数量与董事会总人数的比值
	独董工作地点一致性	*Indepworkplace*	存在独立董事与上市公司工作地点相同时取值为 1，否则取值为 0
	董事会持股比例	*Boardshare*	董事持股数量之和与公司期末总股数之间的比值
	CEO 任期	*CEOtenure*	CEO 任职月数加 1 取自然对数

续表

变量类型	变量名称	符号	变量定义
控制变量	CEO 两职兼任	*Duality*	公司董事长与 CEO 两职合一取值为 1，否则取值为 0
	董事会政治背景	*Boardpolitical*	有政府工作经验的独立董事人员数量与董事会总人数的比值
	行业	*Industry*	行业虚拟变量
	年份	*Year*	年度虚拟变量

资料来源：作者整理。

（二）研究模型

为了检验董事会友好性（人口统计学特征的友好性与社会友好性）对创新投入及创新绩效的影响，以及行业的竞争程度、企业的监督需求及负的绩效反馈对董事会友好性与创新投入及创新绩效之间关系的调节效应，本书构建以下模型。

为处理潜在的内生性问题而采用的方法包括：第一，采取滞后一期的因变量以降低潜在的逆向因果关系；第二，控制可能同时影响自变量和因变量的一系列董事会、高管、企业、地区层面的变量；第三，在回归模型中加入年度（*Year*）及行业（*Industry*）固定效应，以解释随着时间变化产生的群组内差异及限制由遗漏变量导致的潜在偏差，进而控制不可观测的异质性（Gormley and Matsa，2014）。

1. 董事会人口统计学特征友好性对创新投入的影响

$$Rdintensity_{i,t+1} = \alpha_0 + \alpha_1 Demsim_{it} + \alpha_2 Demsim_{it} \times Competition_{it}$$
$$+ \alpha_3 Demsim_{it} \times Monitoring_{it} + \alpha_4 Demsim_{it}$$
$$\times Below\_aispir_{it} + \alpha_5 Controls_{it} + \varepsilon_1 \qquad (3-4)$$

其中，$Rdintensity_{i,t+1}$ 表示公司 i 第 $t+1$ 年的研发密度，$Demsim_{it}$ 表示公司 i 第 t 年董事会人口统计学特征的友好性，$Competition_{it}$ 为公司 i 第 t 年所在行

业的竞争程度，$Monitoring_{it}$为公司 i 第 t 年的监督需求，$Below\_aispir_{it}$为公司 i 第 t 年负的绩效反馈，$Controls_{it}$为该模型所使用的所有控制变量，ε_1 为残差项。

2. 董事会社会友好性对创新投入的影响

$$
\begin{aligned}
Rdintensity_{i,t+1} = &\ \alpha_0 + \alpha_1 Socialsim_{it} + \alpha_2 Socialsim_{it} \times Competition_{it} \\
&+ \alpha_3 Socialsim_{it} \times Monitoring_{it} + \alpha_4 Socialsim_{it} \\
&\times Below\_aispir_{it} + \alpha_5 Controls_{it} + \varepsilon_2
\end{aligned} \tag{3-5}
$$

其中，$Rdintensity_{i,t+1}$表示公司 i 第 $t+1$ 年的研发密度，$Socialsim_{it}$表示公司 i 第 t 年董事会的社会友好性，$Competition_{it}$为公司 i 第 t 年所在行业的竞争程度，$Monitoring_{it}$为公司 i 第 t 年的监督需求，$Below\_aispir_{it}$为公司 i 第 t 年负的绩效反馈，$Controls_{it}$为该模型所使用的所有控制变量，ε_2 为残差项。

3. 董事会人口统计学特征友好性对创新绩效的影响

$$
\begin{aligned}
Iapply_{i,t+1} = &\ \alpha_0 + \alpha_1 Demsim_{it} + \alpha_2 Demsim_{it} \times Competition_{it} \\
&+ \alpha_3 Demsim_{it} \times Monitoring_{it} + \alpha_4 Demsim_{it} \\
&\times Below\_aispir_{it} + \alpha_5 Controls_{it} + \varepsilon_1
\end{aligned} \tag{3-6}
$$

其中，$Iapply_{i,t+1}$表示公司 i 第 $t+1$ 年发明专利的申请数量，$Demsim_{it}$表示公司 i 第 t 年董事会人口统计学特征的友好性，$Competition_{it}$为公司 i 第 t 年所在行业的竞争程度，$Monitoring_{it}$为公司 i 第 t 年的监督需求，$Below\_aispir_{it}$为公司 i 第 t 年负的绩效反馈，$Controls_{it}$为该模型所使用的所有控制变量，ε_1 为残差项。

4. 董事会社会友好性对创新绩效的影响

$$
\begin{aligned}
Iapply_{i,t+1} = &\ \alpha_0 + \alpha_1 Socialsim_{it} + \alpha_2 Socialsim_{it} \times Competition_{it} \\
&+ \alpha_3 Socialsim_{it} \times Monitoring_{it} + \alpha_4 Socialsim_{it} \\
&\times Below\_aispir_{it} + \alpha_5 Controls_{it} + \varepsilon_2
\end{aligned} \tag{3-7}
$$

其中，$Iapply_{i,t+1}$表示公司 i 第 $t+1$ 年的发明专利的申请数量，$Socialsim_{it}$表示公司 i 第 t 年董事会的社会友好性，$Competition_{it}$为公司 i 第 t 年所在行业的竞争程度，$Monitoring_{it}$为公司 i 第 t 年的监督需求，$Below\_aispir_{it}$为公司 i

第 t 年负的绩效反馈，$Controls_{it}$ 为该模型所使用的所有控制变量，ε_2 为残差项。

（三）样本选取与数据来源

本章以中国沪深 A 股上市公司 2011～2017 年的数据为初始研究样本，其中在回归模型（3-4）～模型（3-7）中所有的自变量、控制变量及调节变量使用 2011～2016 年的数据，滞后一期的因变量使用 2012～2017 年的数据。样本筛选的具体步骤为：

（1）剔除被 ST 及 * ST 公司的样本；（2）剔除金融行业的样本；（3）剔除当年新上市企业的样本；（4）剔除独立董事与 CEO 职能背景、教育背景、年龄、机构投资者持股比例、董事会持股比例、CEO 任期、CEO 两职性等主要解释变量和控制变量值缺失的样本。最终获得 8621 个企业—年份观测值，按照证监会发布的《上市公司行业分类指引》（2012年）的行业分类标准，本书的研究样本在不同行业间的分布情况如表 3-2 所示。从表 3-2 中初步可以看出制造业的平均研发密度（4.3%）及信息传输、软件和信息服务行业的平均研发密度（10.53%）均高于样本研发密度的总体均值（3.87%），制造业及信息传输、软件和信息服务行业发明专利的申请数量也相对较高。

表 3-2 样本公司分行业统计

行业代码	行业名称	样本数（个）	百分比（%）	平均研发密度（%）	平均发明性专利申请量（个）
A	农林牧渔业	106	1.23	1.51	4.58
B	采矿业	230	2.67	1.42	24.6
C	制造业	5451	63.23	4.30	29.5
D	电力、热气及水的生产供应业	279	3.24	0.41	6.61
E	建筑业	231	2.68	2.17	59

续表

行业代码	行业名称	样本数（个）	百分比（%）	平均研发密度（%）	平均发明性专利申请量（个）
F	批发和零售业	395	4.58	0.25	3.68
G	交通运输、仓储和邮政业	263	3.05	0.19	3.56
H	住宿和餐饮业	29	0.34	0.05	0
I	信息传输、软件和信息服务业	715	8.29	10.53	21.70
K	房地产行业	371	4.30	0.19	0.46
L	租赁和商务服务业	136	1.58	1.01	1.85
M	科学研究和技术服务	71	0.82	4.80	18
N	水利、环境和公共设施管理	122	1.42	2.03	7.77
P	教育	7	0.08	1.07	3
Q	卫生和社会工作	36	0.42	1.12	3.05
R	文化、体育和娱乐业	145	1.68	1.52	3.64
S	综合	34	0.39	1.65	13.10
合计		8621	100	3.87	23.69

资料来源：根据样本数据及证监会发布的《上市公司行业分类指引》（2012年修订版）整理。

本章的研发投入、专利申请数据、治理结构数据、财务数据，以及独立董事与CEOs的人口统计学特征数据来自国泰安数据库（CSMAR）；用以度量董事会社会友好性的独立董事与CEOs的校友关系（是否毕业于同一所院校）及老乡关系（籍贯省份），来自CSMAR、锐思数据库（RESSET）及结合网络手工收集。

在回归过程中，为了避免主要变量的极端值对回归结果可能产生的影响，使用缩尾（Winsor）处理法，对回归所需的所有连续变量进行了1%分位数和99%分位数的尾数处理。

二、研究方法

（一）Tobit 模型

为了验证董事会友好性（人口统计学特征友好性与社会友好性）对创新投入的影响，因变量创新投入由研发密度来度量，由于研发密度（研发费用与销售收入的比值）的取值在（0，1）之间，相比于普通最小二乘（OLS）回归模型，使用 Tobit 回归模型对参数能够产生更为一致的估计（McDonald and Moffitt，1980；Tobin，1958）。

截尾数据（censored data）的面板模型为：

$$y_{it}^* = x_{it}\beta + u_i + \varepsilon_{it} \tag{3-8}$$

$$y_{it} = \begin{cases} y_{it}^*, & if \; y_{it}^* > 0 \\ 0, & if \; y_{it}^* <= 0 \end{cases} \tag{3-9}$$

其中，y_{it}^* 不可观测，扰动项 $\varepsilon_{it} \sim N(0，\sigma_\varepsilon^2)$，$u_i$ 为个体效应。如果 u_i 与自变量 x_{it} 不相关，则为随机效应模型，反之，则为固定效应模型。对于固定效应的 Tobit 模型，由于找不到个体异质性 u_i 的充分统计量，无法像固定效应的 Logit 或计数模型那样进行条件最大似然估计。因此，本书仅在混合的 Tobit 回归与随机效应的 Tobit 回归模型之间进行选择。根据 LR 检验结果，对于董事会人口统计学特征友好性及社会友好性对创新投入的影响，本书使用随机效应的面板 Tobit 回归。

（二）Poisson 回归模型

为了检验董事会友好性（人口统计学特征友好性与社会友好性）对创新绩效的影响，使用发明专利的申请数量来衡量创新绩效，该变量的取值为非负整数。因此，我们使用非线性的回归方法来规避异方差及残差的非正态分布（Hausman，Hall and Griliches，1984），具体地，我们使用 Poisson 回归模型进行估计，并在稳健性检验部分使用负二项分布回归模型进行检验。

对于个体 i，被解释变量为 Y_i，假设 $Y_i = y_i$ 的概率由参数为 λ_i 的 Poisson 分布决定：

$$P(Y_i = y_i | x_i) = \frac{e^{-\lambda_i} \lambda_i^{y_i}}{y_i!} (y_i = 0, 1, 2, \cdots) \qquad (3-10)$$

其中，λ_i 为 Poisson 到达率，表示事件发生的平均次数，由解释变量 x_i 所决定。Y_i 的条件期望函数为：

$$E(Y_i | x_i) = \lambda_i = \exp(x_i'\beta) \qquad (3-11)$$

在回归估计中，假设样本独立同分布，可以根据概率分布函数计算样本数据的似然函数，进行最大似然估计。在使用样本数据进行检验的过程中发现混合的 Poisson 回归模型拟合优度更好，因此，在具体的回归中，本书使用了混合的 Poisson 回归模型，并使用了聚类稳健标准误。

第三节　研究结果与讨论

一、描述性统计与相关性分析

（一）变量的描述性统计表

表 3-3 为回归样本被解释变量、解释变量、调节变量及控制变量的描述性统计分布情况。根据表 3-3 可知，中国沪深 A 股 2011~2017 年的上市公司中，样本公司的平均研发支出占营业收入的比值仅为 3.9%，还有一些企业的研发支出为 0 的情况，总体上讲中国上市公司的研发支出仍然处于较低的水平。发明专利的平均申请量为 23.698 个，有些样本企业

的专利申请量为 0，而有公司专利申请量为 998 个，不同公司之间发明专利申请量存在很大的差异，表明不同上市公司的创新绩效水平存在很大差异。董事会人口统计学特征的友好性均值为 0.64，表明独立董事与 CEO 之间在（职能背景、教育水平、年龄）方面存在一定水平的相似性。董事会社会友好性均值为 0.016，表明上市公司独立董事与 CEO 之间的校友关系和老乡关系并没有人口统计学特性相似性那么普遍。

表 3 - 3 　　　　　　　　　　　　**变量的描述性统计**

变量	样本数	均值	中位数	标准差	最小值	最大值
Rdintensity	8621	0.039	0.031	0.053	0	0.886
Iapply	8621	23.698	5	68.290	0	998
Demsim	8621	0.64	0.571	0.311	0	1.857
Socialsim	8621	0.016	0	0.079	0	0.909
Competition	8621	0.865	0.903	0.130	0	0.979
Monitoring	8621	0.003	0.153	1.705	−7.012	2.536
Below_aispir	8621	−0.020	−0.006	0.049	−1.721	0
Above_aispir	8621	0.008	0	0.025	0	0.623
Age	8621	8.648	6.190	6.56	0	26.050
Size	8621	22.054	21.85	1.289	17.81	28.51
Lev	8621	0.407	0.398	0.21	0.007	1.037
SOE	8621	0.335	0	0.472	0	1
Duality	8621	0.712	1	0.453	0	1
CEOtenure	8621	3.337	3.584	1.203	0	5.434
Indepratio	8621	0.374	0.333	0.055	0.182	0.800
Indepworkplace	8621	0.519	1	0.5	0	1
Boardshare	8621	0.138	0.004	0.201	0	0.793
Boardpolitical	8621	0.111	0.111	0.117	0	0.667
Top1	8621	0.361	0.342	0.153	0.014	0.900
Sharebalance	8621	0.706	0.554	0.599	0.003	9.589
Market	8621	7.967	8.370	1.719	−0.300	9.950

资料来源：根据样本数据整理。

（二）变量的皮尔逊（Pearson）相关系数表

表3-4是回归模型中各个变量之间的Pearson相关系数表。从表3-4中可以看出，董事会人口统计学特征的友好性与研发密度显著正相关，且在1%的水平上显著，与发明专利的申请量也显著正相关。董事会的社会友好性与研发密度及发明专利的申请量均存在负相关的关系，分别在10%和5%的水平上显著。行业竞争水平与研发密度及专利申请量显著正相关，表明行业的竞争程度能够促进企业的研发投入及更为注重创新的质量。企业的监督需求与研发密度显著负相关，企业的监督需求越高表明管理者的代理问题越严重，因此，管理者更可能进行次优的投资决策，而不是进行长期的战略性投资。负的绩效反馈与研发密度显著负相关，说明企业的绩效相比于其历史期望水平越低，企业的研发投资水平越低，表明管理者为了使绩效达到期望的目标水平，更可能进行投机性的投资行为。

有关控制变量与创新投入及创新绩效之间的关系主要表现为：企业的规模与创新投入及创新绩效显著正相关，在1%的水平上显著，表明越成熟的企业及规模越大的企业越注重创新的质量，即更关注科技含量高的突破式创新。企业的成立年限与创新投入及创新绩效显著负相关，在1%的水平上显著。企业的资产负债率与研发密度及发明专利的申请量存在负相关的关系，表明企业的负债水平越高，有更少的冗余资金投资于研发。国有企业相比于民营企业的研发支出水平更低，但是创新的质量更高。董事长与CEO的两职兼任不利于研发投资水平，但是能够提高创新的质量。CEO任期与研发密度及发明专利的申请量均存在显著的正相关关系。

独立董事的比例与研发密度及发明专利的申请数量均存在显著的正相关关系，且在1%的水平上显著，表明独立董事水平的提高有助于董事会对管理层的投资决策进行监督。独立董事与上市公司工作地点的一致性，与企业的研发密度存在显著的正相关关系，表明相比于"异地独董"，工作地与上市公司所在地相同的独立董事能够更好地监督管理层进行长期的战略性投资。董事会持股比例与研发密度及发明专利的申请量存在显著的

表 3 - 4

变量的 Pearson 相关系数

变量	1	2	3	4	5	6	7	8	9	10	11
Rdintensity	1.000										
Iapply	0.112 ***	1.000									
Demsim	0.105 ***	0.011 *	1.000								
Socialsim	-0.005 *	-0.025 **	0.048 ***	1.000							
Competition	0.241 ***	0.025 **	0.023 **	-0.007	1.000						
Monitoring	-0.117 ***	0.001	-0.019 *	-0.051 ***	-0.068 ***	1.000					
Below_aispir	-0.106 ***	0.042 ***	0.007	-0.007	-0.004	-0.020 *	1.000				
Above_aispir	-0.050 ***	-0.006	-0.015	-0.019 *	-0.001	0.026 **	0.268 ***	1.000			
Age	-0.320 ***	-0.049 ***	-0.077 ***	-0.052 ***	-0.075 ***	0.181 ***	0.046 ***	0.154 ***	1.000		
Size	0.313 ***	0.323 ***	-0.064 ***	-0.024 **	-0.152 ***	0.114 ***	0.093 **	-0.027	0.397 ***	1.000	
Lev	-0.389 ***	-0.131 ***	-0.077 ***	-0.013	-0.092 ***	0.134 ***	0.075	0.011	0.429 ***	0.577 ***	1.000
SOE	-0.254 ***	0.111 ***	-0.061 ***	-0.001	-0.146 ***	0.201 ***	0.069	0.002	0.431 ***	0.417 ***	0.341 ***
Duality	-0.154 ***	0.022 **	-0.074 ***	-0.002	-0.068 ***	0.282 ***	0.040	0.037 ***	0.214 ***	0.192 ***	0.137 ***
CEOtenure	0.021 *	0.035 ***	-0.088 ***	-0.097 ***	0.024 **	-0.083 ***	0.002	-0.008	0.113 ***	0.062 ***	0.029 ***
Indepratio	0.060 ***	0.072 ***	0.278 ***	-0.007	0.014	-0.054 ***	-0.028 ***	0.001	-0.016	0.026 **	-0.003
Indepworkplace	0.103 ***	0.003	0.040 ***	0.020 *	0.057 ***	-0.039 ***	0.017	-0.042 ***	-0.061 ***	-0.021 *	-0.018 *
Boardshare	0.290 ***	-0.061 ***	0.074 ***	0.015	0.126 ***	-0.379 ***	-0.053	-0.069 ***	-0.506 ***	-0.366 ***	-0.350 ***
Boardpolitical	-0.055 ***	-0.018	0.161 ***	0.104 ***	-0.038 ***	0.015	-0.013	-0.049 ***	-0.019 *	0.040 ***	0.064 ***

续表

变量	1	2	3	4	5	6	7	8	9	10	11
Top1	-0.162***	-0.066***	0.002	0.005	-0.117***	0.081***	0.027**	-0.036***	-0.071***	0.218***	0.067***
Sharebalance	0.193***	0.030***	0.032**	0.005	0.077***	-0.084***	-0.045***	-0.009	-0.172***	-0.142***	-0.173***
Market	0.149***	0.070***	0.035***	-0.054***	0.070***	-0.075***	0.050***	-0.009	-0.149***	-0.038***	-0.090***

变量	12	13	14	15	16	17	18	19	20	21
SOE	1.000									
Duality	0.276***	1.000								
CEOtenure	-0.021**	-0.083***	1.000							
Indepratio	-0.055***	-0.119***	0.007	1.000						
Indepworkplace	0.022**	-0.023**	0.013	0.018*	1.000					
Boardshare	-0.469***	-0.236***	-0.015	0.073***	0.077***	1.000				
Boardpolitical	0.052***	0.001	-0.125***	0.072***	0.031***	-0.042***	1.000			
Top1	0.193***	0.039***	-0.059***	0.042***	0.000	-0.095***	0.065***	1.000		
Sharebalance	-0.241***	-0.050***	-0.040***	-0.022**	0.002	0.235***	-0.050***	-0.678***	1.000	
Market	-0.208***	-0.120***	0.095***	0.006	0.145***	0.165***	-0.091***	-0.003	0.048***	1.000

注：*、**、***分别表示在10%、5%、1%的水平下显著；Pearson 双侧检验。

资料来源：根据样本数据整理。

正相关关系，表明董事会持股能够激励董事会成员进行更好的监督。董事会中独立董事的政治背景（主要指独立董事拥有全国人民代表大会或中国人民政治协商会议的任职经历）与研发密度存在显著的负相关关系，且在1%的水平上显著，表明独立董事的政治关联不利于企业的研发支出。

第一大股东的持股比例与企业的研发密度存在显著的负相关关系，但是与企业发明专利的申请数量存在显著的正相关关系，表明在股权结构普遍较为集中的中国上市公司中，第一大股东的持股比例越高，越可能发生第一类代理问题，即大股东对中小股东的利益侵占。股权的制衡度与研发密度及发明专利的申请量存在显著的正相关关系，表明股权集中度在一定程度上能够缓解大股东的利益侵占行为。地区的市场化水平与企业的研发密度及发明专利的申请量均存在显著的正相关关系，表明市场化水平越高的地区，对企业知识产权保护相关的立法也更为完善，企业更可能进行长期的战略性投资及注重高质量的突破式创新。

最后，在表3-4中，所有被解释变量、解释变量及控制变量两两之间相关系数绝对值的最大值为资产负债率与企业规模之间的相关系数0.577，表明变量之间不存在严重的共线性问题。

二、回归结果

（一）董事会社会友好性对公司创新的影响

1. 董事会社会友好性对公司创新投入的影响

为了进一步检验本章提出的研究假设，建立董事会社会友好性对公司创新投入的随机效应的面板 Tobit 回归模型。根据表3-5模型（1）~模型（6）中 LR 的检验结果，均显示"Prob > = chibar2 = 0.000"，拒绝"H_o：$\sigma_u = 0$"的原假设，因此，不能排除个体效应的存在，进而使用随机效应的面板 Tobit 回归。

表 3 – 5　　　　董事会社会友好性影响创新投入的 **Tobit** 回归

变量	模型（1）Rdintensity	模型（2）Rdintensity	模型（3）Rdintensity	模型（4）Rdintensity	模型（5）Rdintensity	模型（6）Rdintensity
Size	0. 0012 *	0. 0012 **	0. 0012 **	0. 0012 *	0. 0013 **	0. 0012 **
	（1. 95）	（1. 96）	（1. 97）	（1. 94）	（2. 00）	（1. 98）
Age	− 0. 0011 ***	− 0. 0011 ***	− 0. 0012 ***	− 0. 0011 ***	− 0. 0011 ***	− 0. 0011 ***
	（− 8. 13）	（− 8. 23）	（− 8. 24）	（− 8. 22）	（− 8. 23）	（− 8. 22）
Lev	− 0. 0398 ***	− 0. 0397 ***	− 0. 0397 ***	− 0. 0397 ***	− 0. 0398 ***	− 0. 0397 ***
	（− 14. 23）	（− 14. 20）	（− 14. 20）	（− 14. 18）	（− 14. 23）	（− 14. 22）
Above_aispir	0. 0109	0. 0111	0. 0114	0. 0112	0. 0124	0. 0127
	（0. 67）	（0. 69）	（0. 70）	（0. 69）	（0. 76）	（0. 78）
SOE	− 0. 0052 ***	− 0. 0052 ***	− 0. 0052 ***	− 0. 0052 ***	− 0. 0053 ***	− 0. 0053 ***
	（− 3. 11）	（− 3. 13）	（− 3. 13）	（− 3. 13）	（− 3. 14）	（− 3. 15）
Duality	− 0. 0023 **	− 0. 0023 **	− 0. 0023 **	− 0. 0022 **	− 0. 0022 **	− 0. 0022 **
	（− 2. 46）	（− 2. 42）	（− 2. 42）	（− 2. 41）	（− 2. 37）	（− 2. 37）
CEOtenure	4. 32e − 05	9. 11e − 07	1. 10e − 06	− 1. 07e − 06	− 1. 53e − 05	− 1. 74e − 05
	（0. 19）	（0. 00）	（0. 00）	（− 0. 00）	（− 0. 07）	（− 0. 07）
Indepratio	0. 0058	0. 0056	0. 0056	0. 0057	0. 0056	0. 0057
	（0. 74）	（0. 72）	（0. 72）	（0. 72）	（0. 72）	（0. 72）
Indepworkplace	0. 0009	0. 0010	0. 0010	0. 0010	0. 0010	0. 0010
	（1. 34）	（1. 35）	（1. 36）	（1. 35）	（1. 35）	（1. 35）
Boardshare	0. 0001 ***	0. 0001 ***	0. 0001 ***	0. 0001 ***	0. 0001 ***	0. 0001 ***
	（5. 11）	（5. 08）	（5. 08）	（5. 08）	（5. 09）	（5. 08）
Boardpolitical	− 0. 0102 ***	− 0. 0098 ***	− 0. 0099 ***	− 0. 0098 ***	− 0. 0098 ***	− 0. 0098 ***
	（− 3. 51）	（− 3. 38）	（− 3. 39）	（− 3. 38）	（− 3. 35）	（− 3. 36）
*Top*1	− 0. 0385 ***	− 0. 0386 ***	− 0. 0386 ***	− 0. 0385 ***	− 0. 0386 ***	− 0. 0385 ***
	（− 7. 24）	（− 7. 25）	（− 7. 25）	（− 7. 24）	（− 7. 26）	（− 7. 24）
Sharebalance	0. 0006	0. 0006	0. 0006	0. 0006	0. 0006	0. 0006
	（0. 53）	（0. 55）	（0. 55）	（0. 55）	（0. 54）	（0. 55）

续表

变量	模型（1）Rdintensity	模型（2）Rdintensity	模型（3）Rdintensity	模型（4）Rdintensity	模型（5）Rdintensity	模型（6）Rdintensity
Market	0.0042 *** (10.28)	0.0042 *** (10.09)	0.0042 *** (10.10)	0.0042 *** (10.09)	0.0042 *** (10.11)	0.0042 *** (10.11)
Competition	0.0269 *** (5.47)	0.0268 *** (5.45)	0.0267 *** (5.42)	0.0267 *** (5.44)	0.0265 *** (5.39)	0.0264 *** (5.36)
Monitoring	0.0002 (0.88)	0.0001 (0.77)	0.0002 (0.79)	0.0001 (0.71)	0.0001 (0.77)	0.0001 (0.70)
Below_aispir	− 0.0321 ** (− 3.14)	− 0.0323 ** (− 3.16)	− 0.0324 ** (− 3.17)	− 0.0323 ** (− 3.16)	− 0.0324 ** (− 3.17)	− 0.0325 ** (− 3.18)
Socialsim		− 0.0079 * (− 1.97)	− 0.0076 * (− 1.89)	− 0.0074 * (− 1.80)	− 0.0076 * (− 1.89)	− 0.0068 * (− 1.67)
Socialsim × Competition			0.0002 (0.86)			0.0002 (0.67)
Socialsim × Monitoring				− 0.0001 (− 0.55)		− 0.0002 (− 0.74)
Socialsim × Below_aispir					0.0005 * (1.90)	0.0005 * (1.82)
Constant	− 0.0139 (− 1.01)	− 0.0130 (− 0.94)	− 0.0131 (− 0.95)	− 0.0128 (− 0.92)	− 0.0133 (− 0.96)	− 0.0131 (− 0.95)
Year	Yes	Yes	Yes	Yes	Yes	Yes
Industry	Yes	Yes	Yes	Yes	Yes	Yes
Wald chi^2	2009.27	2009.86	2010.59	2010.62	2014.56	2016.06
log likelihood	15262.075	15262.529	15263.062	15262.778	15265.238	15265.93
N	8621	8621	8621	8621	8621	8621

注：*、**、*** 分别表示在10%、5%、1%的水平下显著。括号内为回归系数的 t 值。
资料来源：根据样本数据整理。

在表3−5的回归模型中，模型（1）为包括所有控制变量的回归结果，模型（2）为加入解释变量Socialsim之后的回归结果，模型（3）~模型（5）是逐步加入交互项之后的回归结果，模型（6）是加入所有变量的整体回归结果。表3-5的回归结果显示，董事会社会友好性与创新投入（研发密度）在10%的水平下存在显著的负相关关系，表明董事会社会友好性的提高会降低公司的创新投入水平，支持了本章提出的竞争性假设H1c，董事会社会友好性会导致不利于最优投资决策的"友谊的成本"，加重了管理者战略投资中的机会主义行为。董事会社会友好性与企业负的绩效反馈的交互项与创新投入在10%的水平下显著正相关，支持了假设H5b的观点。董事会社会友好性与行业竞争程度及企业监督需求的交互项与创新投入不存在显著的相关关系。

在控制变量中，企业规模与创新投入存在显著的正相关关系，且在5%的水平下显著；企业的财务杠杆及成立年限与创新投入存在显著的负相关关系，且在1%的水平下显著；相比于非国有企业，国有企业的研发投入水平存在明显不足。董事长与CEO的两职兼任与创新投入显著负相关，且在5%的水平下显著。然而，董事会中独立董事的比例虽然与创新投入正相关，但是并不显著。独立董事与上市公司工作地点的一致性与创新投入正相关，但是并不显著。董事会持股比例与创新投入存在显著的正相关关系，且在1%的水平下显著。董事会中独立董事的政治背景与创新投入存在显著的负相关关系，且在1%的水平下显著。第一大股东的持股比例会显著地降低创新投入水平，且在1%的水平下显著，但是股权制衡度并不能显著地提高创新投入水平。地区的市场化水平能够显著地提高创新投入水平，且在1%的水平下显著。

2. 董事会社会友好性对公司创新绩效的影响

表3-6为董事会社会友好性影响公司创新绩效的混合Poisson回归。在表3-6的回归模型中，模型（1）为包括所有控制变量的回归结果，模型（2）为加入解释变量Socialsim之后的回归结果，模型（3）为加入控制变量、解释变量及三个交互项之后的整体回归结果。表3-6的回归

结果显示，董事会的社会友好性与创新绩效（发明专利的申请量）在10%的水平下存在显著的负相关关系，支持了假设 H1d 的观点。董事会社会友好性与企业监督需求的交互项与创新绩效存在显著的负相关关系，且在5%的水平下显著，表明企业的监督需求负向调节董事会社会友好性与创新绩效之间的关系，部分支持了假设 H4a 的观点。董事会社会友好性与企业负的绩效反馈的交互项与创新绩效在10%的水平下存在显著的正相关关系，表明企业负的绩效反馈正向调节董事会社会友好性与创新绩效之间的关系，假设 H5b 得到了支持。

在控制变量中，企业规模与创新绩效存在显著的正相关关系，且在1%的水平下显著，企业成立年限与创新绩效存在显著的负相关关系，且在1%的水平下显著。独立董事比例与创新绩效存在显著的正相关关系，且在5%的水平下显著；独立董事与上市公司工作地点的一致性与创新绩效存在显著的正相关关系，且在5%的水平下显著。股权制衡度与创新绩效存在显著的正相关关系，且在1%的水平下显著。地区的市场化水平与创新绩效存在显著的正相关关系，且在1%的水平下显著。

表 3-6 董事会社会友好性影响创新绩效的 Poisson 回归

变量	模型（1）Iapply	模型（2）Iapply	模型（3）Iapply
Size	0.6700 *** （25.33）	0.6700 *** （25.36）	0.6700 *** （25.42）
Age	-0.0148 *** （-2.91）	-0.0149 *** （-2.94）	-0.0149 *** （-2.94）
Lev	-0.0462 （-0.32）	-0.0492 （-0.34）	-0.0481 （-0.33）
SOE	0.1100 （1.63）	0.1100 （1.62）	0.1100 （1.63）
Above_aispir	1.7490 （1.10）	1.7250 （1.08）	1.7190 （1.08）

变量	模型（1） Iapply	模型（2） Iapply	模型（3） Iapply
Duality	-0.0170 （-0.30）	-0.0168 （-0.30）	-0.0185 （-0.33）
CEOtenure	0.0154 （0.66）	0.0154 （0.66）	0.0161 （0.69）
Indepratio	1.0370 ** （2.55）	1.0220 ** （2.51）	1.0110 ** （2.49）
Indepworkplace	0.123 ** （2.56）	0.121 ** （2.51）	0.122 ** （2.55）
Boardshare	0.0011 （0.74）	0.0011 （0.72）	0.0011 （0.71）
Boardpolitical	-0.580 ** （-2.40）	-0.560 ** （-2.31）	-0.564 ** （-2.33）
*Top*1	-0.3640 （-1.59）	-0.3700 （-1.61）	-0.3660 （-1.60）
Sharebalance	0.1980 *** （3.13）	0.1980 *** （3.13）	0.1970 *** （3.12）
Market	0.0787 *** （5.02）	0.0784 *** （5.01）	0.0784 *** （5.00）
Rdintensity	9.3760 *** （23.46）	9.3790 *** （23.46）	9.4000 *** （23.60）
Competition	1.4410 *** （5.05）	1.4390 *** （5.04）	1.4490 *** （5.00）
Monitoring	-0.0256 （-1.56）	-0.0261 （-1.59）	-0.0266 （-1.62）
Below_aispir	3.001 *** （3.19）	2.988 *** （3.18）	2.912 *** （3.11）

续表

变量	模型（1）Iapply	模型（2）Iapply	模型（3）Iapply
Socialsim		− 0. 6020 （− 1. 46）	− 0. 8380 * （− 1. 98）
Socialsim × Competition			0. 0175 （0. 43）
Socialsim × Monitoring			− 0. 0467 ** （− 2. 54）
Socialsim × Below_aispir			0. 0303 * （1. 65）
Constant	− 14. 27 *** （− 21. 56）	− 14. 25 *** （− 21. 54）	− 14. 27 *** （− 21. 52）
Year	Yes	Yes	Yes
Industry	Yes	Yes	Yes
Pseudo R^2	0. 4672	0. 4673	0. 4677
Wald chi^2	9310. 52	9284. 80	9218. 57
N	8621	8621	8621

注：*，**，***分别表示在10%，5%，1%的水平下显著。括号内为回归系数的 t 值。
资料来源：根据样本数据整理。

（二）董事会人口统计学特征友好性对公司创新的影响

1. 董事会人口统计学特征友好性对公司创新投入的影响

为了进一步检验本章提出的研究假设，建立董事会人口统计学特征友好性对创新投入的随机效应的面板 Tobit 回归模型。根据表 3 – 7 模型（1）~模型（6）中 LR 的检验结果，均显示"Prob > = chibar2 = 0. 000"，拒绝"H_o：$\sigma_u = 0$"的原假设，因此，不能排除个体效应的存在，进而使用随机效应的面板 Tobit 回归。

表 3 - 7　　　董事会人口统计学特征友好性对创新投入的 Tobit 回归

变量	模型（1）Rdintensity	模型（2）Rdintensity	模型（3）Rdintensity	模型（4）Rdintensity	模型（5）Rdintensity	模型（6）Rdintensity
Size	0.0008 （1.34）	0.0008 （1.39）	0.0008 （1.39）	0.0008 （1.40）	0.0009 （1.40）	0.0009 （1.41）
Age	-0.0013 *** （-8.67）	-0.0013 *** （-8.59）	-0.0013 *** （-8.59）	-0.0013 *** （-8.60）	-0.0013 *** （-8.60）	-0.0013 *** （-8.60）
Lev	-0.0333 *** （-12.16）	-0.0333 *** （-12.16）	-0.0333 *** （-12.17）	-0.0334 *** （-12.18）	-0.0334 *** （-12.17）	-0.0334 *** （-12.20）
Above_aispir	-0.0002 （-0.01）	0.0003 （0.02）	0.0003 （0.02）	0.0003 （0.06）	-0.0001 （-0.01）	0.0005 （0.03）
SOE	0.0010 （0.63）	0.0009 （0.60）	0.0009 （0.60）	0.0009 （0.62）	0.0009 （0.61）	0.0010 （0.64）
Duality	-0.0024 ** （-2.66）	-0.0024 ** （-2.62）	-0.0024 ** （-2.61）	-0.0024 ** （-2.63）	-0.0024 ** （-2.63）	-0.0024 ** （-2.64）
CEOtenure	-0.0006 ** （-2.43）	-0.0005 ** （-2.07）	-0.0005 ** （-2.08）	-0.0005 ** （-2.06）	-0.0005 ** （-2.07）	-0.0005 ** （-2.07）
Indepratio	9.33e-05 （0.01）	0.0027 （0.35）	0.0026 （0.34）	0.0025 （0.32）	0.0028 （0.36）	0.0025 （0.33）
Indepworkplace	0.0013 * （1.71）	0.0012 * （1.76）	0.0013 * （1.77）	0.0013 * （1.72）	0.0013 * （1.76）	0.0013 * （1.73）
Boardshare	0.00009 *** （3.46）	0.00009 *** （3.49）	0.00009 *** （3.49）	0.00009 *** （3.49）	0.0001 *** （3.52）	0.0001 *** （3.52）
Boardpolitical	-0.0019 （-0.65）	-0.0037 （-1.17）	-0.0036 （-1.15）	-0.0037 （-1.18）	-0.0037 （-1.18）	-0.0037 （-1.17）
*Top*1	-0.0191 *** （-3.72）	-0.0192 *** （-3.75）	-0.0192 *** （-3.74）	-0.0194 *** （-3.78）	-0.0192 *** （-3.74）	-0.0193 *** （-3.77）
Sharebalance	0.0008 （0.69）	0.0007 （0.65）	0.0007 （0.64）	0.0007 （0.66）	0.0007 （0.65）	0.0007 （0.65）

变量	模型（1）Rdintensity	模型（2）Rdintensity	模型（3）Rdintensity	模型（4）Rdintensity	模型（5）Rdintensity	模型（6）Rdintensity
Market	0.0014 *** (3.25)	0.0014 *** (3.23)	0.0014 *** (3.23)	0.0014 *** (3.24)	0.0014 *** (3.24)	0.0014 *** (3.24)
Competition	0.0109 ** (2.21)	0.0111 ** (2.25)	0.0111 ** (2.25)	0.0110 ** (2.24)	0.0111 ** (2.26)	0.0110 ** (2.24)
Monitoring	6.58e−05 (0.33)	5.47e−05 (0.28)	5.18e−05 (0.26)	6.03e−05 (0.31)	5.79e−05 (0.29)	6.09e−05 (0.31)
Below_aispir	−0.0304 *** (−2.99)	−0.0311 *** (−3.06)	−0.0311 *** (−3.07)	−0.0311 *** (−3.06)	−0.0306 *** (−3.01)	−0.0306 *** (−3.01)
Demsim		0.0022 ** (2.07)	0.0021 ** (2.00)	0.0021 ** (1.99)	0.0022 ** (2.09)	0.0020 ** (1.96)
Demsim × Competition			0.0002 (0.73)			0.0002 (0.63)
Demsim × Monitoring				−0.0005 * (−1.88)		−0.0005 * (−1.86)
Demsim × Below_aispir					−0.0002 (−0.75)	−0.0002 (−0.78)
Constant	0.0129 (0.69)	0.0115 (0.61)	0.0114 (0.61)	0.0113 (0.61)	0.0114 (0.61)	0.0112 (0.60)
Year	Yes	Yes	Yes	Yes	Yes	Yes
Industry	Yes	Yes	Yes	Yes	Yes	Yes
Wald chi^2	2009.27	2015.35	2016.26	2018.62	2015.97	2020.00
log likelihood	15262.075	15264.213	15264.482	15265.987	15264.494	15266.493
N	8621	8621	8621	8621	8621	8621

注：*、**、*** 分别表示在 10%、5%、1% 的水平下显著。括号内为回归系数的 t 值。
资料来源：根据样本数据整理。

表 3 - 7 的回归模型中，模型（1）为包括所有控制变量的回归结果，

模型（2）为加入解释变量 Demsim 之后的回归结果，模型（3）~ 模型（5）是逐步加入交互项之后的回归结果，模型（6）是加入所有变量的整体回归结果。表 3 – 7 的回归结果显示，董事会人口统计学特征友好性与创新投入（研发密度）存在显著的正相关关系，且在 5% 的水平下显著，支持了假设 H2a。董事会人口统计学特征友好性与企业监督需求的交互项与创新投入在 10% 的水平下存在显著的负相关关系，支持了假设 H4b。董事会人口统计学特征的友好性与行业竞争程度及企业负的绩效反馈的交互项均与创新投入呈负相关的关系，但并不显著。

2. 董事会人口统计学特征友好性对公司创新绩效的影响

表 3 – 8 为董事会人口统计学特征友好性影响公司创新绩效的混合 Poisson 回归。在表 3 – 8 的回归模型中，模型（1）为包括所有控制变量的回归结果，模型（2）为加入解释变量 Demsim 之后的回归结果，模型（3）为加入控制变量、解释变量及三个交互项之后的整体回归结果。表 3 – 8 的回归结果显示，董事会人口统计学特征友好性与创新绩效（发明专利的数量）存在显著的正相关关系，且在 5% 的水平下显著，支持了假设 H2a。董事会人口统计学特征友好性与企业负的绩效反馈的交互项与创新绩效存在显著的负相关关系，表明企业负的绩效反馈负向调节董事会人口统计学特征友好性与创新绩效之间的关系，部分支持了假设 H5c。董事会人口统计学特征友好性与行业竞争程度的交互项，以及与企业监督需求的交互项均与创新绩效负相关，但是并不显著。

表 3 – 8　　董事会人口统计学特征友好性对创新绩效的 Poisson 回归

变量	模型（1）Iapply	模型（2）Iapply	模型（3）Iapply
Size	0.7210 *** (29.13)	0.7240 *** (29.37)	0.7230 *** (29.47)
Age	− 0.0003 (− 0.06)	− 6.86e − 05 (− 0.01)	1.46e − 05 (0.00)

变量	模型（1） Iapply	模型（2） Iapply	模型（3） Iapply
Lev	− 0. 3030 ** （− 2. 25）	− 0. 3190 ** （− 2. 35）	− 0. 3180 ** （− 2. 34）
SOE	0. 0685 （1. 06）	0. 0658 （1. 02）	0. 0675 （1. 05）
Above_aispir	0. 6040 （0. 37）	0. 6530 （0. 40）	0. 6700 （0. 41）
Duality	0. 0740 （1. 43）	0. 0797 （1. 53）	0. 0811 （1. 55）
CEOtenure	0. 0054 （0. 26）	0. 0074 （0. 35）	0. 0063 （0. 30）
Indepratio	0. 6550 * （1. 71）	0. 3980 （1. 01）	0. 3920 （1. 00）
Indepworkplace	0. 0038 （0. 09）	0. 0033 （0. 08）	0. 0008 （0. 02）
Boardshare	0. 0001 （0. 08）	3. 79e − 05 （0. 03）	4. 88e − 05 （0. 03）
Boardpolitical	− 0. 2910 （− 1. 43）	− 0. 3730 * （− 1. 78）	− 0. 3700 * （− 1. 76）
Top1	− 0. 0565 （− 0. 28）	− 0. 0764 （− 0. 37）	− 0. 0596 （− 0. 29）
Sharebalance	0. 0400 （0. 67）	0. 0452 （0. 75）	0. 0391 （0. 66）
Market	0. 1200 *** （8. 03）	0. 1210 *** （8. 05）	0. 1210 *** （8. 05）
Rdintensity	7. 7420 *** （15. 77）	7. 6990 *** （15. 81）	7. 7060 *** （15. 99）
Competition	1. 5350 *** （5. 21）	1. 5360 *** （5. 25）	1. 5540 *** （5. 36）

变量	模型（1） Iapply	模型（2） Iapply	模型（3） Iapply
Monitoring	− 0.0638 *** （− 3.97）	− 0.0648 *** （− 4.06）	− 0.0637 *** （− 3.99）
Below_aispir	3.9660 *** （4.27）	3.9760 *** （4.30）	4.0950 *** （4.48）
Demsim		0.1760 ** （2.38）	0.1950 ** （2.69）
Demsim × Competition			0.0083 （0.36）
Demsim × Monitoring			− 0.0267 （− 1.32）
Demsim × Below_aispir			− 0.0471 ** （− 2.27）
Constant	− 16.23 *** （− 25.03）	− 16.30 *** （− 25.22）	− 16.30 *** （− 25.47）
Year	Yes	Yes	Yes
Industry	Yes	Yes	Yes
Pseudo R^2	0.4672	0.4681	0.4689
Wald chi^2	9310.52	8412.68	8588.81
N	8621	8621	8621

注：*、**、*** 分别表示在 10%、5%、1% 的水平下显著。括号内为回归系数的 t 值。
资料来源：根据样本数据整理。

（三）进一步检验

1. 高科技和非高科技行业的分样本检验

由于创新投入与创新绩效在高科技行业和非高科技行业存在很大的差异，因此，根据证监会最新颁布的《上市公司行业分类指引》（2012 年修订），参照《高新技术企业认定管理办法》对高科技行业的认定，本书将化学原料和化学制品制造业（C26）、医药制造业（C27）、化学纤维制造业（C28）、铁路船舶航空航天和其他运输设备制造业（C37）、计算机通讯及其他电子设备制造业（C39）、仪器仪表制造业（C40）、信息传输软件和信息服务业（I63/I63/I65）确定为高科技企业，其他为非高科技企业。进而考察董事会友好性对公司创新投入及创新绩效的影响在高科技企业样本中和非高科技企业样本中是否存在显著差异。由于董事会社会友好性对公司创新的影响在国有企业样本和非国有企业样本中没有显著差异，因此本书仅研究董事会人口统计学特征友好性在国有企业和非国有企业样本中对创新投入及创新绩效的影响。

表3-9中模型（1）和模型（2）是在高科技企业样本及非高科技企业样本中董事会人口统计学特征友好性对创新投入影响的 Tobit 回归，结果表明在高科技企业样本中，董事会人口统计学特征友好性与创新投入存在显著的正相关关系，且在1%的水平下显著，董事会人口统计学特征友好性与企业监督需求的交互项与创新投入存在显著的负相关关系，且在5%的水平下显著，而在非高科技企业样本中均不显著。表3-9中模型（3）和模型（4）是在高科技企业样本及非高科技企业样本中董事会人口统计学特征友好性对创新绩效影响的 Poisson 回归，结果表明在高科技企业样本中，董事会人口统计学特征友好性与创新绩效存在显著的正相关关系，且在1%的水平下显著，董事会人口统计学特征友好性与企业负的绩效反馈的交互项与创新绩效存在显著的负相关关系，且在5%的水平下显著，而在非高科技企业样本中均不显著。

表3-9 董事会人口统计学特征友好性对公司创新的影响（按行业性质分样本）

变量	模型（1） 高科技企业 Tobit Rdintensity	模型（2） 非高科技企业 Tobit Rdintensity	模型（3） 高科技企业 Poisson Iapply	模型（4） 非高科技企业 Poisson Iapply
Size	0.0011 (0.84)	-0.0011 (-1.83)	0.6200 *** (15.36)	0.8170 *** (26.73)

续表

变量	模型（1） 高科技企业 Tobit Rdintensity	模型（2） 非高科技企业 Tobit Rdintensity	模型（3） 高科技企业 Poisson Iapply	模型（4） 非高科技企业 Poisson Iapply
Age	−0.0017*** (−5.37)	−0.0018*** (−12.46)	−0.0143* (−1.87)	0.0095* (1.69)
Lev	−0.0518*** (−9.20)	−0.0210*** (−7.93)	−0.656*** (−3.15)	−0.0652 (−0.36)
Above_aispir	0.0484 (1.57)	−0.0362** (−2.30)	0.3890*** (3.99)	−0.1770** (−2.17)
SOE	0.0039 (1.09)	−0.0016 (−1.05)	−0.304 (−0.15)	2.435 (0.96)
Duality	−0.0045** (−2.43)	−0.0012 (−1.42)	0.0799 (1.04)	0.0384 (0.58)
CEOtenure	−0.0011** (−2.17)	1.36e−05 (0.06)	0.0334 (0.89)	0.0011 (0.05)
Indepratio	0.0310* (1.86)	0.0183** (2.56)	0.9960 (1.48)	0.1110 (0.22)
Indepworkplace	0.0039** (2.44)	0.0003 (0.45)	0.0895 (1.28)	0.0456 (0.85)
Boardshare	0.0002** (2.65)	0.0001** (3.22)	0.0007 (0.31)	0.0004 (0.26)
Boardpolitical	−0.0087 (−1.32)	−0.0024 (−0.83)	−0.4350 (−1.23)	−0.3370 (−1.26)
Top1	−0.0368*** (−3.19)	−0.0182*** (−3.79)	−0.5590* (−1.74)	0.2390 (0.89)
Sharebalance	0.0038* (1.66)	0.0017 (1.57)	0.0531 (0.66)	0.0153 (0.18)
Market	0.0024* (2.52)	0.0007 (1.52)	0.1200*** (5.71)	0.1110*** (5.42)

续表

变量	模型（1） 高科技企业 Tobit Rdintensity	模型（2） 非高科技企业 Tobit Rdintensity	模型（3） 高科技企业 Poisson Iapply	模型（4） 非高科技企业 Poisson Iapply
Competition	0.0128 (0.96)	0.0033 (0.82)	1.6010*** (4.95)	1.2140** (2.57)
Monitoring	−0.0002 (−0.56)	0.0002 (0.87)	−0.0550** (−2.38)	−0.0724*** (−3.35)
Below_aispir	−0.0720*** (−3.61)	0.0027 (0.27)	5.1100*** (3.70)	3.3710*** (2.83)
Rdintensity			6.1090*** (10.62)	10.6600*** (14.81)
Demsim	0.0069*** (2.84)	−0.0001 (−0.12)	0.4480*** (3.81)	−0.0067 (−0.07)
Demsim × Competition	0.0011 (1.56)	0.0004 (1.28)	0.0212 (0.92)	0.0475 (1.28)
Demsim × Monitoring	−0.0011** (−2.18)	7.64e−05 (0.30)	−0.0085 (−0.32)	−0.0328 (−1.12)
Demsim × Below_aispir	−0.0003 (−0.74)	0.0003 (0.99)	−0.0822*** (−3.26)	0.0063 (0.20)
Constant	0.0332 (0.97)	0.0819*** (5.82)	−14.43*** (−14.75)	−17.92*** (−22.00)
Year	Yes	Yes	Yes	Yes
Pseudo R^2			0.3267	0.5526
Wald chi^2	329.72	568.07	906.72	7905.16
log likelihood	5404.06	10221.109		
N	2896	5725	2896	5725

注：*、**、***分别表示在10%、5%、1%的水平下显著。括号内为回归系数的t值。

资料来源：根据样本数据整理。

2. 国企和非国企的分样本检验

已有研究表明，国有企业和民营企业的创新投入水平及创新效率存在差异（Zhou et al.，2017；董晓庆等，2014），因此本研究按照企业所有权性质差异分样本来检验董事会友好性对公司创新投入及创新绩效的影响，有助于更好地观测和分析在不同所有权性质下，董事会友好性影响公司创新战略决策的有效性。

表 3 - 10 中，模型（1）和模型（2）分别为国有企业和非国有企业样本下，董事会人口统计学特征友好性对创新投入影响的 Tobit 回归结果，结果表明董事会人口统计学特征友好性在国有企业样本和非国有企业样本中均与创新投入存在显著的正相关关系，且在 5% 的水平下显著。但是董事会人口统计学特征友好性与企业监督需求的交互项与创新投入的负相关关系仅在非国有企业样本中显著。模型（3）和模型（4）分别为国有企业和非国有企业样本下，董事会人口统计学特征友好性对创新绩效影响的 Poisson 回归结果，结果表明董事会人口统计学特征友好性仅在民营企业样本中与创新投入存在显著的正相关关系，且在 1% 的水平下显著。董事会人口统计学特征友好性与企业负的绩效反馈的交互项与创新绩效的负相关关系仅在非国有企业样本中显著，且在 1% 的水平下显著。

表 3 - 10　董事会人口统计学特征友好性对公司创新的影响（按企业性质分样本）

变量	模型（1）国有企业 Tobit Rdintensity	模型（2）非国有企业 Tobit Rdintensity	模型（3）国有企业 Poisson Iapply	模型（4）非国有企业 Poisson Iapply
Size	0.0017 * (1.92)	0.0007 (0.81)	0.7290 *** (21.81)	0.7620 *** (18.33)
Age	− 0.0012 *** (− 5.80)	− 0.0014 *** (− 7.21)	0.0083 (1.22)	− 0.0069 (− 0.96)
Lev	− 0.0143 *** (− 3.50)	− 0.0410 *** (− 11.69)	− 0.4200 * (− 1.93)	0.7850 *** (4.67)

变量	模型（1）国有企业 Tobit Rdintensity	模型（2）非国有企业 Tobit Rdintensity	模型（3）国有企业 Poisson Iapply	模型（4）非国有企业 Poisson Iapply
Above_aispir	-0.0294 (-1.28)	0.0109 (0.53)	-2.7440 (-1.16)	2.7600 (1.36)
Duality	-0.0009 (-0.57)	-0.0031*** (-2.79)	0.141 (1.23)	0.0185 (0.33)
CEOtenure	-0.0003 (-0.92)	-0.0005 (-1.48)	0.0128 (0.41)	0.0123 (0.44)
Indepratio	0.0018 (0.16)	0.0026 (0.26)	1.0410 (1.72)	0.2540 (0.52)
Indepworkplace	0.0011 (1.15)	0.0027*** (2.76)	0.0728 (1.02)	0.0760 (1.37)
Boardshare	0.0003 (1.41)	0.00001*** (2.85)	-0.0052 (-0.52)	0.0012 (0.81)
Boardpolitical	-0.0088* (-1.92)	-0.0028 (-0.72)	-0.3020 (-0.99)	-0.3490 (-1.32)
Top1	-0.0114 (-1.52)	-0.0262*** (-3.89)	0.0996 (0.32)	-0.1670 (-0.58)
Sharebalance	0.0021 (1.22)	0.0003 (0.19)	0.0163 (0.13)	0.0018 (0.03)
Market	0.0023*** (3.67)	0.0011* (1.84)	0.1310*** (5.51)	0.0935*** (5.15)
Competition	0.0246*** (3.67)	0.0081 (1.24)	2.1870*** (5.96)	1.2240** (2.71)
Monitoring	-0.0005* (-1.73)	0.0002 (0.99)	-0.0529 (-1.54)	-0.0599*** (-3.94)
Below_aispir	-0.0032 (-0.21)	-0.0391** (-3.02)	5.1600*** (3.29)	3.4920** (3.09)
Rdintensity			8.9300*** (9.05)	7.1410*** (13.15)

续表

变量	模型（1）国有企业 Tobit Rdintensity	模型（2）非国有企业 Tobit Rdintensity	模型（3）国有企业 Poisson Iapply	模型（4）非国有企业 Poisson Iapply
Demsim	0.0035 ** (2.08)	0.0013 ** (1.97)	0.0569 (0.39)	0.3450 *** (3.87)
Demsim × Competition	2.98e − 05 (0.08)	0.0002 (0.54)	0.0168 (0.45)	0.0209 (0.80)
Demsim × Monitoring	0.0001 (0.32)	− 0.0007 ** (− 2.11)	− 0.0180 (− 0.33)	− 0.0288 (− 1.38)
Demsim × Below_aispir	0.0003 (0.75)	− 0.0002 (− 0.84)	0.0164 (0.32)	− 0.0608 *** (− 2.91)
Constant	− 0.0306 (− 1.26)	0.0235 (0.87)	− 16.8400 *** (− 20.48)	− 16.9200 *** (− 15.35)
Year	Yes	Yes	Yes	Yes
Industry	Yes	Yes	Yes	Yes
Pseudo R^2			0.5762	0.3769
Wald chi^2	739.16	1207.70	7792.53	3325.92
log likelihood	4810.729	10613.006		
N	2891	5730	2891	5730

注：*、**、***分别表示在10%、5%、1%的水平下显著。括号内为回归系数的t值。

资料来源：根据样本数据整理。

表3-11中，第2列和第3列分别为国有企业和非国有企业样本下，董事会社会友好性对创新绩效影响的Poisson回归结果，结果表明董事会社会友好性在国有企业样本中与创新绩效在10%的水平下存在显著的负相关关系。在国有企业样本中，董事会社会友好性与企业监督需求的交互项与创新绩效在5%的水平下存在显著的负相关关系。同样地，在国有企业样本中，董事会社会友好性与企业负的绩效反馈的交互项与创新绩效在5%的水平下存在显著的正相关关系。

表 3 – 11　董事会社会友好性对创新绩效的影响（按企业性质分样本）

变量	Iapply 国有企业	Iapply 非国有企业
Size	0. 7270 *** （21. 74）	0. 7600 *** （18. 07）
Age	0. 0083 （1. 21）	− 0. 0078 （− 1. 08）
Lev	− 0. 4040 * （− 1. 87）	− 0. 7590 *** （− 4. 56）
Above_aispir	− 2. 6470 （− 1. 12）	2. 6600 （1. 30）
Duality	0. 1420 （1. 24）	0. 0036 （0. 06）
CEOtenure	0. 0147 （0. 47）	0. 0047 （0. 17）
Indepratio	0. 9350 （1. 58）	0. 3340 （0. 70）
Indepworkplace	− 0. 0737 （− 1. 04）	0. 0931 * （1. 68）
Boardshare	0. 0050 （0. 53）	0. 0012 （0. 80）
Boardpolitical	− 0. 3280 （− 1. 10）	− 0. 1700 （− 0. 66）
Top1	0. 0885 （0. 28）	− 0. 1740 （− 0. 60）
Sharebalance	− 0. 0217 （− 0. 17）	− 0. 0032 （− 0. 05）
Market	0. 1300 *** （5. 50）	0. 0918 *** （5. 03）

续表

变量	Iapply 国有企业	Iapply 非国有企业
Rdintensity	8. 9150 *** （8. 94）	7. 1980 *** （12. 99）
Competition	2. 1960 *** （6. 19）	1. 1590 ** （2. 43）
Monitoring	－ 0. 0558 （ － 1. 62）	－ 0. 0612 *** （ － 3. 99）
Below_aispir	4. 7260 *** （3. 13）	3. 0830 ** （2. 65）
Socialsim	－ 1. 1100 * （ － 1. 68）	0. 0669 （0. 16）
Socialsim × Competition	0. 0467 （1. 08）	0. 0239 （0. 71）
Socialsim × Monitoring	－ 0. 0783 ** （ － 2. 16）	－ 0. 0180 （ － 1. 09）
Socialsim × Below_aispir	0. 0830 ** （2. 47）	0. 0036 （0. 16）
Constant	－ 16. 82 *** （ － 20. 14）	－ 16. 83 *** （ － 15. 00）
Year	Yes	Yes
Industry	Yes	Yes
Pseudo R^2	0. 5779	0. 3711
Wald chi^2	7506. 86	3179. 97
N	2891	5730

注：＊、＊＊、＊＊＊分别表示在10%、5%、1%的水平下显著。括号内为回归系数的 t 值。
资料来源：根据样本数据整理。

3. 稳健性检验

表3-12为董事会友好性对创新绩效影响的混合的负二项分布回归结

果，模型（1）为董事会社会友好性对创新绩效影响的负二项分布回归结果，结果显示董事会社会友好性与创新绩效在5%的水平下存在显著的负相关关系。模型（2）为董事会人口统计学特征友好性对创新绩效影响的负二项分布回归结果，结果显示董事会人口统计学特征友好性与创新绩效在10%的水平下存在显著的正相关关系。因此，表3-12中负二项分布回归的结果与表3-6及表3-8结果相一致，增加了研究结果的稳健性。

表3-12　董事会人口统计学特征与社会友好性影响创新绩效的负二项分布回归

变量	模型（1） Iapply	模型（2） Iapply
Size	0.6830 *** （36.20）	0.6830 *** （36.17）
Age	-0.0106 ** （-2.78）	-0.0106 ** （-2.77）
Lev	-0.7040 *** （-6.00）	-0.7090 *** （-6.04）
SOE	-0.0117 （-0.25）	-0.0079 （-0.17）
Above_aispir	1.1390 （1.16）	1.1680 （1.19）
Duality	0.0960 ** （2.35）	0.0961 ** （2.35）
CEOtenure	0.0249 （1.62）	0.0269 * （1.74）
Indepratio	-0.0956 （-0.30）	-0.2400 （-0.73）
Indepworkplace	-0.0550 （-1.57）	-0.0562 （-1.61）
Boardshare	0.0011 （1.00）	0.0011 （0.96）

续表

变量	模型（1） Iapply	模型（2） Iapply
Boardolitical	− 0. 4500 *** （ − 2. 89）	− 0. 5230 *** （ − 3. 31）
*Top*1	− 0. 5080 *** （ − 2. 85）	− 0. 5020 *** （ − 2. 82）
Sharebalance	− 0. 1350 *** （ − 3. 03）	− 0. 1370 *** （ − 3. 05）
Market	0. 1300 *** （11. 94）	0. 1300 *** （12. 01）
Rdintensity	14. 4500 *** （22. 94）	14. 3000 *** （22. 60）
Competition	− 0. 2740 （ − 1. 62）	− 0. 2570 （ − 1. 52）
Monitoring	− 0. 0665 *** （ − 6. 13）	− 0. 0646 *** （ − 5. 95）
Below_aispir	3. 6960 *** （6. 00）	3. 7370 *** （6. 07）
Socialsim	− 0. 7340 ** （ − 2. 64）	
Demsim		0. 1040 * （1. 74）
Constant	− 14. 2100 *** （ − 28. 62）	− 14. 2300 *** （ − 28. 61）
Pseudo R^2	0. 0690	0. 0689
LR chi^2	4253. 76	4250. 21
N	8621	8621

注：* 、** 、*** 分别表示在 10% 、5% 、1% 的水平下显著。括号内为回归系数的 t 值。

资料来源：根据样本数据整理。

表 3 – 13 为在回归模型中同时加入董事会人口统计学特征友好性与社会友好性时对创新投入影响的 Tobit 回归结果，结果发现董事会人口统计学特征友好性与创新投入显著正相关，董事会社会友好性与创新投入显著负相关，与表 3 – 5 和表 3 – 7 中的结果相一致。表 3 – 14 为在回归模型中同时加入董事会人口统计学特征友好性与社会友好性时对创新绩效影响的混合的 Poisson 回归结果，结果发现董事会人口统计学特征友好性与创新绩效显著正相关，董事会社会友好性与创新绩效显著负相关，与表 3 – 6 和表 3 – 8 中的结果相一致。

表 3 – 13　　　　　董事会友好性影响创新投入的 Tobit 回归

变量	模型（1） Rdintensity	模型（2） Rdintensity
Size	0. 0008 (1. 39)	0. 0008 (1. 42)
Age	− 0. 0013 *** (− 8. 61)	− 0. 0013 *** (− 8. 62)
Lev	− 0. 0333 *** (− 12. 14)	− 0. 0334 *** (− 12. 17)
Above_aispir	0. 0004 (0. 02)	0. 0006 (0. 04)
SOE	0. 0009 (0. 58)	0. 0009 (0. 62)
Duality	− 0. 0023 ** (− 2. 58)	− 0. 0024 ** (− 2. 60)
CEOtenure	− 0. 0005 ** (− 2. 09)	− 0. 0005 ** (− 2. 09)
Indepratio	− 0. 0028 (− 0. 37)	− 0. 0027 (− 0. 35)
Indepworkplace	0. 0013 * (1. 76)	0. 0013 * (1. 73)

续表

变量	模型（1） Rdintensity	模型（2） Rdintensity
Boardshare	0.0001 *** （3.49）	0.0001 *** （3.52）
Boardpolitical	− 0.0035 （− 1.11）	− 0.0035 （− 1.12）
*Top*1	− 0.0192 *** （− 3.75）	− 0.0193 *** （− 3.77）
Sharebalance	0.0007 （0.64）	0.0007 （0.64）
Market	0.0014 *** （3.21）	0.0014 *** （3.21）
Competition	0.0110 ** （2.24）	0.0110 ** （2.23）
Monitoring	4.58e − 05 （0.23）	5.21e − 05 （0.26）
Below_aispir	− 0.0313 *** （− 3.08）	− 0.0308 *** （− 3.03）
Socialsim	− 0.0062 * （− 1.86）	− 0.0062 * （− 1.86）
Demsim	0.0022 ** （2.12）	0.0021 ** （2.01）
Demsim × Competition		0.0002 （0.62）
Demsim × Monitoring		− 0.0005 * （− 1.86）
Demsim × Below_aispir		− 0.0002 （− 0.80）
Constant	0.0115 （0.62）	0.0113 （0.60）
Year	Yes	Yes

· 143 ·

续表

变量	模型（1） Rdintensity	模型（2） Rdintensity
Industry	Yes	Yes
Wald chi²	2016. 16	2020. 81
log likelihood	15264. 774	15267. 053
N	8621	8621

注：*、**、***分别表示在10%、5%、1%的水平下显著。括号内为回归系数的 t 值。
资料来源：根据样本数据整理。

表 3 – 14　　　　董事会友好性影响创新绩效的 Poisson 回归

变量	模型（1） Iapply	模型（2） Iapply
Size	0. 7230 *** (29. 35)	0. 7220 *** (29. 45)
Age	– 0. 0001 (– 0. 02)	– 2. 40e – 05 (– 0. 01)
Lev	0. 3180 ** (2. 35)	0. 3170 ** (2. 34)
SOE	0. 0656 (1. 02)	0. 0673 (1. 05)
Above_aispir	0. 6410 (0. 39)	0. 6580 (0. 40)
Duality	0. 0803 (1. 54)	0. 0818 (1. 56)
CEOtenure	0. 0075 (0. 36)	0. 0064 (0. 31)
Indepratio	0. 3820 (0. 97)	0. 3750 (0. 96)

变量	模型（1） Iapply	模型（2） Iapply
Indepworkplace	0.0037 （0.09）	0.0011 （0.03）
Boardshare	2.16e − 05 （0.02）	− 6.36e − 05 （ − 0.04）
Boardpolitical	− 0.3630 * （ − 1.72）	− 0.3600 * （ − 1.71）
*Top*1	− 0.0801 （ − 0.39）	− 0.0634 （ − 0.31）
Sharebalance	− 0.0454 （ − 0.76）	− 0.0394 （ − 0.66）
Market	0.1210 *** （8.05）	0.1210 *** （8.05）
Rdintensity	7.6980 *** （15.81）	7.7040 *** （15.98）
Competition	1.5340 *** （5.24）	1.5520 *** （5.35）
Monitoring	− 0.0653 *** （ − 4.08）	− 0.0642 *** （ − 4.01）
Below_aispir	3.9640 *** （4.28）	4.0830 *** （4.47）
Socialsim	− 0.6432 * （ − 1.69）	− 0.6431 * （ − 1.69）
Demsim	0.1810 ** （2.43）	0.1990 ** （2.74）
Demsim × Competition		− 0.0082 （ − 0.35）

变量	模型（1） Iapply	模型（2） Iapply
Demsim × Monitoring		-0.0265 (-1.32)
Demsim × Below_aispir		-0.0472 ** (-2.28)
Constant	-16.29 *** (-25.20)	-16.30 *** (-25.45)
Year	Yes	Yes
Industry	Yes	Yes
Pseudo R^2	0.4682	0.4690
Wald chi^2	8382.87	8557.00
N	8621	8621

注：*、**、***分别表示在10%、5%、1%的水平下显著。括号内为回归系数的 t 值。
资料来源：根据样本数据整理。

（四）控制潜在的内生性问题

由于知识溢出对于创新活动至关重要，地理上的临近性能够增强知识溢出（Jaffe et al.，1993），面对面的沟通及相应的旅行成本是知识溢出及知识传播的一个主要来源，交通基础设施的完善降低了旅行成本，促进面对面沟通的频率，进而有利于知识尤其是缄默的隐性知识的扩散和传递。龙玉等（2017）使用双重差分模型考察高铁通车对风险投资行为变化的影响，发现与非高铁城市相比，高铁开通之后，风险投资对拥有高铁开通城市的投资显著增加，即高铁开通带来的时间和空间的压缩能够促进缄默信息的传递，降低投资人和创业者之间的信息不对称程度。因此，本研究认为企业总部所在地高铁开通的时间既能影响公司的创新活动，又能影响董事会友好性的形成，因为高铁开通使得控股股东或者有权力的 CEOs 想要聘用与其有老乡关系或校友关系的独立董事变得更为便捷，这样独立董事的招聘就不再仅局限于与上市公司所在地同一个城市的独立董事的"供给池"，可以从更广的地域范围内搜寻合适的独立董事候选人，搜索范围的增加还可以提高 CEOs 选聘到与其有人口统计学特征相似性独立董事候选人的概率。因此，考虑到董事会友好性对公司创新影响的回归模型中可能存在遗漏变量的偏差，本研究在回归模型中控制了企业总部所在地高铁的开通时间。

表 3 - 15 为在控制了高铁开通时间之后，董事会人口统计学特征友好性对公司创新影响的回归结果，模型（1）和模型（2）为董事会人口统计学特征友好性对创新投入影响的 Tobit 回归，模型（3）和模型（4）为董事会人口统计学特征友好性对创新绩效影响的 Poisson 回归，结果发现在控制了高铁开通时间之后，董事会人口统计学特征友好性仍对创新投入（10%的水平下）及创新绩效（5%的水平下）存在显著的正相关关系。董事会人口统计学特征友好性与企业监督需求的交互项与创新投入在10%的水平下显著，董事会人口统计学特征友好性与企业负的监督需求的交互项与创新绩效在5%的水平下显著，进一步支持了本研究的假设。

在控制了高铁开通时间之后，董事会社会友好性对公司创新投入及创新绩效的影响，仍与表 3 - 5 和表 3 - 6 的结果相一致，回归结果在此就不再赘述。

表 3 - 15　　董事会人口统计学特征友好性对公司创新的回归（控制高铁开通时间）

变量	模型（1） Tobit Rdintensity	模型（2） Tobit Rdintensity	模型（3） Poisson Iapply	模型（4） Poisson Iapply
Size	0.0007 (1.23)	0.0008 (1.25)	0.7160 *** (29.23)	0.7150 *** (29.32)
Age	- 0.0012 *** (- 8.29)	- 0.0012 *** (- 8.30)	- 0.0003 (- 0.07)	- 0.0004 (- 0.09)

变量	模型（1） Tobit Rdintensity	模型（2） Tobit Rdintensity	模型（3） Poisson Iapply	模型（4） Poisson Iapply
Lev	−0.0334 *** （−12.22）	−0.0335 *** （−12.26）	−0.2770 ** （−2.03）	−0.2760 ** （−2.02）
Above_aispir	0.0016 （0.10）	0.0018 （0.11）	0.0630 （0.99）	0.0647 （1.02）
SOE	0.0008 （0.51）	0.0009 （0.55）	0.9380 （0.57）	0.9510 （0.58）
Duality	−0.0024 ** （−2.65）	−0.0024 ** （−2.67）	0.0763 （1.48）	0.0781 （1.51）
CEOtenure	−0.0005 ** （−2.09）	−0.0005 ** （−2.09）	0.0062 （0.30）	0.0050 （0.24）
Indepratio	0.0031 （0.41）	0.0030 （0.38）	0.3860 （0.99）	0.3770 （0.97）
Indepworkplace	0.0009 （1.32）	0.0009 （1.29）	−0.0326 （−0.74）	−0.0353 （−0.80）
Boardshare	0.0001 *** （3.42）	0.0001 *** （3.45）	−0.0001 （−0.10）	−0.0002 （−0.16）
Boardpolitical	−0.0037 （−1.18）	−0.0037 （−1.18）	−0.3770 * （−1.81）	−0.3740 * （−1.80）
*Top*1	−0.0194 *** （−3.79）	−0.0195 *** （−3.82）	−0.0889 （−0.44）	−0.0715 （−0.35）
Sharebalance	0.0006 （0.55）	0.0006 （0.56）	0.0561 （0.94）	0.0500 （0.84）
Market	0.0008 * （1.68）	0.0008 * （1.68）	0.0964 *** （6.05）	0.0963 *** （6.03）
Competition	0.0112 ** （2.28）	0.0111 ** （2.27）	1.5590 *** （5.32）	1.5760 *** （5.41）

续表

变量	模型（1）Tobit Rdintensity	模型（2）Tobit Rdintensity	模型（3）Poisson Iapply	模型（4）Poisson Iapply
Monitoring	5.39e − 05 (0.27)	6.00e − 05 (0.30)	− 0.0669 *** (− 4.26)	− 0.0658 *** (− 4.19)
Below_aispir	− 0.0315 *** (− 3.11)	− 0.0311 *** (− 3.06)	3.8850 *** (4.18)	4.0000 *** (4.36)
Railwaytime	0.0021 *** (5.07)	0.0021 *** (5.07)	0.0810 *** (6.26)	0.0811 *** (6.27)
Rdintensity			7.4210 *** (15.34)	7.4280 *** (15.51)
Demsim	0.0021 ** (2.03)	0.0020 * (1.91)	0.1760 ** (2.39)	0.1930 ** (2.68)
Demsim × Competition		0.0002 (0.64)		0.0060 (0.26)
Demsim × Monitoring		− 0.0005 * (− 1.87)		− 0.0274 (− 1.39)
Demsim × Below_aispir		− 0.0002 (− 0.76)		− 0.0465 ** (− 2.26)
Constant	0.0029 (0.16)	0.0027 (0.14)	− 16.49 *** (− 25.67)	− 16.49 *** (− 25.90)
Year	Yes	Yes	Yes	Yes
Industry	Yes	Yes	Yes	Yes
Pseudo R²			0.4727	0.4736
Wald chi²	2053.04	2057.77	8654.14	9221.14
log likelihood	15277.019	15279.306		
N	8621	8621	8621	8621

注：*、**、***分别表示在10%、5%、1%的水平下显著。括号内为回归系数的 t 值。
资料来源：根据样本数据整理。

（五）中介效应检验

为了进一步考察董事会友好性对企业价值的影响，以及公司的长期性战略投资（创新投入及创新绩效）是否在董事会友好性与企业价值之间发生中介效应，我们做了中介效应检验，如表3－16所示。

表3－16中模型（1）为所有控制变量对企业绩效（ROE）进行普通最小二乘的回归结果，模型（2）为加入解释变量（Demsim）后的回归结果，模型（3）为包括控制变量、解释变量（Demsim）及创新投入（Rdintensity）之后的回归结果。模型（2）的结果表明，董事会人口统计学特征友好性与ROE在5%的水平下存在显著的正相关关系，系数为0.0121；模型（3）的结果表明，在加入中介变量（Rdintensity）之后，董事会人口统计学特征友好性与ROE仍在5%的水平下存在显著的正相关关系，系数为0.0118，中介变量创新投入与ROE在10%的水平下存在显著的正相关关系，系数为0.0806，表明创新投入在董事会人口统计学特征友好性与企业绩效之间存在部分中介的作用。中介效应的解释力在总效应中占据（0.0121－0.0118）/0.0121×100% ＝2.4%。

表3－16　　董事会人口统计学特征友好性对企业绩效的
影响（创新投入的中介效应）

变量	模型（1） ROE	模型（2） ROE	模型（3） ROE
Size	0.0222 *** (11.58)	0.0223 *** (11.68)	0.0223 *** (11.69)
Age	-0.0020 *** (-5.22)	-0.0019 *** (-5.09)	-0.0019 *** (-4.90)
Lev	-0.1120 *** (-11.28)	-0.1120 *** (-11.25)	-0.1090 *** (-10.81)
Above_aispir	1.5060 *** (21.58)	1.5070 *** (21.60)	1.5080 *** (21.62)

变量	模型（1）ROE	模型（2）ROE	模型（3）ROE
SOE	−0.0186 *** （−3.89）	−0.0188 *** （−3.93）	−0.0189 *** （−3.97）
Duality	−0.0015 （−0.43）	−0.0012 （−0.35）	−0.0010 （−0.29）
CEOtenure	−0.0003 （−0.31）	6.83e−05 （0.06）	8.32e−05 （0.08）
Indepratio	−0.0244 （−0.85）	−0.0401 （−1.36）	−0.0408 （−1.39）
Indepworkplace	−0.0007 （−0.23）	−0.0007 （−0.23）	−0.0009 （−0.31）
Boardshare	0.0003 *** （2.86）	0.0003 *** （2.88）	0.0003 *** （2.81）
Boardpolitical	0.0096 （0.77）	0.0018 （0.14）	0.0021 （0.16）
Top1	0.0594 *** （3.56）	0.0588 *** （3.54）	0.0603 *** （3.62）
Sharebalance	0.0062 （1.55）	0.0059 （1.51）	0.0059 （1.49）
Market	0.0010 （0.88）	0.0010 （0.88）	0.0009 （0.79）
Competition	0.0527 ** （3.16）	0.0533 *** （3.20）	0.0507 *** （3.03）
Monitoring	−0.0018 ** （−2.13）	−0.0019 ** （−2.19）	−0.0018 ** （−2.20）
Below_aispir	1.5380 *** （34.12）	1.5340 *** （34.03）	1.5380 *** （34.08）
Demsim		0.0121 ** （2.67）	0.0118 ** （2.61）

续表

变量	模型（1） ROE	模型（2） ROE	模型（3） ROE
Rdintensity			0.0806 * （1.78）
Constant	－0.4080 *** （－7.83）	－0.4150 *** （－7.98）	－0.4160 *** （－8.00）
Year	Yes	Yes	Yes
Industry	Yes	Yes	Yes
R^2	0.2235	0.2248	0.2247
Wald chi^2	3097.17	3103.91	3108.37
N	8621	8621	8621

注：*、**、***分别表示在10%、5%、1%的水平下显著。括号内为回归系数的 t 值。
资料来源：根据样本数据整理。

表 3 - 17 中模型（1）为所有控制变量对企业绩效（ROE）进行普通最小二乘的回归结果，模型（2）为加入解释变量（Demsim）及创新投入（Rdintensity）后的 OLS 回归结果，模型（3）为包括控制变量、解释变量（Demsim）及创新绩效（Iapply）之后的回归结果。模型（2）的结果表明，董事会人口统计学特征友好性与 ROE 在 5% 的水平下存在显著的正相关关系，系数为 0.0118；模型（3）的结果表明，在加入中介变量（Iapply）之后，董事会人口统计学特征友好性与 ROE 仍在 5% 的水平下存在显著的正相关关系，系数为 0.0116，中介变量创新绩效与 ROE 在 1% 的水平下存在显著的正相关关系，系数为 0.0001。但是，中介变量创新投入与 ROE 之间的正相关关系不再显著。表明创新绩效在董事会人口统计学特征友好性与企业绩效之间存在部分中介的作用。中介效应的解释力在总效应中占据（0.0118 - 0.0116）/0.0118 × 100% = 1.69%。

表 3 - 17 董事会人口统计学特征友好性对企业绩效的
影响（创新绩效的中介效应）

变量	模型（1） ROE	模型（2） ROE	模型（3） ROE
Size	0.0222 *** （11.59）	0.02230 *** （11.69）	0.0203 *** （10.27）
Age	− 0.0019 *** （− 5.01）	− 0.0019 *** （− 4.90）	− 0.0019 *** （− 4.94）
Lev	− 0.1090 *** （− 10.82）	− 0.1090 *** （− 10.81）	− 0.1090 *** （− 10.85）
SOE	− 0.0188 *** （− 3.93）	− 0.0189 *** （− 3.97）	− 0.0198 *** （− 4.16）
Above_aispir	1.5070 *** （21.60）	1.5080 *** （21.62）	1.5040 *** （21.58）
Duality	− 0.0013 （− 0.36）	− 0.0010 （− 0.29）	− 0.0009 （− 0.26）
CEOtenure	− 0.0003 （− 0.28）	8.32e − 05 （0.08）	0.0001 （0.09）
Indepratio	− 0.0256 （− 0.89）	− 0.0408 （− 1.39）	− 0.0434 （− 1.48）
Indepworkplace	− 0.0009 （− 0.31）	− 0.0009 （− 0.31）	− 0.0008 （− 0.29）
Boardshare	0.0003 ** （2.79）	0.0003 *** （2.81）	0.0003 *** （2.78）
Boardpolitical	0.0097 （0.78）	0.0021 （0.16）	0.0014 （0.11）
*Top*1	0.0609 *** （3.65）	0.0603 *** （3.62）	0.0584 *** （3.51）
Sharebalance	0.0060 （1.53）	0.0059 （1.49）	0.0058 （1.48）

变量	模型（1） ROE	模型（2） ROE	模型（3） ROE
Market	0.0009 （0.79）	0.0009 （0.79）	0.0007 （0.60）
Rdintensity	0.0849 * （1.88）	0.0806 * （1.78）	0.0586 （1.29）
Competition	0.0500 *** （2.99）	0.0507 *** （3.03）	0.0495 *** （2.97）
Monitoring	－ 0.0018 ** （－2.15）	－ 0.0019 ** （－2.20）	－ 0.0018 ** （－2.18）
Below_aispir	1.5410 *** （34.18）	1.5380 *** （34.08）	1.534 *** （34.02）
Demsim		0.0118 ** （2.61）	0.0116 ** （2.57）
Iapply			0.0001 *** （3.74）
Constant	－ 0.4090 *** （－7.87）	－ 0.4160 *** （－8.00）	－ 0.3680 *** （－6.89）
Year	Yes	Yes	Yes
Industry	Yes	Yes	Yes
R^2	0.2235	0.2247	0.2274
Wald chi^2	3102.16	3108.37	3124.81
N	8621	8621	8621

注：*、**、***分别表示在10%、5%、1%的水平下显著。括号内为回归系数的 t 值。
资料来源：根据样本数据整理。

三、讨论与结论分析

整合上述研究内容，本研究对董事会社会友好性及人口统计学特征友好性如何影响公司创新投入及创新绩效进行了理论分析及实证检验。研究发现，独立董事与 CEOs 之间基于校友关系和老乡关系形成的董事会社会友好性不利于公司的创新投入水平及创新绩效的提升，这可能是在中国注重人情关系的文化情境下，董事会社会友好性会强化独立董事对管理层的依附，变得更不独立，会加重管理者在长期性战略投资中的机会主义行为，进而作出不利于股东价值和企业价值的战略决策，本章的竞争性假设 H1c 及假设 H1d 基本得到支持。行业的竞争程度与董事会社会友好性的交互项与企业的创新投入和创新绩效虽然呈正相关关系，但是并不显著，因此，假设 H3a 没有得到支持。企业的监督需求能够显著地负向调节董事会社会友好性与创新绩效之间的关系，也就是说当企业的监督需求比较高时，董事会社会友好性的提高对公司创新绩效的遏制效应越明显，验证了企业的监督需求越高，越需要董事会的监督的理论观点，这时友好的董事会会加重管理者的"堑壕"，不利于公司价值的增加，假设 H4a 得到了部分支持。企业负的绩效反馈能够显著地正向调节董事会社会友好性与创新投入及创新绩效之间的关系，也就是说当企业绩效与历史期望绩效之间的负向差距越小时，相比于企业绩效与历史期望绩效之间的负向差距更大时，董事会社会友好性对公司创新投入及创新绩效的负向影响作用更弱。在本章的研究情境中，董事会的社会友好性会加重管理者的机会主义行为和代理问题，因此，当企业绩效与历史期望绩效之间的负向差距越大时，以 CEOs 为代表的高管团队越不可能进行长期的研发投资及远距离的、新颖式的创新搜寻活动，企业的创新绩效越差，因此，竞争性假设 H5b 得到了支持，具体结果如表 3 - 18 所示。

表 3 - 18　　　　　　　　　　研究假设通过情况汇总

研究假设	假设内容	研究结果
H1a	董事会的社会友好性程度越高，公司的创新投入水平越高	未支持
H1b	董事会的社会友好性程度越高，公司的创新绩效越高	未支持

研究假设	假设内容	研究结果
H1c	董事会的社会友好性程度越高，公司的创新投入水平越低	支持
H1d	董事会的社会友好性程度越高，公司的创新绩效越低	支持
H2a	董事会的人口统计学特征友好性程度越高，公司的创新投入水平越高	支持
H2b	董事会的人口统计学特征友好性程度越高，公司的创新绩效越高	支持
H3a	行业的竞争程度正向调节董事会的社会友好性与公司创新（投入）绩效之间的关系	未支持
H3b	行业的竞争程度正向调节董事会的人口统计学特征友好性与公司创新（投入）绩效之间的关系	未支持
H4a	企业的监督需求负向调节董事会的社会友好性与公司创新（投入）绩效之间的关系	部分支持
H4b	企业的监督需求负向调节董事会的人口统计学特征友好性与公司创新（投入）绩效之间的关系	部分支持
H5a	企业负的绩效反馈负向调节董事会的社会友好性与公司创新（投入）绩效之间的关系	未支持
H5b	企业负的绩效反馈正向调节董事会的社会友好性与公司创新（投入）绩效之间的关系	支持
H5c	企业负的绩效反馈负向调节董事会的人口统计学特征友好性与公司创新（投入）绩效之间的关系	部分支持

与本研究的理论预期一致，独立董事与 CEOs 人口统计学特征的友好性与公司创新投入及创新绩效均呈显著的正相关关系，表明基于人口统计学特征相似性产生的友好性能够增加 CEOs 与独立董事之间的相似吸引，更可能使 CEOs 把相似的独立董事归为"内群组"，可以减轻 CEOs 所面临的业绩目标实现的压力，分配更多的注意力到研发投资及高质量的探索性活动中；由同源性产生的"内群组"归类会增加对独立董事的信任感知，更愿意为董事会提供企业专有的信息，进而提高董事会在创新项目的选择中及高质量的发明专利的搜寻活动中所提供建议的质量，因此，假设 H2a

及假设 H2b 基本得到支持。

董事会的人口统计学特征友好性与行业竞争程度的交互项与创新投入及创新绩效虽然呈正相关关系，但是并不显著，假设 H3a 和假设 H3b 没有得到支持。董事会的人口统计学特征友好性与企业监督需求的交互项与创新投入存在显著的负相关关系，但是与创新绩效之间的关系不显著，假设 H4b 得到了部分支持。表明随着董事会监督需求的提高，管理者的代理问题更加严重，这时董事会的人口统计学特征的友好性并不利于董事会的有效监督，管理者代理问题提高引致的成本会超过董事会友好性带来的收益，因此，董事会人口统计学特征友好性与创新投入之间的正向关系被弱化。

董事会人口统计学特征友好性与企业负的绩效反馈的交互与创新绩效存在显著的负相关关系，但是与创新投入之间的关系不显著，假设 H5c 得到了部分支持。表明当企业的绩效下跌即负向偏离于历史期望水平越严重时，管理者在人口统计学特征友好的董事会支持之下越可能进行更大幅度及更大程度的问题化搜寻，来寻求解决问题的方案，即从事更多的突破式创新。当下跌的绩效临近期望参照点时，管理者搜寻的范围和深度会下降，董事会人口统计学特征友好性对于高管建议的寻求及董事会的建议供给，以及董事会与高管团队之间的信任关系为高管提供的担保效应对于提高创新质量的效应会减弱。

此外，本研究还按照企业所属的行业性质及企业所有权性质进行划分，作了一系列的进一步检验，结果发现董事会人口统计学特征的友好性对创新投入和创新绩效的正向影响，企业监督需要的负向调节效应及企业负的绩效反馈的负向调节效应，均在高科技企业样本及非国有企业样本中变得更加显著，在非高科技企业样本及国有企业样本中均不显著。这表明高科技企业相比于非高科技企业对创新投入水平及创新质量的要求更高，这时董事会人口统计学特征友好性对公司创新投入及创新绩效带来的收益会更加凸显。当高科技企业的监督需求比较高时，董事会人口统计学特征友好性对于企业创新投入的正向关系会在更大程度上被减弱。高科技企业负向偏离于历史期望水平的程度越大时，以 CEOs 为代表的高层管理者更可能把企业绩效的下跌归因于创新能力的下降，会在更大程度上发起"问题式"搜寻及"远距离"的搜寻活动。由于非国有企业相比于国有企业会面临资源及政府优待性政策的劣势、企业之间更强程度的竞争，而且"经理人市场"及公司治理的监督机制与激励机制在非国有企业中也更为有效，以 CEOs 为代表的高管薪酬会体现出更强的业绩敏感性，高管因差的业绩表现更可能会被解雇。这就使得非国有企业的高管在一定程度上会有风险规避的倾向，因此，董事会的人口统计学特征友好性为以 CEOs 为代表的高管提供的信任感知、支持会在更大程度上缓解管理者的短视倾向及面临的业绩目标实现的压力。因此，董事会人口统计学特征友好性对促进公司创新投入水平及创新绩效的提升的效果在非国有企业样本中会更加显著。

本研究还发现董事会社会友好性对创新绩效的负向影响，董事会社会友好性与企业监督需求的交互项对创新绩效的负向影响及董事会社会友好性与负的绩效反馈对创新绩效的正向影响，均在国有企业样本中显著，在非国有企业样本中不显著。这说明国有企业由于"所有者缺位"引致的代理问题更加严重，基于校友关系及老乡关系形成的董事会社会友好性会加重国有企业的代理问题，因此，使得董事会社会友好性在国有企业中更加不利于创新绩效的提高。

最后，本研究进一步考察了董事会友好性与企业价值之间的关系，发现董事会人口统计学特征友好性能够显著提高企业的价值（ROE），并且创新绩效能够在董事会人口统计学特征友好性与 ROE 之间起到部分中介的作用。但是并没有发现董事会社会友好性能够带来企业价值的提高。

四、本章小结

综上所述，本章的研究结果表明，基于独立董事与 CEOs 之间人口统计学特征的相似性形成的董事会人口统计学特征的友好性能够优化公司的长期性战略投资决策，具体表现为，能够通过影响以 CEOs 为代表的高管的注意力分配、增加以 CEOs 为代表的高管的信任感知、增强以 CEOs 为代表的高管的信息供给意愿及质量的内在过程来促进公司创新投入水平及提高创新绩效。但是基于独立董事与 CEO 之间的校友关系和老乡关系形成的董事会社会友好性会降低公司的创新投入水平及创新绩效。本章的研究还发现，董事会人口统计学特征友好性不仅能够促进公司长期性的战略投资如研发，还可以提高企业的绩效，其中，创新绩效在董事会人口统计学特征友好性与企业绩效之间发挥部分中介效应。

第四章
监督密集型董事会
对公司创新的影响

本章主要讨论监督密集型董事会对公司长期性战略投资决策——创新投入及创新绩效的影响。具体地，本章内容主要分为三个部分：第一节为监督密集型董事会对公司创新投入及创新绩效影响的理论分析与研究假设的提出，以及行业的竞争程度、企业的建议需求及企业负的绩效反馈对监督密集型董事会与创新投入及创新绩效之间关系的调节效应。第二节为研究设计与研究方法，主要包括研究变量的选取与度量、研究模型的构建以及所使用研究方法的介绍。第三节为实证结果、进一步分析、稳健性检验及结论与讨论。

第一节　理论分析与研究假设

有关董事会监督的文献认为更大规模的董事会能够增强董事会的监督能力，由于监督任务的困难性，复杂程度越高的企业越需要更大规模的董事会（Coles et al. , 2008），然而，也有学者认为董事的数量过多不利于董事会的凝聚力及决策制定（Eisenberg et al. , 1998）。利普顿和洛尔施（Lipton and Lorsch, 1992）认为董事数量过多会产生惰性和搭便车问题，詹森（1993）也认为由于整合和沟通问题产生的决策制定的无效率使得大规模的董事会缺乏效率。拉赫贾（Raheja, 2005）认为内部董事与外部董事之间的沟通问题会降低董事会的有效性。规模更大的董事会企业绩效的可变性较低，表明更大规模的董事会要想获取一致性需要作出更多的折中，并且董事会决策的极端性也随着董事会规模的扩大而下降（Cheng，2008）。

哈里森（Harrison，1987）的研究表明子委员会有助于降低董事会中的沟通问题及搭便车问题，因为在子委员会中任职的这些董事现在有了更为特定的任务或责任。社会心理学中的实验研究发现任务复杂性和独特性降低了群组中社会懈怠的问题。里布和乌帕德哈伊（Reeb and Upadhyay，2010）认为通过把董事会的职权委派给不同的子委员会可以提高董事会的有效性，公司治理委员会结构设计有双重目的，可以降低董事会的沟通及整合问题，并降低董事个体的社会懈怠。1940~2003年，有关子董事会结构的主要管制要求是设立审计委员会，从2003年开始，美国主要的证券交易所规定公司设定薪酬及提名或其他的公司治理委员会。因此，2003年之后，美国上市公司董事会被要求设定3个监督子委员会。与此同时，美国上市公司董事会的构成也发生了很大的改变，董事会的独立性也变得更高（Linck et al.，2008）。

一、监督密集型董事会对公司创新的影响

20世纪初期，安然、世通等公司丑闻的频发导致公司治理及管理者所承担的责任受到了更多的质疑，尽管提出很多解决方案，但是最常见的解决方案仍然是增强董事会的独立性及独立董事的监督能力。美国的主要交易所如纽约证券交易所和纳斯达克证券交易所要求上市公司三个主要的董事会监督委员会（审计、薪酬及提名）至少由三名独立董事构成，中国证监会2018年修订的《上市公司治理准则》要求上市公司审计委员会、提名委员会、薪酬与考核委员会中独立董事应当占据多数并担任召集人。这样的要求限制了董事会委派不同类型董事委员会成员身份的结构化自由，使很多独立董事同时在多个监督委员会中任职，在监督职责中投入大量的时间。由于这些委员会的主要职责涉及监督高管层，投入大量董事

会资源在委员会中可以提高董事会监督的质量（Vafeas，2005）。

此外，不同的子委员会如审计、提名及薪酬委员会都需要通过委员会定期向董事会汇报他们的行为，成员可以转移有关他们各自委员会讨论得出结论的"显性"知识（Brandes，Dharwadkar and Suh，2016；Forbes and Milliken，1999）。给定时间的限制及信息复杂性，这些子委员会的报告编撰显性的知识可以为董事会的决策与监督提供重要的信息。然而，董事会成员存储的企业特定的"隐性"知识并不容易公开化，这些隐性知识嵌入在个体中，不同于显性知识，不能够被容易地沟通，隐性知识来自有关管理层对企业财务报告假设的委员会特定的讨论。

同时在多个委员会中任职的独立董事能够掌握企业"特定的"风险因素的完整信息，比如，根据历史推测，管理层估计应收账款可能会存在5%的坏账率，但是出于对消费者信心及行业整体销售情况下降的考虑，审计委员会成员认为坏账率可能是6%或7%，如果管理者使用5%的比例来估计，虽然符合一般公认会计准则（GAAP），但是企业绩效却被虚增了。这仅仅是管理层在作出会计选择时拥有的自由度的一个例子，在财务报告的过程中，相似的企业特定的会计评价和估计也会同样被作出，最终会影响企业绩效。尽管审计委员会成员对管理者的自由裁量权有更深入的了解，但仅通过董事会的显性信息传递，这种微妙的信息对其他不在审计委员会中任职的董事来说并不是显而易见的（Osterloh and Frey，2000），也就是说由于个体对团队产出所贡献的隐性知识并不能被很好地量化及给予相应合理的报酬，因此，董事个体所拥有的隐性知识更难被转移。

卡莱尔（Carlile，2004）强调了组织内边界旗帜者在促进隐性知识在不同的领域之间转移的重要作用。布兰德斯等（Brandes et al.，2016）的研究发现，同时在审计和薪酬委员会中任职的董事有助于信息和知识及时地在两个委员会之间传递，"链接"董事（link-pin directors）掌握更多有关管理者决断权及企业绩效的信息，能够增加董事会履行监督和利益一致职能的有效性，进而降低高管薪酬水平及影响薪酬组合。贝维等（Boivie et al.，2016）认为只有当董事会能够有效地获取正确的信息，并基于董事个体及董事会共享的专长对信息进行处理，然后与相关的利益方分享时，才能够为企业创造价值。在多个监督委员会中任职的独立董事可以对公司的运作及其运营环境有更为全面的了解，更广泛的了解及信息不仅有助于董事作出深思熟虑及高质量的决策，还显著地提高了董事会的监督能力。

然而，董事会监督的提高也是有成本的，霍姆斯特姆（Holmstrom，2005）认为强监督会降低 CEOs 与董事尤其是外部独立董事之间的信任水平，进而降低 CEOs 与独立董事分享战略信息的意愿。亚当斯和费雷拉（2007）提出的模型中表明 CEOs 不愿与监督过多的董事会进行沟通，这会降低董事会为以 CEOs 为代表的高管团队提供建议的质量，因为独立董事建议角色的发挥在很大程度上依赖 CEOs 提供的信息（Song and Thakor，2006；Adams and Ferreira，2007）。给定独立董事的时间是有限的资源，增加投入在监督上的时间会降低投入在建议上的时间，会使董事感知他们的主要职责是监督管理层而规避为管理层提供战略建议。

菲希和施瓦达萨尼（Fich and Shivdasani，2006）及科尔等（Core et al.，1999）发现，在多个上市公司董事会中任职导致董事精力过度分散时，董事会的有效性会降低。给定董事会任职所带来的威望和薪酬，每一个额外的董事会任职预期的边际效用是严格为正的，因此，董事可以理性地分配投入每一个董事会中的时间和精力。相反，董事在一个特定董事会中预期的效用是相对固定的，当董事会增强他们的监督职责时，理性的独立董事并不会显著地增加投入到特定董事会中的时间，相应地，他们会降低投入到其他职责如建议中的时间。

相似地，有关组织公平的文献表明在多个监督委员会中任职的独立董事会感知到不公平，如果他们还需要参与董事会的建议职责，这些董事会降低投入到建议中的努力程度以重塑平等感知（Colquitt et al.，2001）。近年来，随着董事诉讼风险的增加，董事面临监督与建议职责之间的折中使得他们倾向于分配更多的时间在监督活动中，以降低诉讼风险。董事会的密集性监督使独立董事将更少的时间、更少的信息及更少的精力投入到建议中，这有损董事会为企业创造价值的能力。此外，监督密集型董事会降低 CEOs 对董事会的信任感知，使 CEOs 感知到更弱的董事会支持进而加重管理者的"短视"，董事会的信任和支持对于鼓励以 CEOs 为代表的高管层投资于风险性高的和价值增加的长期性项目如公司创新至关重要。创新需要培育企业特定的人力资本及容忍试验、试错及失败的潜在风险，这就需要 CEOs 感知董事会是支持的，并且为 CEOs 提供无形的担保，使之承担战略风险。密集型监督有损 CEOs 对董事会的信任及支持程度的感知，致使 CEOs 更多地聚焦于常规的、路径化的项目，而不是有较高风险的创新活动。

注意力是"注意、理解及聚集时间和努力"（Ocasio，1997）。亚达夫等（Yadav et al.，2007）把 CEOs 的注意力分为两个维度——跨期的和空间的，并且认为 CEOs 的注意力是企业创新的一个关键的驱动因素，CEOs 聚焦的问题反映了他们配置稀缺的注意力资源时的决断权，CEOs 如何利用这种决断权对企业识别、开发和利用新技术有重要的影响。CEOs 影响企业内部其他管理者及员工所关注的信息及该信息如何被理解。CEOs 主要通过沟通及实质性或象征性的行为来传递他们的注意力所聚焦的事情，有助于塑造企业的文化和活动。CEOs 的一个关键战略角色是使员工的注意力放在对企业生产和成长关键的活动上，对企业行为的解释就是让员工明白战略决策者如何分配他们注意力的过程。

CEOs 的注意力会面临竞争性的需求，事实上，对于很多企业来说稀缺的资源已不再是信息，是关注特定信息的处理能力。注意力是组织活动的一个瓶颈因素，人们如何在竞争性的事物之间聚焦注意力？大量的研究认为可以通过选择和预期来聚焦注意力。选择和预期的准则及 CEOs 在聚焦企业注意力中重要的角色表明，CEOs 分配越多的注意力到特定的问题和事件中时，会导致更强的意识、预期和行为。成功的创新需要企业在很多任务中投入努力，每一种任务都需要注意力资源，其中最为关键的任务是识别、开发和利用新的技术。识别是指识别新技术及该技术未来的应用；开发是指把一个新产品的想法转化为在市场中发现的产品的过程；利用是指在新产品上市之后对已有特征功能的增减和改善。识别、开发和利用需要对外部机会的警觉及对未来事件的预期。

亚达夫等（2007）认为CEOs的跨期注意力（强调还未发生的事件）和空间注意力（强调发生在公司外部的事件）能够增加机会识别的警觉感，进而影响企业创新的结果。当CEOs将注意力聚焦于未来和外部的事件时，他们的沟通和行为会反映这种聚焦，并促使员工关注未来的机会及企业之外的事件。相应地，这会使企业更快地识别新技术及技术机会，对未来事件更多的关注也会对未来发生的行为有更好的准备，促使对基于新技术的创新更快的开发及更广泛的利用。因此，当董事会的监督密集性程度比较高时，会转移和改变CEOs的注意力分配范围和区间，较高水平的董事会监督会使得CEOs感知到更大的实现业绩目标的任务压力，更多地关注当前的短期目标实现，而减弱对跨期注意力和空间注意力的配置，进而降低公司的创新投入水平，还会增加以CEOs为代表的高管团队对董事会的不信任感知，强化高管的短视倾向，进而降低公司的创新投入水平。监督密集型董事会影响公司创新投入与创新绩效的内在机制如图4-1所示。

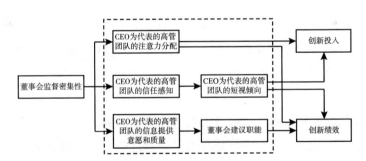

图4-1　监督密集型董事会影响公司创新投入与创新绩效的内在机制

综上，本研究提出以下假设：

H1：其他条件不变的情况下，董事会监督密集程度越高，公司的创新投入水平越低。

由于信息与组织的运作、管理及企业经营的商业环境、竞争对手的绩效和活动有关，有价值的信息可以降低交易成本及不确定性，有利于企业识别创新机会。增加董事能获取的信息数量和质量能够提高董事会监督的有效性（O'Neal and Thomas，1996）。高水平的董事会控制和监督会导致CEOs 对独立董事的不信任感知，进而会降低董事会—CEO 战略合作的可能性，增加高管的短视倾向，还会降低以 CEOs 为代表的高管对董事会主动提供和分享战略信息的意愿及信息的质量，董事会能够获取的低质量的信息不利于其在创新决策中提供有价值的建议，进而降低企业的创新绩效。

此外，当以 CEOs 为代表的高管团队面临更强的董事会监督时，高管的注意力分配及短视倾向会加重对专利数量的追逐而不是专利的质量。创新战略有较强的复杂性，董事会的建议能够为管理层提供更多元化的观点及在管理者能力范围之外的专长，这有助于对新技术的探索。但是监督密集型的董事会会使管理者聚焦于利用已有的技术及开发技术含量低的创新活动以最大化平均的结果而不是开创突破性的技术。由于监督能力更强的及独立的董事会更可能在较差的绩效发生之后解雇管理者，管理者会追逐探索技术水平低的项目（Manso，2011），而规避可能会被解析为"帝国"构建的新技术（Jensen，1986）。

监督密集型的董事会也会抵制对新颖性技术领域的开发，如果他们担心在短期内股票市场不能合理地对创新投资进行估值（Cohen，Diether and Malloy，2013）。巴尔斯梅尔等（Balsmeier et al.，2017）的研究表明当企业转向更为独立的董事会时会增加对已有成功领域专长的利用，他们认为对已有技术利用的增加来自更强的董事会监督，强董事会监督会同时增加管理者的努力水平和风险规避水平。通过萨班斯—奥克利斯法案的改变，董事会变得更为独立的企业会申请更多的专利，但是会申请更少的探索性专利，企业会更多的在已有的技术分类而不是新的技术分类中申请专利。巴尔斯梅尔等（Balsmeier et al.，2017）的研究对公司治理与创新领域研究的启示表明强化的治理水平会提高企业在已有路径中的创新绩效，但是并不能对探索性创新产生影响。

综上，本研究提出以下假设：

H2：其他条件不变的情况下，董事会监督密集程度越高，公司的创新绩效越低。

二、行业竞争程度的调节效应

行业环境是企业行为和绩效的一个重要决定因素（Porter，1985），行业的竞争水平与研发有显著的相关关系，激烈的竞争（低的行业集中度）会降低规模经济及企业生存的可能性，因此，企业需要以更为低成本的方式，或者差异化的方式来进行竞争。现有研究对于行业的竞争程度与企业研发投入之间的关系并没有得出一致性的结论（Lee，2005）。过度的行业竞争会损害企业创新的积极性，过度的行业垄断会使管理者变得"懒惰"而降低创新投入水平，因此，处于完全竞争与完全垄断之间的市场结构对企业的创新最有利。马丁等（Martin et al.，2007）认为企业在强的竞争性压力之下会展现出偏离性的行为。阿吉翁等（Aghion et al.，2005）发现竞争和创新之间存在倒"U"型关系，竞争可以增加创新的边际利润，进而增加企业的研发投资水平以规避竞争，当现有企业在相似的技术水平上经营时，这种现象尤为显著。

布朗和艾森哈特（Brown and Eisenhardt，1995）认为在高度竞争的市场环境中，高管团队内部的沟通及与企业外部的沟通对于企业的成功至关重要，这时高效的"边界旗帜者"能够把企业外部的信息传递到组织内部。当监督密集型的董事会存在时，以 CEOs 为代表的高管会认为其更可能因为绩效的下降而被解雇，即面临更高的雇佣风险，这会加重高管在战略投资中的短视倾向，不愿意投资于那些投资回报期较长的、有高失败风险的研发项目中。此外，当行业竞争程度比较高时，更需要董事会与高管团队之间的战略合作及信任，但是监督密集型的董事会会强化高管对董事会的不信任感，出于对董事会战略干预的担忧，也不愿意与董事会主动分享企业专有的信息，处于信息劣势的董事会很难充分发挥其拥有的经验和专长来给高管提供有价值的建议，这不利于管理者对组织边界之外战略信息的把握，也不利于管理者识别和探索突破式的创新。

综合以上的论述，本研究提出以下假设：

H3：在其他条件不变的情况下，行业的竞争程度负向调节监督密集型董事会与公司创新（投入）绩效之间的关系。

三、企业建议需求的调节效应

约翰逊等（Johnson et al.，1996）识别了董事会三个主要的角色：扎根于代理理论的控制/监督角色，资源供给角色（Pfeffer and Salancik，1978）及服务角色。服务角色（service role）是董事会为 CEOs 提供专家建议及指导的能力，通过服务角色，董事会可以为管理层提供异质性的知识和专长。希尔曼和达尔齐尔（Hillman and Dalziel，2003）将董事会的服务及资源供给角色归为资源依赖理论的范畴，认为董事的人力资本（经验、专长、知识、技能等）及社会资本（与其他组织或个体的关联）都满足资源依赖理论的标准。

当董事拥有 CEOs 没有的信息或专长时，董事会的建议是有价值的，科尔斯等（2008）认为有更多外部关联的董事更能获取市场状况的相关信息，这能够使他们为 CEOs 提供更高质量的建议。法玛和詹森（1983）认为多个董事会任命能够传递董事质量的信息，被任命到多个董事会中是该董事之前所任职企业具有好的绩效的结果。瓦韦尔斯（Vafeas，1999）认为董事所拥有的兼职席位数量代表声誉资本，这样的个体往往被认为是高质量的董事，并且，在多家公司董事会中任职能够使该董事拥有更多样性的经验。因此，本研究认为独立董事兼职席位的数量在一定程度上可以代表董事会建议供给的质量及给企业带来的价值。此外，独立董事拥有研发和创新领域的专长时，会对创新的过程有更专业化的知识储备，以及对创新的过程更了解，能够及时地帮助管理层解决创新过程中遇到的问题及反馈信息。科尔斯等（2008）认为当企业的研发水平比较低时，董事更可能提供有价值的建议。因此，根据已有的相关研究，本研究使用独立董事兼职席位数量、技术专长独立董事数量及企业低研发密度三个变量来度量企业的建议需求。

1. 独立董事兼职席位数量

有研究认为在多个董事会中任职的董事会导致精力过度分散，致使他们不能有效地监督管理者，不能被严格监督的管理者会使企业承担更高的代理成本，进而导致企业绩效的下降（Shivdasani and Yermack，1999）。菲希和施瓦达萨尼（Fich and Shivdasani，2006）发现有繁忙董事会的企业（即董事会中至少一半的独立董事担任至少三家公司的董事）有较低的市账比（M/B）、更弱的盈利能力，且企业绩效与 CEO 离职之间的敏感性更低。法玛和詹森（1983）认为繁忙董事代表着较高的董事质量，即更高质量的董事往往被邀请担任更多公司的董事。费里斯等（Ferris et al.，2003）的研究没有发现多个董事席位会使董事逃避董事会委员会中的责任，也没有发现多董事席位会导致证券欺诈更高的发生率。

大企业有更广的契约环境，需要与更多的利益相关方进行协调，董事的多个兼职席位可以使企业利用董事来形成或者稳固与其他企业如供应商或顾客的优势契约关系（Booth and Deli，1996）。菲尔德等（Field et al.，2013）认为繁忙董事拥有的丰富经验和社会关系网能够为 IPO 企业提供更好的建议。因此，本研究认为独立董事拥有的在一定数量范围内的兼职席位，会有更多的经验和专长，为管理者提供更有价值及质量更高的建议。

2. 技术专长独立董事数量

汉布里克等（2015）认为要想成为一个有效的监督者和建议供给者需要董事拥有与特定战略领域相匹配的专长，专长是对该领域拥有的深度知识及对该领域问题的深度理解，拥有某一领域专长的董事能够识别潜在的问题，或者至少能够询问正确的问题，有助于帮助管理者规避坏的结果。德丰等（DeFond et al.，2005）基于 702 个被新任命到审计委员会中的独立董事样本，考察企业宣布任命独立董事前后三天的累计超额回报率，发现市场对任命会计财务专长的独立董事到审计委员会中有较为积极的反应，但是对于任命非会计财务专长的董事到审计委员会中并没有积极的反应，这表明公众认为董事的会计财务专长可以提高审计委员会确保高质量财务报告的能力。

研究表明有行业经验的外部董事能够弥补新创企业管理者对行业经验的缺乏，即外部董事能够为高管团队提供经验（Kor and Misangyi，2008）。麦克唐纳等（2008）发现有并购经验的外部董事能够提高企业的并购绩效，董事拥有的经验与当前企业的并购目标在相同的产品市场时，当前企业会取得更高的并购绩效。克劳斯等（Krause et al.，2013）聚焦于董事拥有的职能专长，发现当企业的营运绩效下降时，董事会中外部的首席运营官董事能够积极地提高企业的营运绩效。

上述的研究均强调了董事拥有的专长的价值是情境依赖的，并且需要与特定的战略问题相匹配。胡元木和纪端（2017）将技术专家型董事定义为拥有技术专长的董事。技术专长董事可以对公司的技术开发及发展过程进行更好的监督指导，从技术层面的因素来评价公司重要的战略举措，还能够更好地管理外部技术环境（Hartley，2011）。因此，本研究认为当独立董事拥有研发领域的技术专长时，能够为管理者提供更有价值的建议和信息，可以充当高层管理者的技术顾问，能够更好地帮助管理者识别技术机会及筛选有价值的研发项目。

3. 企业低研发密度

经济合作与发展组织（OECD）基于平均的 R&D 支出水平将制造业分为三类，分别是高技术部门、一般水平的技术部门及低技术部门，由于 R&D 是企业获取创新能力的一种重要方式，研发密度在一定程度上可以代表企业的创新能力。但是创新是一个复杂的过程，创新过程相互依赖的本质及在创新系统中的嵌入性，使得创新不仅与 R&D 投资相关，还与知识分布的复杂机制相关（Kirner，Kinkel and Jaeger，2009）。尽管如此，低研发密度企业相比于行业内的高研发密度企业，更可能有较低的产品及技术创新绩效，低研发密度企业的管理者也更可能缺乏研发和产品创新的经验，以及对复杂的创新过程进行管理的能力。因此，低研发密度企业管理者更需要董事会在创新决策过程中的建议。

因此，当董事会中独立董事的兼职席位越多，技术专长独立董事的数量越多，以及企业以往年份有低的研发密度时，董事会提供的建议对于指导及评价企业的研发项目的投资及进行高质量发明专利的投资更为有效，也可以为企业带来更大的价值增加。但是监督密集型的董事会不利于董事会与高管之间的信息共享，对董事会的不信任感知会降低 CEOs 向董事会寻求建议的意愿，因此，监督密集型董事会对创新投入及创新绩效的遏制效应会随着企业建议需要的程度提高，变得更为严重。

综合以上论述，本研究提出如下假设：

H4：在其他条件不变的情况下，企业的建议需求负向调节监督密集型董事会与公司创新（投入）绩效之间的关系。

四、企业负的绩效反馈的调节效应

格雷夫（1998）认为当绩效远低于期望水平时，更大程度及更广范围的搜寻会发生，当负的绩效逐渐提高到快要接近期望水平时，搜寻的程度和范围会降低。创新决策中研发项目及对高质量发明专利的投资需要花费很长的周期，并且需要持续的财务支持，监督密集型的董事会会加重以 CEOs 为代表的高管团队对企业增加创新投入引起短期绩效的进一步下降被解雇风险的担忧，进而会产生扭转绩效下跌局面的很强的心理压力。

由于创新过程的复杂性，需要董事会与高管团队之间及时的互动与沟通，高管向董事会反映创新过程中遇到的问题，董事会为高管及时反馈有用的问题解决方案，由于监督密集型的董事会使得高管团队对董事会有较低的信任感知，会使得管理层不愿意向董事会提供创新战略过程中的专有信息，也不愿意向董事会寻求建议和帮助，这就使得当企业实际绩效与期望的绩效水平差距越远时，即企业的绩效下跌得越严重时，管理者出于风险规避的考虑及创新专长和能力的限制，进行更小幅度及更短距离的问题化搜寻，并且搜寻的范围也更小，这样就只能导致机会主义的投资或者不正当的行为，以期迅速扭转绩效下跌的局面。因此，相比于企业绩效快要接近历史期望水平的参照点时，企业绩效水平负向偏离于历史期望水平的程度越大，监督密集型董事会对创新投入及创新绩效的不利影响越显著。

基于以上论述，本研究提出以下假设：

H5：在其他条件不变的情况下，企业负的绩效反馈正向调节监督密集型董事会与公司创新（投入）绩效之间的关系，即当绩效低于期望水平的程度越大时，监督密集型董事会对创新（投入）绩效的抑制效应越明显。

第二节　研究设计与研究方法

为了检验本章第一节中所提出的研究假设（董事会监督密集性对创新投入与创新绩效的影响）的解释力，本研究选取 2012～2017 年中国沪深两市 A 股上市公司作为初始研究样本，并在此基础上构建所需的变量以及模型，并进一步根据变量设计及模型需要对研究样本作出进一步地整理、筛选和调整。本节主要围绕研究变量的设计、研究方法的选择、模型的构建展开。

一、变量与模型设计

（一）变量的度量

1. 因变量

本章的因变量与第三章一致，仍然包括创新投入和创新绩效，对它们详细定义见第三章的第二节中变量与模型设计部分。

2. 自变量

本章的自变量主要考察董事会的监督密集程度，使用两个变量来衡量，一个为监督密集型董事会虚拟变量，另一个是董事会监督密集程度连续变量，并在稳健性检验部分进行分析。

（1）监督密集型董事会（Intensive_dummy）。参考法尔伊等（2011）对监督密集型董事会的界定，董事会中有多数独立董事同时在两个及两个以上的公司治理委员会（审计、提名及薪酬委员会）中任职。乌帕德哈伊等（2014）将审计、薪酬、提名及治理委员会识别为监督委员会。根据"国泰安数据库—公司治理信息—委员会成员情况子表"中披露的公司治理委员会的名称及相应的成员姓名，本研究把审计委员会及风险与审计委员会归为审计委员会，将薪酬委员会及薪酬考核委员会归为薪酬委员会，将提名委员会归为提名委员会，若某一独立董事同时在审计、薪酬及提名委员会中的两个及两个以上的委员会中任职，则认为该独立董事是监督密集型董事，然后计算该董事会中监督密集型独立董事的个数，如果监督密集型独立董事的个数与独立董事总人数的比值大于等于2/3，则该董事会是监督密集型董事会，相应的 Intensive_dummy 取值为1，否则取值为0。

（2）董事会监督密集程度（Intensive_per）。该变量衡量的是董事会监督密集程度，使用监督密集型独立董事的个数与董事会规模的比值来衡量。并使用该变量在稳健性检验部分进行分析。

3. 调节变量

（1）行业竞争程度（Competition）。具体定义与第三章的第二节中变量与模型设计部分对行业竞争程度的定义一致。

（2）企业的建议需求（Adivising）。①独立董事兼职席位数量，本研究使用董事会中所有独立董事兼职席位数量的加总来度量（Coles et al.，2008）。②技术专长独立董事的数量，参考胡元木和纪端（2017）对技术专长董事的定义，若满足以下条件之一，将该独立董事划分为技术专长独立董事：第一，拥有工程、制药等技术性较强专业的学习经历；第二，拥有研发或者在关键技术岗位任职的工作经历；第三，拥有技术类相关的职称如教授级工程师、工程师或研究员等，然后计算董事会中技术专长独立董事的个数。③企业低研发密度，若当年企业的研发密度高于行业研发密度的均值，取值为 1，若低于行业研发密度的均值，取值为 0（Schmidt，2015）。

本研究分别将独立董事兼职席位、技术专长董事数量及企业低研发密度三个变量进行标准化，由于独立董事兼职席位及技术专长独立董事数量越多，表示董事会的建议供给质量越高，对于企业越有价值，企业的研发密度水平越低，董事会的建议供给对于以 CEOs 为代表的管理层来说越有价值。因此，将标准化的独立董事兼职席位与标准化的技术专长独立董事数量相加，减去标准化的企业低研发密度来度量企业的建议需求。

（3）负的绩效反馈（Below_aispir）。具体定义与第三章的第二节中"变量与模型设计"部分对企业负的绩效反馈的定义一致。

4. 控制变量

根据已有有关创新投入与创新绩效影响因素的研究，本研究从地区层面、企业层面，以及公司治理特征方面的影响因素，选取了以下对创新投入与创新绩效可能产生影响的潜在控制变量（Zhou et al.，2017；Jia et al.，2019；Xu et al.，2019；胡元木，2012；田轩和孟清扬，2018）。

（1）地区层面的控制变量：市场化水平（Market）（樊纲等，2011）；企业总部所在城市的高铁开通时间（Railway_time）（龙玉等，2017），在第三章中将高铁开通时间作为潜在的遗漏变量单独进行分析，以控制由遗漏变量偏差可能引致的内生性问题，发现高铁开通时间能够显著影响公司的创新投入水平与创新绩效，因此，在本章的分析中，不再对企业总部所在地的高铁开通时间单独分析，而是直接把该变量作为控制变量在本章的所有回归模型中进行控制。

（2）企业层面的控制变量：企业规模（Size）、企业的上市时间（Age）、资产负债率（Lev）、企业性质（SOE）、正的绩效反馈（Above_aispir）以及行业（Industry）和年份（Year）虚拟变量。

（3）公司治理控制变量：第一大股东持股比例（Top1）、股权制衡度（Sharebalance）、董事会独立性（Indepratio）、独立董事与上市公司工作地点一致性（Indepworkplace）、董事会持股比例（Boardshare）、CEO 任期（CEOtenure）、CEO 两职兼任（Duality）、董事会政治背景（Boardpolitical）。

　　具体地，本章实证分析所需的因变量、自变量、调节变量、控制变量的定义见表 4 – 1。

表 4 – 1　　　　　　　　　　　　变量定义

变量类型	变量名称	符号	变量定义
因变量	创新投入	Rdintensity	研发费用与营业收入的比值
	创新绩效	Iapply	企业当年申请的发明专利的数量
自变量	监督密集型董事会	Intensive_dummy	监督密集型独立董事的个数与独立董事总人数的比值大于等于 2/3，Intensive_dummy 取值为 1，否则取值为 0
	董事会监督密集程度	Intensive_per	监督密集型独立董事的个数与董事会规模的比值
调节变量	行业竞争程度	Competition	$1 - \sum (S_{ij}/S_j)^2$
	企业的建议需求	Advising	独立董事兼职席位数量、技术专长独立董事数量及企业低研发密度三个变量标准化后的加总
	负的绩效反馈	Below_aispir	企业当前绩效与历史期望水平之间的差值
控制变量	地区的市场化水平	Market	各省份市场化总指数
	高铁开通时间	Railwaytime	企业总部所在城市最早的高铁开通时间与 2018 年 12 月 31 日相隔的天数取自然对数
	企业规模	Size	企业年末总资产的自然对数
	企业的上市时间	Age	截至当年末企业已上市年限加 1 取自然对数

变量类型	变量名称	符号	变量定义
控制变量	资产负债率	*Lev*	公司年末负债总额与资产总额之间的比值
	企业性质	*SOE*	国有企业取值为 1，否则取值为 0
	正的绩效反馈	*Above_aispir*	企业当前绩效与历史期望水平之间的差值
	第一大股东持股比例	*Top*1	第一大股东持股数与公司期末总股数之间的比值
	股权制衡度	*Sharebalance*	第一大股东持股数与第二到第五大股东持股比例之和的比值
	董事会独立性	*Indepratio*	独立董事数量与董事会总人数的比值
	独董工作地点一致性	*Indepworkplace*	存在独立董事与上市公司工作地点相同时取值为 1，否则取值为 0
	董事会持股比例	*Boardshare*	董事持股数量之和与公司期末总股数之间的比值
	CEO 任期	*CEOtenure*	CEO 任职月数加 1 取自然对数
	CEO 两职兼任	*Duality*	公司董事长与 CEO 两职合一取值为 1，否则取值为 0
	董事会政治背景	*Boardpolitical*	有政府工作经验的独立董事人员数量与董事会总人数的比值
	行业	*Industry*	行业虚拟变量
	年份	*Year*	年度虚拟变量

（二）研究模型

为了检验董事会监督密集性对公司创新投入及创新绩效的影响，以及行业的竞争程度、企业的建议需求及负的绩效反馈对董事会监督密集性与创新投入及创新绩效之间关系的调节效应，本书构建以下模型。并采取以下方法来处理潜在的内生性问题：第一，采取滞后一期的因变量以降低潜在的逆向因果关系；第二，控制可能同时影响自变量和因变量的一系列董事会、高管、企业、地区层面的变量；第三，在回归模型中加入了年度（Year）及行业（Industry）固定效应，以解释随着时间变化产生的群组内差异及限制由遗漏变量导致的潜在偏差，进而控制不可观测的异质性（Gormley and Matsa，2014）。

1. 董事会监督密集性对创新投入的影响

$$
\begin{aligned}
Rdintensity_{i,t+1} = {} & \alpha_0 + \alpha_1 Intensive\_dummy_{it} + \alpha_2 Intensive\_dummy_{it} \\
& \times Competition_{it} + \alpha_3 Intensive\_dummy_{it} \times Advising_{it} \\
& + \alpha_4 Intensive\_dummy_{it} \times Below\_aispir_{it} + \alpha_5 Controls_{it} + \varepsilon_1
\end{aligned}
$$

$$(4-1)$$

其中，$Rdintensity_{i,t+1}$ 表示公司 i 第 $t+1$ 年的研发密度，$Intensive\_dummy_{it}$ 表示公司 i 第 t 年董事会监督密集性虚拟变量，$Competition_{it}$ 为公司 i 第 t 年所在行业的竞争程度，$Advising_{it}$ 为公司 i 第 t 年的建议需求，$Below\_aispir_{it}$ 为公司 i 第 t 年负的绩效反馈，$Controls_{it}$ 为该模型所使用的所有控制变量，ε_1 为残差项。

2. 董事会监督密集性对创新绩效的影响

$$
\begin{aligned}
Iapply_{i,t+1} = {} & \alpha_0 + \alpha_1 Intensive\_dummy_{it} + \alpha_2 Intensive\_dummy_{it} \\
& \times Competition_{it} + \alpha_3 Intensive\_dummy_{it} \times Advising_{it} \\
& + \alpha_4 Intensive\_dummy_{it} \times Below\_aispir_{it} \\
& + \alpha_5 Controls_{it} + \varepsilon_1
\end{aligned}
$$

$$(4-2)$$

其中，$Iapply_{i,t+1}$ 表示公司 i 第 $t+1$ 年的发明专利的申请数量，$Intensive\_dummy_{it}$ 表示公司 i 第 t 年董事会监督密集性虚拟变量，$Competition_{it}$ 为公司 i 第 t 年所在行业的竞争程度，$Advising_{it}$ 为公司 i 第 t 年的建议需求，$Below\_aispir_{it}$ 为公司 i 第 t 年负的绩效反馈，$Controls_{it}$ 为该模型所使用的所有控制变量，ε_1 为残差项。

（三）样本选取与数据来源

本章以中国沪深 A 股上市公司 2011～2017 年的数据为初始研究样本，

其中在回归模型（4-1）~（4-2）中所有的自变量、控制变量及调节变量使用 2011~2016 年的数据，滞后一期的因变量使用 2012~2017 年的数据。样本筛选的具体步骤为：

（1）剔除被 ST 及 *ST 公司的样本；（2）剔除金融行业的样本；（3）剔除当年新上市企业的样本；（4）剔除委员会变量缺失的样本；（5）剔除董事会持股比例、CEO 任期、CEO 两职性等主要解释变量和控制变量值缺失的样本。最终获得 6650 个企业—年份观测值，按照证监会发布的《上市公司行业分类指引》（2012 年）的行业分类标准，本书的研究样本在不同行业间的分布情况如表 4-2 所示。从表 4-2 中初步可以看出制造业的平均研发密度（3.78%）及信息传输、软件和信息服务行业的平均研发密度（9.56%）均高于样本研发密度的总体均值（3.28%），制造业及信息传输、软件和信息服务行业的发明专利的申请数量也相对较高。

表 4-2　　　　　　　　　　样本公司分行业统计

行业代码	行业名称	样本数（个）	百分比（%）	平均研发密度（%）	平均专利申请量（个）
A	农林牧渔业	76	1.14	1.02	2.11
B	采矿业	189	2.84	1.49	20.39
C	制造业	4056	60.99	3.78	31.10
D	电力、热气及水的生产供应业	263	3.95	0.31	6.89
E	建筑业	178	2.68	1.96	58.06
F	批发和零售业	390	5.86	0.41	2.27
G	交通运输、仓储和邮政业	248	3.73	0.21	2.85
H	住宿和餐饮业	26	0.39	0.03	0.00
I	信息传输、软件和信息服务业	484	7.28	9.56	17.44
K	房地产行业	319	4.80	0.20	0.92
L	租赁和商务服务业	103	1.55	0.92	1.69
M	科学研究和技术服务	60	0.90	4.59	14.15

续表

行业代码	行业名称	样本数（个）	百分比（％）	平均研发密度（％）	平均专利申请量（个）
N	水利、环境和公共设施管理	86	1.29	1.67	4.91
P	教育	7	0.11	0.98	5.00
Q	卫生和社会工作	18	0.27	2.09	3.22
R	文化、体育和娱乐业	87	1.31	1.51	3.91
S	综合	60	0.91	1.28	12.71
合计		6650	100	3.28	23.35

资料来源：根据样本数据及证监会发布的《上市公司行业分类指引》（2012年修订版）整理。

本章的研发投入、专利申请数据、治理结构数据、财务数据，以及独立董事在公司治理委员会（审计、薪酬及提名）中任职的数据来自国泰安数据库。在回归过程中，为了避免主要变量的极端值对回归结果可能产生的影响，使用了缩尾处理法，对回归所需的所有连续变量进行了1%分位数和99%分位数的尾数处理。

二、研究方法

（一）Tobit 模型

为了验证董事会监督密集性对创新投入的影响，因变量创新投入由研发密度来度量，由于研发密度（研发费用与销售收入的比值）的取值在（0，1）之间，本研究使用Tobit回归模型，相比于普通最小二乘（OLS）回归模型，该方法对参数能够产生更为一致的估计（McDonald and Moffitt，1980；Tobin，1958）。

（二）Poisson 回归模型

为了检验董事会监督密集性对创新绩效的影响，使用发明专利的申请数量来衡量创新绩效，该变量的取值为非负整数，因此，使用非线性的回归方法来规避异方差及残差的非正态分布（Hausman，Hall and Griliches，1984），具体地，本研究使用 Poisson 回归模型进行估计，并在稳健性检验部分使用负二项分布回归模型进行检验。

第三节　研究结果与讨论

一、描述性统计与相关性分析

（一）描述性统计表

表 4 – 3 为回归样本被解释变量、解释变量、调节变量及控制变量的描述性统计分布情况。根据表 4 – 3 可知，中国沪深 A 股 2011 ～ 2017 年的上市公司中，样本公司的平均研发支出占营业收入的比值仅为 3.3%，还有一些企业的研发支出为 0 的情况，总体上讲中国上市公司的研发支出仍然处于较低的水平。发明专利的平均申请量为 23.35 个，有些样本企业的专利申请量为 0，专利申请量的最大值为 1409 个，不同公司之间发明专利申请量存在很大的差异，表明不同上市公司的创新绩效水平存在很大差异。监督密集型董事会二值变量（Intensive_dummy）的均值为 45.4%，也就是说 45.4% 的公司—年度观测值中存在多数独立董事同时在两个及两个以上公司治理监督委员会（审计、薪酬及提名）中任职的现象。董事会监督密集性比例变量（Intensive_per）的均值为 0.293，表明监督密集型的独立董事个数平均占董事会总人数的 29.3%。

表 4 − 3　　　　　　　　　　　　变量的描述性统计

变量名称	样本数	均值	中位数	标准差	最小值	最大值
Rdintensity	6650	0.033	0.024	0.049	0	0.984
Iapply	6650	23.350	3	80.444	0	1409
Intensive_dummy	6650	0.454	0	0.498	0	1
Intensive_per	6650	0.293	0.286	0.128	0.059	0.667
Competition	6650	0.814	0.879	0.167	0.048	0.970
Advising	6650	0.007	− 0.005	1.689	− 3.564	7.477
Below_aispir	6650	− 0.020	− 0.005	0.043	− 0.974	0
Above_aispir	6650	0.010	0	0.029	0	0.620
Age	6650	10.602	9.840	6.879	0	27.050
Size	6650	22.234	22.050	1.332	17.81	28.510
Lev	6650	0.435	0.430	0.214	0.007	1.650
SOE	6650	0.409	0	0.492	0	1
Duality	6650	0.750	1	0.433	0	1
CEOtenure	6650	3.285	3.555	1.191	0	5.545
Indepratio	6650	0.372	0.333	0.054	0.250	0.667
Indepworkplace	6650	0.509	1	0.500	0	1
Boardshare	6650	0.093	0.006	0.174	0	0.861
Boardpolitical	6650	0.103	0.091	0.120	0	0.661
Top1	6650	0.352	0.336	0.156	0.001	0.900
Sharebalance	6650	0.679	0.509	0.605	0.004	9.589
Market	6650	7.984	8.370	1.787	− 0.300	9.950
Railwaytime	6650	7.292	8.003	2.115	0	8.642

资料来源：根据样本数据整理。

（二）Pearson 相关系数表

表 4 − 4 是回归模型中各个变量之间的 Pearson 相关系数表。从表 4 − 4 中可以看出，监督密集型的董事会（Intensive_dummy）与研发密度及发明专利的申请量显著负相关，分别在 1% 和 10% 的水平下显著。董事会监督

表 4 - 4　　变量的 Pearson 相关系数

变量	1	2	3	4	5	6	7	8	9	10	11
Rdintensity	1.000										
Iapply	0.083 ***	1.000									
Intensive_dummy	-0.037 ***	-0.005 *	1.000								
Intensive_per	-0.001 *	-0.001 *	0.795 ***	1.000							
Competition	0.191 ***	0.025 **	0.055 ***	0.058 ***	1.000						
Advising	-0.263 ***	-0.020	-0.014	-0.052 ***	0.011	1.000					
Below_aispir	-0.103 ***	0.029 **	0.007	-0.012	0.018	0.063 ***	1.000				
Above_aispir	-0.037 ***	-0.018	0.019	0.026 **	0.004	0.031	0.162 ***	1.000			
Age	-0.282 ***	-0.048 ***	0.065 ***	0.034 **	-0.030 **	0.128 ***	0.029	0.128 ***	1.000		
Size	0.234 ***	0.297 ***	-0.044 ***	-0.099 ***	-0.072 ***	0.195 ***	0.119 ***	-0.046 ***	0.339 ***	1.000	
Lev	-0.318 ***	-0.103 ***	0.014	-0.032 ***	-0.032 **	0.155 ***	-0.031 *	-0.017	0.371 ***	0.520 ***	1.000
SOE	-0.235 ***	0.083 ***	0.008	-0.072 ***	-0.100 ***	0.125 ***	0.054 ***	-0.016	0.433 ***	0.374 ***	0.309 ***
Duality	-0.119 ***	0.031 **	-0.007	-0.071 ***	-0.061 ***	0.068 ***	0.024	0.012	0.220 ***	0.173 ***	0.131 ***
CEOtenure	0.067 ***	0.044 ***	0.018	0.012	0.033 ***	-0.001	0.032	-0.044 ***	0.043 ***	0.038 ***	-0.034 ***
Indepratio	0.053 ***	0.057 ***	-0.061 ***	0.160 ***	0.018	0.018	-0.038 ***	-0.013	-0.036 ***	0.031 **	0.004
Indepworkplace	0.089 ***	0.000	-0.024 *	-0.022 *	0.024 **	-0.050 ***	0.015	-0.060 ***	-0.058 ***	-0.030 **	-0.037 ***
Boardshare	0.229 ***	0.056 ***	-0.019	0.028 **	0.070 ***	-0.120 ***	-0.027	-0.046 ***	-0.493 ***	-0.312 ***	-0.312 ***
Boardpolitical	-0.074 ***	-0.017	-0.035 ***	-0.033	-0.056 ***	0.119 ***	-0.015	-0.051 ***	-0.043 ***	0.002	0.060 **

续表

变量	1	2	3	4	5	6	7	8	9	10	11
Top1	-0.151***	0.046***	-0.042***	-0.049***	-0.092***	0.063***	0.033*	-0.012	-0.053***	0.238***	0.074***
Sharebalance	0.158***	0.006	-0.014	-0.024**	0.045***	-0.053***	-0.047***	0.014	-0.167***	-0.137***	-0.139***
Market	0.147***	0.069***	-0.008	0.029**	0.075***	-0.019	0.041**	-0.039**	-0.131***	-0.019	-0.110***
Railwaytime	0.095***	0.063***	-0.037***	-0.033***	0.025**	-0.014	0.022*	-0.055***	-0.076***	0.039***	0.016

变量	12	13	14	15	16	17	18	19	20	21	22
SOE	1.000										
Duality	0.288***	1.000									
CEOtenure	-0.071***	-0.103***	1.000								
Indepratio	-0.061***	-0.109***	0.011	1.000							
Indepworkplace	0.050***	-0.019	0.019	-0.001	1.000						
Boardshare	-0.428***	-0.238***	0.020	0.066***	0.070***	1.000					
Boardpolitical	0.059***	0.040***	-0.107***	0.068***	0.022*	0.018	1.000				
Top1	0.223***	0.046***	-0.056***	0.043***	0.017	-0.079***	0.092***	1.000			
Sharebalance	-0.266***	-0.058***	0.008	-0.027**	-0.024*	0.206***	-0.074***	-0.640***	1.000		
Market	-0.170***	-0.114***	0.097***	-0.001	0.141***	0.135***	-0.080***	-0.003	0.045***	1.000	
Railwaytime	-0.030**	-0.026**	0.007	0.024**	0.244***	0.081***	0.013	0.019	0.033***	0.349***	1.000

注：*、**、***分别表示在10%、5%、1%的水平下显著；*Pearson* 双侧检验。

资料来源：根据样本数据整理。

密集性比例变量（Intensive_per）与研发密度及发明专利的申请量显著负相关，均在10%的水平下显著。主要的控制变量与创新投入及创新绩效之间的相关关系基本与表3-4的结果一致，更为详细的解释见本书第三章的第三节"相关系数分析"部分。此外，除了度量董事会监督密集性的两个自变量Intensive_dummy（二值变量）与Intensive_per（比例变量）之间的相关系数为0.795之外，二者并不同时放入一个回归模型，Intensive_per用于稳健性检验部分的分析。其余所有变量两两之间相关系数绝对值的最大值为0.493，因此，变量之间不存在严重的共线性问题。

二、回归结果

（一）监督密集型董事会对公司创新投入的影响

为了进一步检验本章提出的研究假设，本研究建立了监督密集型董事会对公司创新投入影响的随机效应的面板Tobit回归模型。根据表4-5模型（1）~（3）中LR的检验结果，均显示"Prob > = chibar2 = 0.000"，拒绝"$H_o: \sigma_u = 0$"的原假设，因此，不能排除个体效应的存在，进而使用了随机效应的面板Tobit回归。

表4-5　　　　监督密集型董事会影响创新投入的 Tobit 回归

变量	模型（1）Rdintensity	模型（2）Rdintensity	模型（3）Rdintensity
Size	1.36e-05 (0.03)	7.29e-05 (0.15)	4.42e-05 (0.09)
Age	-0.0009 *** (-9.37)	-0.0009 *** (-9.31)	-0.0009 *** (-9.34)
Lev	-0.0258 *** (-10.73)	-0.0256 *** (-10.69)	-0.0257 *** (-10.72)

续表

变量	模型（1） Rdintensity	模型（2） Rdintensity	模型（3） Rdintensity
SOE	0.0021 * （1.77）	0.0022 * （1.82）	0.0022 * （1.86）
Above_aispir	0.0037 （0.28）	0.0035 （0.26）	0.0038 （0.28）
Duality	0.0002 （0.24）	0.0001 （0.17）	0.0001 （0.12）
CEOtenure	0.0001 （0.42）	0.0001 （0.44）	0.0001 （0.50）
Indepratio	0.0123 * （1.70）	0.0114 （1.57）	0.0111 （1.54）
Indepworkplace	0.0008 （1.17）	0.0008 （1.15）	0.0008 （1.19）
Boardshare	2.58e − 05 （1.01）	2.60e − 05 （1.01）	2.52e − 05 （0.98）
Boardpolitical	0.0090 *** （2.97）	0.0091 *** （3.02）	0.0092 *** （3.05）
*Top*1	− 0.0133 *** （ − 3.72）	− 0.0133 *** （ − 3.72）	− 0.0133 *** （ − 3.73）
Sharebalance	0.0011 （1.22）	0.0011 （1.25）	0.0011 （1.27）
Market	0.0009 *** （2.83）	0.0009 *** （2.81）	0.0009 *** （2.80）
Railwaytime	0.0014 *** （4.81）	0.0013 *** （4.79）	0.0014 *** （4.82）
Competition	0.0141 *** （5.56）	0.0142 *** （5.60）	0.0135 *** （5.26）
Advising	− 0.0047 *** （ − 22.78）	− 0.0047 *** （ − 22.78）	− 0.0047 *** （ − 22.80）

续表

变量	模型（1） Rdintensity	模型（2） Rdintensity	模型（3） Rdintensity
Below_aispir	− 0. 0862 *** （− 8. 95）	− 0. 0861 *** （− 8. 95）	− 0. 0857 *** （− 8. 91）
Intensive_dummy		− 0. 0013 ** （− 2. 13）	− 0. 0013 ** （− 2. 09）
Intensive_dummy × Competition			− 0. 0007 ** （− 2. 55）
Intensive_dummy × Advising			− 0. 0001 （− 0. 47）
Intensive _ dummy × Below_aispir			0. 0001 （0. 48）
Constant	0. 0109 （0. 87）	0. 0130 （1. 03）	0. 0131 （1. 04）
Year	Yes	Yes	Yes
Industry	Yes	Yes	Yes
Wald chi^2	3017. 90	3024. 27	3034. 22
Log likelihood	15071. 539	15073. 798	15077. 246
N	6650	6650	6650

注：*、**、***分别表示在10%、5%、1%的水平下显著。括号内为回归系数的 t 值。

资料来源：根据样本数据整理。

在表4-5的回归模型中，模型（1）为包括所有控制变量的回归结果，模型（2）为加入解释变量 Intensive_dummy 之后的回归结果，模型（3）为加入控制变量、解释变量及三个交互项之后的整体回归结果。表4-5的回归结果显示，监督密集型董事会与创新投入（研发密度）在5%的水平下存在显著的负相关关系，支持了假设 H1 的观点。监督密集型董事会与行业的竞争程度的交互项与创新投入存在显著的负相关关系，且在5%的水平下显著，表明行业的竞争程度负向调节监督密集型董事会与创新投入之间的关系，部分支持了假设 H3 的观点。监督密集型董事会与企业建议需求的交互项与创新投入存在负相关的关系，虽然与本研究理论预期的方向一致，但是并不显著。监督密集型董事会与企业负的绩效反馈的交互项与创新投入存在正相关关系，虽然与本研究理论预期的方向一致，但是并不显著。

（二）监督密集型董事会对公司创新绩效的影响

表 4-6 为监督密集型董事会对公司创新绩效影响的混合 Poisson 回归。在表 4-6 的回归模型中，模型（1）为包括所有控制变量的回归结果，模型（2）为加入解释变量 Intensive_dummy 之后的回归结果，模型（3）为加入控制变量、解释变量及三个交互项之后的整体回归结果。表 4-6 的回归结果显示，监督密集型董事会与创新绩效（发明专利的申请量）在10% 的水平下存在显著的负相关关系，支持了假设 H2 的观点。监督密集型董事会与行业的竞争程度的交互项与创新绩效存在负相关关系，但是并不显著。监督密集型董事会与企业建议需求的交互项与创新绩效存在显著的负相关关系，且在 10% 的水平下显著，假设 H4 得到了部分支持。监督密集型董事会与企业负的绩效反馈的交互项与创新绩效存在负相关关系，但是并不显著，因此，假设 H5 未得到支持。

表 4-6　　　　监督密集型董事会影响创新绩效的 Poisson 回归

变量	模型（1）Iapply	模型（2）Iapply	模型（3）Iapply
Size	0.2850 *** (29.05)	0.2860 *** (29.10)	0.2860 *** (29.09)
Age	-0.0181 *** (-9.55)	-0.0182 *** (-9.60)	-0.0182 *** (-9.61)

变量	模型（1） Iapply	模型（2） Iapply	模型（3） Iapply
Lev	−0.1770 *** (−2.89)	−0.1790 *** (−2.94)	−0.1810 *** (−2.96)
SOE	0.0226 (0.89)	0.0221 (0.87)	0.0229 (0.90)
Above_aispir	−0.5770 (−1.16)	−0.5800 (−1.16)	−0.5740 (−1.15)
Duality	0.0248 (1.05)	0.0255 (1.08)	0.0254 (1.07)
CEOtenure	0.0655 *** (7.50)	0.0652 *** (7.46)	0.0655 *** (7.49)
Indepratio	−0.0329 (−0.18)	−0.0196 (−0.11)	−0.0122 (−0.07)
Indepworkplace	−0.0966 *** (−4.80)	−0.0961 *** (−4.78)	−0.0955 *** (−4.75)
Boardshare	0.0007 (1.13)	0.0007 (1.12)	0.0007 (1.11)
Boardpolitical	−0.4700 *** (−5.29)	−0.4650 *** (−5.24)	−0.4650 *** (−5.24)
Top1	−0.2510 *** (−2.81)	−0.2460 *** (−2.76)	−0.2470 *** (−2.77)
Sharebalance	0.0950 *** (3.99)	0.0938 *** (3.93)	0.0943 *** (3.95)
Market	0.0563 *** (8.77)	0.0562 *** (8.75)	0.0562 *** (8.76)
Railwaytime	0.0041 (0.74)	0.0043 (0.77)	0.0042 (0.75)
Competition	0.6810 *** (9.76)	0.6760 *** (9.66)	0.6730 *** (9.52)

续表

变量	模型（1） Iapply	模型（2） Iapply	模型（3） Iapply
Advising	− 0. 0174 *** （ − 2. 92）	− 0. 0171 *** （ − 2. 86）	− 0. 0169 *** （ − 2. 82）
Below_aispir	1. 6980 *** （4. 87）	1. 6930 *** （4. 85）	1. 6930 *** （4. 84）
Rdintensity	6. 6610 *** （31. 19）	6. 6830 *** （31. 23）	6. 6860 *** （31. 21）
Intensive_dummy		− 0. 0339 * （ − 1. 73）	− 0. 0375 * （ − 1. 88）
Intensive_dummy × Competition			− 0. 0021 （ − 0. 18）
Intensive_dummy × Advising			− 0. 0167 * （ − 1. 78）
Intensive _ dummy × Below_aispir			− 0. 0032 （ − 0. 30）
Constant	− 6. 9100 *** （ − 31. 16）	− 6. 9470 *** （ − 31. 19）	− 6. 9490 *** （ − 31. 20）
Year	Yes	Yes	Yes
Industry	Yes	Yes	Yes
Pseudo R^2	0. 2303	0. 2303	0. 2303
LR chi^2	5580. 00	5580. 05	5580. 91
N	6650	6650	6650

注：* 、** 、*** 分别表示在10% 、5% 、1% 的水平下显著。括号内为回归系数的 t 值。

资料来源：根据样本数据整理。

（三）进一步检验

由于监督密集型董事会对创新投入及创新绩效的影响，在高科技企业样本和非高科技企业样本中不存在显著的差异，因此，本研究仅考察按照企业所有权性质的分样本检验结果。

表4-7为在国有企业和非国有企业样本中，监督密集型董事会对公司创新投入及创新绩效影响的回归结果。模型（1）和模型（2）为监督密集型董事会影响创新投入的随机效应的 Tobit 回归结果，模型（3）和模型（4）为监督密集型董事会影响创新绩效的混合 Poisson 回归结果。表4-7的结果表明，监督密集型董事会与创新投入和创新绩效均在非国有企业样本中存在显著的负相关关系，在国有企业样本中并不显著。监督密集型董事会与行业竞争程度的交互项仅在非国有企业中显著为负，显著性水平为10%。监督密集型董事会与企业的建议需求的交互项仅在非国有企业中显著为负，显著性水平为10%。而监督密集型董事会与企业负的绩效反馈的交互项在国有企业和非国有企业样本中与创新投入及创新绩效均不存在显著的相关关系。

表4-7　　监督密集型董事会对公司创新影响的分样本检验（按企业性质划分）

变量	模型（1）国有企业 Tobit Rdintensity	模型（2）非国有企业 Tobit Rdintensity	模型（3）国有企业 Poisson Iapply	模型（4）非国有企业 Poisson Iapply
Size	0.0002 (0.40)	5.09e-05 (0.07)	0.7030 *** (18.68)	0.8230 *** (16.09)
Age	-0.0008 *** (-6.48)	-0.0010 *** (-7.10)	-0.0098 (-1.37)	-0.0111 (-1.39)
Lev	-0.0150 *** (-5.17)	-0.0329 *** (-9.36)	-0.4700 * (-1.92)	-0.4380 ** (-2.28)
Above_siapir	-0.0230 (-1.42)	0.0182 (0.92)	-2.5620 (-1.22)	-0.9350 (-0.42)
Duality	0.0013 (1.15)	-0.0003 (-0.24)	0.2440 * (1.80)	-0.0281 (-0.40)
CEOtenure	-0.0003 (-1.14)	0.0006 (1.51)	0.0231 (0.64)	0.0455 (1.42)

续表

变量	模型（1） 国有企业 Tobit Rdintensity	模型（2） 非国有企业 Tobit Rdintensity	模型（3） 国有企业 Poisson Iapply	模型（4） 非国有企业 Poisson Iapply
Indepratio	0.0043 （0.52）	0.0144 （1.34）	0.8710 （1.35）	0.4460 （0.65）
Indepworkplace	0.0004 （0.51）	0.0018 * （1.71）	0.0001 （0.00）	0.0721 （1.01）
Boardshare	0.00056 *** （3.03）	7.80e − 06 （0.25）	0.0093 （0.71）	0.0002 （0.09）
Boardpolitical	− 0.0041 （− 1.24）	− 0.0127 ** （− 2.75）	− 0.0921 （− 0.26）	− 0.2270 （− 0.59）
*Top*1	− 0.0075 * （− 1.89）	− 0.0212 *** （− 3.83）	− 0.1870 （− 0.55）	0.0895 （0.24）
Sharebalance	0.00131 （1.10）	− 9.83e − 05 （− 0.08）	0.0537 （0.41）	0.1130 （1.30）
Market	0.0008 ** （2.06）	0.0009 * （1.88）	0.0815 *** （3.54）	0.103 *** （3.94）
Railwaytime	0.0014 *** （4.05）	0.0015 *** （3.69）	0.1060 *** （4.71）	0.0771 *** （4.11）
Competition	0.0103 *** （3.58）	0.0161 *** （4.14）	0.4690 （1.64）	0.9580 *** （2.96）
Advising	− 0.0033 *** （− 13.63）	− 0.0056 *** （− 18.32）	− 0.0553 ** （− 2.19）	− 0.0186 （− 0.86）
Below_aispir	− 0.0463 *** （− 4.00）	− 0.1100 *** （− 7.81）	− 3.4980 * （− 1.88）	− 2.0970 （− 1.38）
Rdintensity			10.1700 *** （7.58）	7.2650 *** （9.48）
Intensive_dummy	− 0.0008 （− 1.27）	− 0.0017 * （− 1.89）	0.0481 （0.65）	− 0.0248 * （− 1.85）
Intensive_dummy × Competition	− 0.0003 （− 0.85）	− 0.0007 * （− 1.70）	− 0.0037 （− 0.09）	− 0.0685 （− 1.38）

变量	模型（1） 国有企业 Tobit Rdintensity	模型（2） 非国有企业 Tobit Rdintensity	模型（3） 国有企业 Poisson Iapply	模型（4） 非国有企业 Poisson Iapply
Intensive_dummy × Advising	− 0. 0002 （ − 0. 61）	− 0. 0001 （ − 0. 24）	− 0. 0851 （ − 1. 13）	− 0. 0857 ** （ − 2. 04）
Intensive_dummy × Below_aispir	− 0. 0002 （ − 0. 76）	0. 0005 （1. 17）	0. 0451 （0. 79）	− 0. 0435 （ − 0. 95）
Constant	0. 0206 （1. 44）	0. 0074 （0. 37）	− 15. 1400 *** （ − 15. 87）	− 19. 5800 *** （ − 15. 00）
Year	Yes	Yes	Yes	Yes
Industry	Yes	Yes	Yes	Yes
Pseudo R^2			0. 2924	0. 2424
Wald chi^2	1211. 80	1730. 40	7320. 08	2066. 82
log likelihood	7084. 8292	8318. 4225		
N	2723	3927	2723	3927

注： * 、 ** 、 *** 分别表示在10% 、5% 、1% 的水平下显著。括号内为回归系数的 t 值。
资料来源：根据样本数据整理。

（四）稳健性检验

表4 - 8 为使用董事会监督密集性比例变量作为自变量，对公司创新绩效影响的负二项分布回归。模型（1）为包括所有控制变量的回归结果，模型（2）为加入解释变量 Intensive_per 之后的回归结果，模型（3）为加入控制变量、解释变量及三个交互项之后的整体回归结果。表4 - 8 的回归结果显示，董事会监督密集性与创新绩效（发明专利的申请量）在10% 的水平下存在显著的负相关关系，与表4 - 5 中使用监督密集型董事会二值变量（Intensive_dummy）作为自变量对创新绩效的混合 Poisson 回归结果相一致，进一步支持了假设 H2。

表 4 - 8   董事会监督密集性对创新绩效影响的负二项分布回归

变量	模型（1） Iapply	模型（2） Iapply	模型（3） Iapply
Size	0.7340 *** (32.59)	0.7320 *** (32.37)	0.7350 *** (32.44)
Age	− 0.0218 *** (− 4.87)	− 0.0216 *** (− 4.83)	− 0.0217 *** (− 4.84)
Lev	− 0.5340 *** (− 3.85)	− 0.5340 *** (− 3.86)	− 0.5170 *** (− 3.72)
SOE	0.2100 *** (3.78)	0.2100 *** (3.79)	0.2100 *** (3.78)
Above_aispir	− 0.8300 (− 0.83)	− 0.8100 (− 0.80)	− 0.8510 (− 0.85)
Duality	0.0154 (0.29)	0.0182 (0.34)	0.0185 (0.35)
CEOtenure	0.0118 (0.62)	0.0111 (0.58)	0.0130 (0.68)
Indepratio	− 0.0585 (− 0.15)	0.0101 (0.03)	0.0192 (0.05)
Indepworkplace	− 0.1380 *** (− 3.08)	− 0.1420 *** (− 3.17)	− 0.1410 *** (− 3.14)
Boardshare	0.0001 (0.09)	$7.99e - 05$ (0.05)	$2.06e - 05$ (0.01)
Boardpolitical	− 0.2740 (− 1.33)	− 0.2670 (− 1.30)	− 0.2550 (− 1.24)
*Top*1	− 0.0086 (− 0.04)	− 0.0248 (− 0.12)	− 0.0166 (− 0.08)
Sharebalance	− 0.0253 (− 0.48)	− 0.0299 (− 0.57)	− 0.0311 (− 0.59)

续表

变量	模型（1） Iapply	模型（2） Iapply	模型（3） Iapply
Market	0.1250 *** (9.17)	0.1250 *** (9.19)	0.1240 *** (9.16)
Railwaytime	0.0694 *** (6.23)	0.0692 *** (6.21)	0.0685 *** (6.14)
Competition	0.0222 (0.15)	0.0185 (0.13)	−0.0131 (−0.09)
Advising	−0.0410 *** (−3.15)	−0.0421 *** (−3.23)	−0.0421 *** (−3.20)
Below_aispir	3.0930 *** (4.27)	3.0890 *** (4.27)	3.0880 *** (4.27)
Rdintensity	19.6800 *** (20.71)	19.6100 *** (20.63)	19.5500 *** (20.59)
Intensive_per		−0.2190 (−1.56)	−0.1860 * (−1.67)
Intensive_per × Competition			−0.0489 * (−1.85)
Intensive_per × Advising			0.0239 (1.01)
Intensive_per × Below_aispir			0.0091 (0.38)
Constant	−15.54 *** (−28.46)	−15.45 *** (−28.09)	−15.48 *** (−28.10)
Year	Yes	Yes	Yes
Industry	Yes	Yes	Yes
Pseudo R^2	0.0811	0.0811	0.0812
LR chi^2	3560.59	3562.16	3566.72
N	6650	6650	6650

注：*、**、*** 分别表示在 10%、5%、1% 的水平下显著。括号内为回归系数的 t 值。
资料来源：根据样本数据整理。

三、讨论与结论分析

整合上述研究内容，本研究主要基于资源依赖理论、代理理论、注意力基础观及企业行为理论的主要观点，对监督密集型董事会如何影响公司创新投入及创新绩效进行了理论分析及实证检验。研究发现，监督密集型董事会与创新投入及创新绩效存在显著的负相关关系，与我们的理论预期相一致，当以 CEOs 为代表的高管团队面临更密集的董事会监督时，高管会分配更多的注意力在如何实现短期的绩效目标及董事会的绩效考核，进而分配更少的注意力到长期性战略投资如研发活动中。密集型的董事会的控制和监督还会增加以 CEOs 为代表的高管对独立董事的不信任感知（Holmstrom，2005），认为当他们从事创新失败导致的业绩下跌会面临更大的解雇风险，进而强化高管的短视倾向。密集型的董事会监督还会降低以 CEOs 为代表的高管对董事会尤其是独立董事主动提供和分享战略信息的意愿及所提供信息的质量（Adams and Ferreira，2007），董事会获取的低质量的信息不利于其在创新决策中提供有价值的建议，进而降低企业的创新绩效。因此，假设 H1 和假设 H2 得到了支持。具体验证结果汇总如表 4 – 9 所示。

表 4 – 9　　　　　　　研究假设通过验证情况汇总

研究假设	假设内容	研究结果
H1	董事会监督密集程度越高，公司的创新投入水平越低	支持
H2	董事会监督密集程度越高，公司的创新绩效越低	支持
H3	行业的竞争程度负向调节监督密集型董事会与公司创新（投入）绩效之间的关系	部分支持
H4	企业的建议需求负向调节监督密集型董事会与公司创新（投入）绩效之间的关系	部分支持
H5	企业负的绩效反馈正向调节监督密集型董事会与公司创新（投入）绩效之间的关系	未支持

此外，本研究发现行业竞争程度能够显著地负向调节监督密集型董事会与创新投入之间的关系，即当行业的竞争程度越强时，公司越需要进行不断地创新以培养动态能力来应对被淘汰的风险，因此，当行业的竞争程度越强时，高管团队越需要与董事会进行战略合作，监督密集型董事会对创新投入的不利影响越会被强化。但是行业的竞争程度对监督密集型董事会与创新绩效之间的负向调节效应不显著。企业的建议需求能够显著地负向调节监督密集型董事会与创新绩效之间的关系，即当企业的建议需求越高时，有经验的董事会的建议供给能给企业带来更多的价值提升，帮助企业在新颖性的及突破式的搜寻过程中提供更多的建议，因此，当企业的建议需求越强，监督密集型董事会对创新绩效的不利影响越在更大程度上被强化。但是企业的建议需求对监督密集型董事会与创新投入之间的负向调节效应不显著。因此，假设 H3 和假设 H4 得到了部分支持。企业负的绩效反馈与监督密集型董事会的交互项与创新投入及创新绩效并不存在显著的正相关关系，假设 H5 没有得到支持。

本研究还按照企业所有权性质将样本分为国有企业样本和非国有企业样本，对监督密集型董事会与创新投入及创新绩效之间的关系进行检验，结果发现监督密集型董事会对创新投入和创新绩效均在非国有企业样本中存在显著的负相关关系，在国有企业样本中并不显著。这说明密集型的董事会监督在非国有企业中的作用更为凸显，因为非国有企业中职业经理人更可能因为差的绩效表现被解雇。

四、本章小结

基于代理理论及相关的监管部门或立法措施所强调的强董事会监督，有利于缓解管理者的代理问题及降低管理者机会主义的行为空间，但是本章的研究结果表明，密集型的董事会监督会产生强监督的"成本"，不利于以 CEOs 为代表的高管团队从事创新投入及提高创新绩效。密集型监督的"成本"具体表现为：（1）降低以 CEOs 为代表的高管团队对创新活动的注意力分配；（2）降低以 CEOs 为代表的高管团队对董事会的信任感知，加重管理者的短视倾向；（3）降低以 CEOs 为代表的高管团队与董事会分享企业专有信息的意愿及所提供信息的质量，进而减弱董事会在创新决策中建议供给职能的有效性。本章的研究也与卡斯塔内和卡瓦第（Castañer and Kavadis，2013）的研究结论相一致，"好的"或者"最佳的"公司治理机制设计并不一定会产生最优的战略决策。此外，行业竞争程度会负向调节监督密集型董事会与创新投入之间的关系，企业的建议需求会负向调节监督密集型董事会与创新绩效之间的关系。本研究使用董事会监督密集性连续变量代替监督密集型董事会二值变量作稳健性检验，结果仍发现随着董事会监督密集性的提高，公司创新投入水平及创新绩效会下降。

第五章
研究结论与政策建议

本章主要包括三部分内容：首先，对本书的主要研究内容及结果进行了提炼和总结。其次，结合本章的研究结论为相关的监管部门及上市公司的实际控制者提出可应用于实践的政策与建议。最后，对本书研究中遇到的难题、局限性作了回顾，并对未来进一步可能拓展及值得研究的方向做了讨论。

第一节　主要研究结论

本书前面章节的内容主要聚焦于友好的董事会及监督密集型董事会如何影响公司创新投入及创新绩效的核心研究问题。最终，得出的主要研究结论如下。

一、友好型董事会对公司创新投入及创新绩效的影响

本研究发现独立董事—CEO 基于人口统计学特征相似性形成的董事会人口统计学特征友好性，有助于提高公司长期性战略投资——创新投入水平（表现为研发密度的增加），及创新绩效的改善（表现为发明专利申请数量的增加）。这与"相似吸引原则"所强调的个体对相似的其他人更具有吸引力，将会在同质化的群体中形成更强的凝聚力及更大程度的社会整

合及互动相一致。

此外，企业的监督需求能够负向调节董事会人口统计学特征友好性与创新投入之间的关系，表明当企业的监督需求越强时，代理问题越严重，友好的董事会更不可能对以 CEOs 为代表的高管团队进行监督，此时，董事会的人口统计学特征友好性会增加董事会与管理层之间"合谋"的倾向，加重管理者的堑壕效应及机会主义行为，更不利于企业的创新投入。而且企业的监督需求对董事会人口统计学特征友好性与创新投入之间的负向调节在非国有企业样本及高科技企业样本中更为显著，在国有企业及非高科技企业样本中不显著。企业负的绩效反馈能够负向调节董事会人口统计学特征友好性与创新绩效之间的关系，表明当企业实际绩效与期望的绩效水平差距越远时，高管在友好的董事会支持之下越可能进行更大幅度及更大程度的问题化搜寻，来提出解决问题的方案，从事更多的突破式创新。当下跌的绩效越临近期望参照点时，管理者搜寻的范围和深度会下降，董事会友好性对于高管建议的寻求及董事会的建议供给，以及董事会与高管团队之间的信任关系为高管提供的担保效应对于高质量创新的促进效应会减弱。而且企业负的绩效反馈对董事会人口统计学特征友好性与创新绩效之间的负向调节在非国有企业样本及高科技企业样本中更为显著，在国有企业及非高科技企业样本中不显著。

但是独立董事—CEO 基于校友关系和老乡关系形成的董事会社会友好性，会降低公司长期性战略投资——创新投入水平（表现为研发密度的降低），及创新绩效的改善（表现为发明专利申请数量的降低）。这与弗拉卡西和塔特（2012）的研究结果相一致，验证了 CEOs 与董事之间的社会关联会破坏公司内部治理的有效性。

企业的监督需求能够负向调节董事会社会友好性与创新绩效之间的关系，表明当企业的监督需求越强时，代理问题越严重，董事会的社会友好性更不可能对以 CEOs 为代表的高管团队进行监督，进而加重管理者的堑壕效应及机会主义行为，更不利于公司创新绩效的提升。企业负的绩效反馈能够显著地正向调节董事会社会友好性与创新投入及创新绩效之间的关系，也就是说当企业绩效与历史期望绩效之间的负向差距越小时，相比于企业绩效与历史期望绩效之间的负向差距更大时，董事会社会友好性对公司创新投入及创新绩效的负向影响作用更弱。此外，企业监督需求的负向调节作用及企业负的绩效反馈的正向调节作用均在国有企业样本中显著，在非国有企业样本中不显著。

最后，本研究还发现了董事会人口统计学特征友好性能够显著提高企业绩效（ROE），而且创新绩效在董事会人口统计学特征友好性与企业绩效之间发挥部分中介效应。但是董事会社会友好性对企业绩效并没有显著的影响。

二、监督密集型董事会对公司创新投入及创新绩效的影响

本研究发现监督密集型的董事会（董事会中多数独立董事在两个或两个以上的监督委员会中任职）会降低公司创新投入水平（表现为研发密度的降低）及创新绩效（表现为发明专利申请数量的降低）。这也验证了"强监督董事会是有成本的"的观点（Holmstrom，2005）。董事会的密集型监督会使得以CEOs为代表的高管团队感知到更大的业绩目标压力，更多地关注当前的短期目标实现，从而减弱对跨期注意力和空间注意力的配置，进而降低公司的创新投入水平。此外，董事会的密集型监督还会降低以CEOs为代表的高管与董事会尤其是外部独立董事之间的信任水平，加重高管的短视倾向，致使他们开展常规的、路径化的项目而不是有较高风险的创新活动。加上强监督致使高管与董事会分享战略信息的意愿下降，董事会很难有效地发挥其建议职能，来帮助高管提高创新绩效。

本研究还发现行业的竞争程度会负向调节监督密集型董事会与创新投入之间的关系，企业的建议需求会负向调节监督密集型董事会与创新绩效之间的关系。这也与我们的理论预期相一致，当行业的竞争程度越强时，高管团队越需要与董事会进行战略合作，监督密集型董事会对创新投入的不利影响越会被强化。当企业的建议需求越强，有经验的董事会的建议供

给能给企业带来更多的价值提升，监督密集型董事会对创新绩效的不利影响越在更大程度上被强化。最后，在检验监督密集型董事会对企业绩效的影响时，未能发现监督密集型董事会与企业绩效之间的显著性关系。

第二节　政策建议

一、对监管部门的建议

第一，本研究通过考察董事会友好性的两个维度，人口统计学特征友好性与社会友好性对公司创新决策的影响时，发现在中国"人情关系"社会特征的情境下，董事会的社会友好性会加重管理者的机会主义行为，因此，相关的监管部门应该防范上市公司为了满足"形式上"的独立董事比例的制度要求，而聘任与管理层或公司的实际控制者存在"老乡关系"或"校友关系"的独立董事，这些独立董事实际上并不真正独立，强化相应的政策，规定上市公司选聘"真正独立"的独立董事个体，或加快建立独立的第三方独立董事协会等类似的组织为上市公司的独立董事提供专业化的人才。

第二，监督密集型董事会带来的董事会监督的增强会有损董事会的建议质量，表明排他性的强调董事会监督职能并不利于董事会在战略决策中的建议供给，还会扭曲以 CEOs 为代表的高管的注意力分配区间，加重高管与董事会之间的不信任，进而强化高管在战略投资中的短视及较弱的风险承担能力，监管部门在设计价值最大化的治理结构时需要平衡董事会的监督和建议职责，引导上市公司在董事会内部监督委员会之间配置独立董事时，不应该出现过多的独立董事在多个监督委员会中任职超过"负荷"水平。

二、对上市公司实际控制者的建议

第一，本研究考察董事会人口统计学特征友好性及董事会社会友好性对创新战略决策的影响，对上市公司的实际控制者、董事会和高管来说有很强的实践启示。独立董事—CEO 人口统计学特征的相似性带来的董事会友好性能够增加上市公司的创新投入水平及创新绩效。因此，上市公司的实际控制者或董事会，以及以 CEOs 为代表的高管在选聘独立董事时，可以适当选择与 CEOs 存在人口统计学特征相似的独立董事个体，这种人口统计学特征的"同源性"更可能使 CEOs 与独立董事相互把对方归为"内群组"成员，"内群组"成员之间会表现出更多的信任、支持、信息交换及回报，这样更有利于董事会与高管在创新战略决策中的战略合作行为，进而可以通过提高创新投入水平及促进高质量的创新活动如产生更多的发明专利，而提高企业的绩效及长期竞争力。

第二，本研究考察监督密集型董事会对创新战略决策的影响对于上市公司的实际控制者、董事会和高管来说有很强的实践启示。菲希和施瓦达萨尼（2006）的研究表明当多数外部董事过度繁忙时，即在多个公司董事会中任职会有损企业价值，然而，在多个董事会中任职不同于董事在同一家公司董事会中的多个委员会任职。不同公司董事会任命给董事带来的威望和薪酬能够激励董事在不同公司董事会中合理的配置时间，相似的道理，在同一家公司董事会内部，如果董事在不同的职责（监督与建议）之间合理地分配他们的时间和精力，增加额外的时间和精力在一个监督委员会中时，会牺牲他们投入到其他董事会职责中的时间和精力。独立董事在董事会内部不同职责之间分配时间和精力的权衡对董事会有效的发挥其监督和建议职能有重要的影响。此外，过多的独立董事在多于一个监督委员会（审计、提名及薪酬）中任职产生的董事会密集型监督，会转移高管的注意力分配，不利于董事会—CEO 之间信任关系的培养，会在某种程度上加重管理者的短视倾向，也不利于双方之间的信息交换，这样导致的结果就是公司的创新投资水平及创新质量下降。因此，上市公司的实际控制者，无论是控股股东或第一大股东，还是强权力的管理层，在董事会内部子委员会的结构设计中，应该注意合理优化不同独立董事个体在监督委员会中的任职情况，可以让一个独立董事在一个监督委员会（审计、薪酬及提名）和一个建议委员会（如决策委员会、企业发展与战略投资委员会）中同时任职，尽量避免一个独立董事在多个监督委员会中同时任职的现象。

第三节　研究局限与研究展望

一、研究局限

尽管本书从理论及实证检验方面较为全面地分析了友好型董事会与监督密集型董事会对公司创新投入及创新绩效的影响，但是在整个研究过程中，可能在以下方面还存在一些局限性。

（1）本书只是在理论上分析了友好型董事会及监督密集型董事会影响公司创新投入及创新绩效的三个内在过程。由于很难直接观测上市公司董事会的会议过程，也很难直接对上市公司的 CEOs 等高管进行问卷调查，这就使得这三个中介过程的量化与度量变得更为困难，因此只能直接检验董事会友好性与监督密集性对公司创新投入及创新绩效的影响。

（2）度量监督密集型的董事会时，本书所使用的是董事会中是否有多数独立董事同时在多于一个监督委员会中任职的二值变量，以及董事会监督密集性比例变量，但是汉布瑞克等（Hambrick et al., 2015）认为同时具备多属性特征的独立董事个体是有效的监督者，以及祝继高等（2015）认为非控股股东董事相比于独立董事能更好的监督，即更可能对企业差的业绩投反对票。因此，在未来的研究中还需要将董事会中具备多属性特征的独立董事个数，以及非控股股东董事个数作为强董事会监督的替代指标做稳健性检验。

（3）度量董事会社会友好性变量时，本书只使用了上市公司高管及董事之间社会关联最为重要、也最为常用的独立董事—CEO 之间的校友关系和老乡关系的数据，独立董事—CEO 之间拥有的同一专业协会的成员身份及曾经拥有相同的工作单位也可以形成独立董事—CEO 之间的社会关联（李维安等，2017；陈霞等，2018），因此，在未来的研究中可以增加独立董事—CEO 之间社会关联的度量维度，以增加研究结果的稳健性。

二、研究展望

（1）未来的研究可以选择一定数量的上市公司作为研究样本，针对董事会友好性及监督密集性影响高管的注意力分配、信任感知及主动提供企业专有化信息的意愿及质量分别设计题项，进而形成调查问卷发放给上市公司的 CEOs 及其他高管，进一步对这三个中介过程进行量化，分析董事会友好性——以 CEOs 为代表的高管的注意力分配、信任感知及主动提供企业专有化信息的意愿及质量——创新投入及创新绩效的完整过程，以及监督密集型董事会——以 CEOs 为代表的高管的注意力分配、信任感知及主动提供企业专有化信息的意愿及质量——创新投入及创新绩效的完整过程。

（2）未来的研究可以考察友好的董事会是否影响董事会监督职能的有效性，具体体现为受董事会监督影响的战略领域，如以 CEOs 为代表的高管薪酬水平及薪酬结构、信息披露质量、财务陈述、上市公司违规行为等需要体现董事会监督重要性的问题。未来的研究还可以考察监督密集型的董事会是否在需要董事会监督的领域充分发挥出监督的有效性，如监督密集型的董事会对以 CEOs 为代表的高管薪酬水平及薪酬结构、信息披露质量、财务陈述、上市公司违规行为等领域问题的影响。这样就可以更好地帮助我们检验和理解董事会友好性及监督密集性在促进公司成长的战略决策如创新中的有效性，以及更需要董事会监督的领域的有效性，以便进一步优化董事会的结构设计。

（3）未来的研究还可以将友好的董事会与监督密集型的董事会分别进行强弱两个维度的划分，形成董事会类型的四种不同组合：Board1（强友好性，强监督密集性），Board2（强友好性，弱监督密集性），Board3（弱友好性，强监督密集性），Board4（弱友好性，弱监督密集性），来考察哪种董事会类型最有利于公司的创新投入及创新绩效。

参 考 文 献

[1] 陈春花，朱丽，宋继文. 学者价值何在？高管学术资本对创新绩效的影响研究 [J]. 经济管理，2018（10）：92－105.

[2] 陈凌，吴炳德. 市场化水平，教育程度和家族企业研发投资 [J]. 科研管理，2014，35（7）：44－50.

[3] 陈霞，马连福，贾西猛. 独立董事与 CEO 私人关系对公司绩效的影响 [J]. 管理科学，2018，31（2）：131－146.

[4] 陈艳. 我国独立董事的声誉激励机制研究 [J]. 经济体制改革，2008（3）：77－82.

[5] 成力为，戴小勇. 研发投入分布特征与研发投资强度影响因素的分析——基于我国 30 万个工业企业面板数据 [J]. 中国软科学，2012（8）：152－165.

[6] 程新生，李海萍. 治理人监督与战略绩效信息偏误的情境依赖 [J]. 管理科学学报，2011，14（10）：1－10.

[7] 党印，鲁桐. 企业的性质与公司治理：一种基于创新的治理理念 [J]. 制度经济学研究，2012（4）：64－91.

[8] 邓晓岚，陈栋，陈运森. 专门委员会重叠与 CEO 运气薪酬：基于国有控股上市公司的证据 [J]. 会计研究，2015（7）：49－55.

[9] 董晓庆，赵坚，袁朋伟. 国有企业创新效率损失研究 [J]. 中国工业经济，2014（2）：97－108.

[10] 樊纲，王小鲁，朱恒鹏. 中国市场化指数——各地区市场化相对进程 2011 年报告 [M]. 北京：经济科学出版社，2011.

[11] 费孝通. 乡土中国 [M]. 北京：人民出版社，2015.

[12] 冯根福，温军．中国上市公司治理与企业技术创新关系的实证分析［J］．中国工业经济，2008（7）：91-101.

[13] 龚辉锋，茅宁．咨询董事，监督董事与董事会治理有效性［J］．管理科学学报，2014，17（2）：81-94.

[14] 胡元木．技术独立董事可以提高R&D产出效率吗？——来自中国证券市场的研究［J］．南开管理评论，2012，15（2）：136-142.

[15] 胡元木，纪端．董事技术专长，创新效率与企业绩效［J］．南开管理评论，2017，20（3）：40-52.

[16] 黄福广，贾西猛．校友关系、信任与风险投资交易［J］．经济管理，2018（7）：161-177.

[17] 江伟，刘丹，李雯．薪酬委员会特征与高管薪酬契约——基于中国上市公司的经验研究［J］．2013（3）：3-17.

[18] 李建标，巨龙，李政，等．董事会里的"战争"——序贯与惩罚机制下董事会决策行为的实验分析［J］．南开管理评论，2009，12（5）：70-76.

[19] 李维安，李晓琳，张耀伟．董事会社会独立性与CEO变更——基于违规上市公司的研究［J］．管理科学，2017，30（2）：94-105.

[20] 黎文靖，郑曼妮．实质性创新还是策略性创新？——宏观产业政策对微观企业创新的影响［J］．经济研究，2016（4）：60-73.

[21] 李显君，王巍，刘文超，等．中国上市汽车公司所有权属性、创新投入与企业绩效的关联研究［J］．管理评论，2018，30（2）：71-82.

[22] 李云，王菲菲，尹天祥．CEO权力，审计委员会专业性与审计费用［J］．审计研究，2017（6）：91-98.

[23] 梁上坤．机构投资者持股会影响公司费用粘性吗？［J］．管理世界，2018（12）：133-148.

[24] 刘诚，杨继东，周斯洁．社会关系，独立董事任命与董事会独立性［J］．世界经济，2012（12）：83-101.

[25] 刘焱，姚海鑫．高管权力、审计委员会专业性与内部控制缺陷

[J]. 南开管理评论, 2014 (2): 4 - 12.

[26] 鲁桐, 党印. 公司治理与技术创新: 分行业比较 [J]. 经济研究, 2014 (6): 115 - 128.

[27] 陆瑶, 胡江燕. CEO 与董事间"老乡"关系对公司违规行为的影响研究 [J]. 南开管理评论, 2016, 19 (2): 52 - 62.

[28] 陆瑶, 胡江燕. CEO 与董事间的"老乡"关系对我国上市公司风险水平的影响 [J]. 管理世界, 2014 (3): 131 - 138.

[29] 龙玉, 赵海龙, 张新德, 等. 时空压缩下的风险投资———高铁通车与风险投资区域变化 [J]. 经济研究, 2017, 52 (4): 195 - 208.

[30] 宁向东, 张颖. 独立董事能够勤勉和诚信地进行监督吗——独立董事行为决策模型的构建 [J]. 中国工业经济, 2012 (11): 101 - 109.

[31] 任海云. 股权结构与企业 R&D 投入关系的实证研究——基于 A 股制造业上市公司的数据分析 [J]. 中国软科学, 2010 (5): 126 - 135.

[32] 申宇, 赵静梅, 何欣. 校友关系网络, 基金投资业绩与"小圈子"效应 [J]. 经济学 (季刊), 2015, 15 (1): 403 - 428.

[33] 申宇, 赵玲, 吴风云. 创新的母校印记: 基于校友圈与专利申请的证据 [J]. 中国工业经济, 2017 (8): 157 - 174.

[34] 谭劲松. 独立董事"独立性"研究 [J]. 中国工业经济, 2003 (10): 64 - 73.

[35] 唐雪松, 杜军, 申慧. 独立董事监督中的动机——基于独立意见的经验证据 [J]. 管理世界, 2010 (9): 138 - 149.

[36] 唐跃军, 肖国忠. 独立董事制度的移植及其本土化——基于对 500 家中国上市公司的问卷调查 [J]. 财经研究, 2004, 30 (2): 117 - 140.

[37] 唐跃军, 左晶晶. 所有权性质, 大股东治理与公司创新 [J]. 金融研究, 2014 (6): 177 - 192.

[38] 田轩, 孟清扬. 股权激励计划能促进企业创新吗 [J]. 南开管理评论, 2018, 21 (3): 176 - 190.

［39］王姝勋，方红艳，荣昭．期权激励会促进公司创新吗？——基于中国上市公司专利产出的证据［J］．金融研究，2018，441（3）：176－191.

［40］温忠麟，侯杰泰，张雷．调节效应与中介效应的比较和应用［J］．心理学报，2005，37（2）：268－274.

［41］文芳，胡玉明．中国上市公司高管个人特征与 R&D 投资［J］．管理评论，2009，21（11）：84－91.

［42］吴延兵．企业规模，市场力量与创新：一个文献综述［J］．经济研究，2007（5）：125－138.

［43］谢德仁，林乐，陈运森．薪酬委员会独立性与更高的经理人报酬—业绩敏感度——基于薪酬辩护假说的分析和检验［J］．管理世界，2012（1）：121－140.

［44］徐向艺，汤业国．董事会结构与技术创新绩效的关联性研究——来自中国中小上市公司的经验证据［J］．经济与管理研究，2013（2）：35－41.

［45］徐向艺，尹映集．家族控股公司独立董事比例与企业成长关系研究——创新行为的中介效应［J］．经济与管理研究，2014（5）：33－39.

［46］严若森，华小丽，钱晶晶．组织冗余及产权性质调节作用下连锁董事网络对企业创新投入的影响研究［J］．管理学报，2018，15（2）：217.

［47］严子淳，薛有志．董事会社会资本、公司领导权结构对企业 R&D 投入程度的影响研究［J］．管理学报，2015，12（4）：509－516.

［48］杨建君，刘刃．外部董事数量与企业创新决策关系［J］．科学学与科学技术管理，2007，28（6）：45－48.

［49］杨兴全，曾春华．市场化进程、多元化经营与公司现金持有［J］．管理科学，2012，25（6）：43－54.

［50］叶康涛，祝继高，陆正飞，张然．独立董事的独立性：基于董

事会投票的证据［J］. 经济研究，2011（1）：126 – 139.

［51］易靖韬，张修平，王化成. 企业异质性、高管过度自信与企业创新绩效［J］. 南开管理评论，2015（6）：101 – 112.

［52］约瑟夫·熊彼特. 经济发展理论［M］. 何畏，易家详，译. 北京：商务印书馆，1990.

［53］张杰，郑文平，翟福昕. 竞争如何影响创新：中国情景的新检验［J］. 中国工业经济，2014（11）：56 – 68.

［54］张维今，李凯，王淑梅. CEO 权力的调节作用下董事会资本对公司创新的内在机制影响研究［J］. 管理评论，2018，30（4）：70 – 82.

［55］张西征. 中国企业所有权结构对研发投资影响的研究［J］. 管理学报，2013，10（10）：1492 – 1501.

［56］张远飞，贺小刚，连燕玲. "富则思安"吗？——基于中国民营上市公司的实证分析［J］. 管理世界，2013（7）：130 – 144.

［57］周建，罗肖依，张双鹏. 公司内部治理能阻止财务多元化战略吗？［J］. 南开管理评论，2017，20（1）：4 – 15.

［58］周建，罗肖依，张双鹏. 独立董事有效监督的形成机理——面向董事会监督有效性的理论构建［J］. 中国工业经济，2016（5）：103 – 126.

［59］周建，任尚华，金媛媛，等. 董事会资本对企业 R&D 支出的影响研究——基于中国沪深两市高科技上市公司的经验证据［J］. 研究与发展管理，2012，24（1）：67 – 77.

［60］周煊，程立茹，王皓. 技术创新水平越高企业财务绩效越好吗？——基于 16 年中国制药上市公司专利申请数据的实证研究［J］. 金融研究，2012（8）：166 – 179.

［61］祝继高，叶康涛，陆正飞. 谁是更积极的监督者：非控股股东董事还是独立董事？［J］. 经济研究，2015（9）：170 – 184.

［62］朱磊，韩雪，王春燕. 股权结构、管理者过度自信与企业创新绩效——来自中国 A 股高科技企业的经验证据［J］. 软科学，2016，30

（12）：100－103.

［63］ Ashford S J, Northcraft G B. Conveying more（or less）than we realize: The role of impression-management in feedback-seeking ［J］. Organizational Behavior and Human Decision Processes, 1992, 53（3）：310－334.

［64］ Adams R B, Ferreira D. A theory of friendly boards ［J］. The Journal of Finance, 2007, 62（1）：217－250.

［65］ Adams R B, Hermalin B E, Weisbach M S. The role of boards of directors in corporate governance: A conceptual framework and survey ［J］. Journal of Economic Literature, 2010, 48（1）：58－107.

［66］ Adams R B, Licht A N, Sagiv L. Shareholders and stakeholders: How do directors decide? ［J］. Strategic Management Journal, 2011, 32（12）：1331－1355.

［67］ Aghion P, Bloom N, Blundell R, et al. Competition and innovation: An inverted－U relationship ［J］. The Quarterly Journal of Economics, 2005, 120（2）：701－728.

［68］ Aghion P, Howitt P. A model of growth through creative destruction ［J］. Econometrica, 1992, 60（2）：323－352.

［69］ Aghion P, Tirole J. The management of innovation ［J］. The Quarterly Journal of Economics, 1994, 109（4）：1185－1209.

［70］ Aghion P, Van Reenen J, Zingales L. Innovation and institutional ownership ［J］. American Economic Review, 2013, 103（1）：277－304.

［71］ Ahuja G, Lampert C M, Tandon V. Moving beyond Schumpeter: Management research on the determinants of technological innovation ［J］. Academy of Management Annals, 2008, 2（1）：1－98.

［72］ Almazan A, Suarez J. Entrenchment and severance pay in optimal governance structures ［J］. The Journal of Finance, 2003, 58（2）：519－547.

［73］ Armstrong C S, Guay W R, Weber J P. The role of information and financial reporting in corporate governance and debt contracting ［J］. Journal of Accounting and Economics, 2010, 50 (2 – 3): 179 – 234.

［74］ Arzubiaga U, Kotlar J, De Massis A, et al. Entrepreneurial orientation and innovation in family SMEs: Unveiling the (actual) impact of the Board of Directors ［J］. Journal of Business Venturing, 2018, 33 (4): 455 – 469.

［75］ Ashford S J, Northcraft G B. Conveying more (or less) than we realize: The role of impression-management in feedback-seeking ［J］. Organizational Behavior and Human Decision Processes, 1992, 53 (3): 310 – 334.

［76］ Asker J, Farre – Mensa J, Ljungqvist A. Corporate investment and stock market listing: A puzzle? ［J］. The Review of Financial Studies, 2014, 28 (2): 342 – 390.

［77］ Atanassov J. Do hostile takeovers stifle innovation? Evidence from antitakeover legislation and corporate patenting ［J］. The Journal of Finance, 2013, 68 (3): 1097 – 1131.

［78］ Ayyagari M, Demirgüç – Kunt A, Maksimovic V. Firm innovation in emerging markets: The role of finance, governance, and competition ［J］. Journal of Financial and Quantitative Analysis, 2011, 46 (6): 1545 – 1580.

［79］ Balkin D B, Markman G D, Gomez – Mejia L R. Is CEO pay in high-technology firms related to innovation? ［J］. Academy of Management Journal, 2000, 43 (6): 1118 – 1129.

［80］ Balsmeier B, Buchwald A, Stiebale J. Outside directors on the board and innovative firm performance ［J］. Research Policy, 2014, 43 (10): 1800 – 1815.

［81］ Balsmeier B, Fleming L, Manso G. Independent boards and innovation ［J］. Journal of Financial Economics, 2017, 123 (3): 536 – 557.

［82］ Bantel K A, Jackson S E. Top management and innovations in banking: Does the composition of the top team make a difference? ［J］. Strategic Management Journal, 1989, 10 (S1): 107 – 124.

［83］ Baranchuk N, Kieschnick R, Moussawi R. Motivating innovation in newly public firms ［J］. Journal of Financial Economics, 2014, 111 （3）: 578 – 588.

［84］ Barker Ⅲ V L, Mueller G C. CEO characteristics and firm R&D spending ［J］. Management Science, 2002, 48 （6）: 782 – 801.

［85］ Baumol W J. The free-market innovation machine: Analyzing the growth miracle of capitalism ［M］. NJ: Princeton University Press, 2002.

［86］ Baysinger B, Hoskisson R E. The composition of boards of directors and strategic control: Effects on corporate strategy ［J］. Academy of Management Review, 1990, 15 （1）: 72 – 87.

［87］ Baysinger B D, Kosnik R D, Turk T A. Effects of board and ownership structure on corporate R&D strategy ［J］. Academy of Management Journal, 1991, 34 （1）: 205 – 214.

［88］ Beatty, R P, Zajac, E J. Managerial incentives, monitoring, and risk bearing: A study of executive compensation, ownership, and board structure in initial public offerings ［J］. Administrative Science Quarterly, 1994, 39 （2）: 313 – 335.

［89］ Belloc F. Corporate governance and innovation: A survey ［J］. Journal of Economic Surveys, 2012, 26 （5）: 835 – 864.

［90］ Bernile G, Bhagwat V, Yonker S. Board diversity, firm risk, and corporate policies ［J］. Journal of Financial Economics, 2018, 127 （3）: 588 – 612.

［91］ Boivie S, Bednar M K, Aguilera R V, et al. Are boards designed to fail? The implausibility of effective board monitoring ［J］. Academy of Management Annals, 2016, 10 （1）: 319 – 407.

［92］ Booth J R, Deli D N. Factors affecting the number of outside directorships held by CEOs ［J］. Journal of Financial Economics, 1996, 40 （1）: 81 – 104.

［93］ Boyd B K. Board control and CEO compensation ［J］. Strategic Management Journal, 1994, 15 (5): 335 - 344.

［94］ Boyd B K. CEO duality and firm performance: A contingency model ［J］. Strategic Management Journal, 1995, 16 (4): 301 - 312.

［95］ Brandes P, Dharwadkar R, Suh S. I know something you don't know!: The role of linking pin directors in monitoring and incentive alignment ［J］. Strategic Management Journal, 2016, 37 (5): 964 - 981.

［96］ Brickley J A, Zimmerman J L. Corporate governance myths: Comments on Armstrong, Guay, and Weber ［J］. Journal of Accounting and Economics, 2010, 50 (2 - 3): 235 - 245.

［97］ Brown S L, Eisenhardt K M. Product development: Past research, present findings, and future directions ［J］. Academy of Management Review, 1995, 20 (2): 343 - 378.

［98］ Burt, R. S. Structural Holes ［M］. MA: Harvard University Press, 1992.

［99］ Bushman R M, Piotroski J D, Smith A J. What determines corporate transparency? ［J］. Journal of Accounting Research, 2004, 42 (2): 207 - 252.

［100］ Butler A W, Gurun U G. Educational networks, mutual fund voting patterns, and CEO compensation ［J］. The Review of Financial Studies, 2012, 25 (8): 2533 - 2562.

［101］ Byrne. The attraction paradigm ［M］. NY: Academic Press, 1971.

［102］ Cai J, Garner J L, Walkling R A. Electing directors ［J］. The Journal of Finance, 2009, 64 (5): 2389 - 2421.

［103］ Campbell J T, Campbell T C, Sirmon D G, et al. Shareholder influence over director nomination via proxy access: Implications for agency conflict and stakeholder value ［J］. Strategic Management Journal, 2012, 33

参 考 文 献

(12): 1431 – 1451.

[104] Cannella Jr A A, Park J H, Lee H U. Top management team functional background diversity and firm performance: Examining the roles of team member colocation and environmental uncertainty [J]. Academy of Management Journal, 2008, 51 (4): 768 – 784.

[105] Carlile P R. Transferring, translating, and transforming: An integrative framework for managing knowledge across boundaries [J]. Organization Science, 2004, 15 (5): 555 – 568.

[106] Carpenter M A, Westphal J D. The strategic context of external network ties: Examining the impact of director appointments on board involvement in strategic decision making [J]. Academy of Management Journal, 2001, 44 (4): 639 – 660.

[107] Castaner X, Kavadis N. Does good governance prevent bad strategy? A study of corporate governance, financial diversification, and value creation by French corporations, 2000 – 2006 [J]. Strategic Management Journal, 2013, 34 (7): 863 – 876.

[108] Certo S T, Daily C M, Dalton D R. Signaling firm value through board structure: An investigation of initial public offerings [J]. Entrepreneurship Theory and Practice, 2001, 26 (2): 33 – 50.

[109] Certo S T. Influencing initial public offering investors with prestige: Signaling with board structures [J]. Academy of Management Review, 2003, 28 (3): 432 – 446.

[110] Chahine S, Goergen M. The effects of management-board ties on IPO performance [J]. Journal of Corporate Finance, 2013, 21 (1): 153 – 179.

[111] Chang X, Fu K, Low A, et al. Non-executive employee stock options and corporate innovation [J]. Journal of Financial Economics, 2015, 115 (1): 168 – 188.

［112］ Chen H L, Hsu W T. Family ownership, board independence, and R&D investment ［J］. Family Business Review, 2009, 22 （4）: 347 – 362.

［113］ Chen X, Harford J, Li K. Monitoring: Which institutions matter? ［J］. Journal of Financial Economics, 2007, 86 （2）: 279 – 305.

［114］ Cheng S. Board size and the variability of corporate performance ［J］. Journal of Financial Economics, 2008, 87 （1）: 157 – 176.

［115］ Chintrakarn P, Jiraporn P, Sakr S, et al. Do co-opted directors mitigate managerial myopia? Evidence from R&D investments ［J］. Finance Research Letters, 2016, 17: 285 – 289.

［116］ Cho T S, Hambrick D C. Attention as the mediator between top management team characteristics and strategic change: The case of airline deregulation ［J］. Organization Science, 2006, 17 （4）: 453 – 469.

［117］ Choi S B, Lee S H, Williams C. Ownership and firm innovation in a transition economy: Evidence from China ［J］. Research Policy, 2011, 40 （3）: 441 – 452.

［118］ Choi S B, Park B I, Hong P. Does ownership structure matter for firm technological innovation performance? The case of Korean firms ［J］. Corporate Governance: An International Review, 2012, 20 （3）: 267 – 288.

［119］ Clark M S, Mills J. Interpersonal attraction in exchange and communal relationships ［J］. Journal of Personality and Social Psychology, 1979, 37 （1）: 12 – 24.

［120］ Coase R H. The nature of the firm ［J］. Economica, 1937, 4 （16）: 386 – 405.

［121］ Cohen L, Diether K, Malloy C. Misvaluing innovation ［J］. The Review of Financial Studies, 2013, 26 （3）: 635 – 666.

［122］ Cohen L, Frazzini A, Malloy C J. Hiring cheerleaders: Board appointments of "independent" directors ［J］. Management Science, 2012, 58

(6): 1039 – 1058.

[123] Cohen L, Frazzini A, Malloy C. Sell-side school ties [J]. The Journal of Finance, 2010, 65 (4): 1409 – 1437.

[124] Cohen L, Frazzini A, Malloy C. The small world of investing: Board connections and mutual fund returns [J]. Journal of Political Economy, 2008, 116 (5): 951 – 979.

[125] Coleman J S. Foundations of social theory [M]. MA: Harvard University Press, 1994.

[126] Coleman J S. Social capital in the creation of human capital [J]. American Journal of Sociology, 1988, 94: S95 – S120.

[127] Coles J L, Daniel N D, Naveen L. Boards: Does one size fit all? [J]. Journal of Financial Economics, 2008, 87 (2): 329 – 356.

[128] Colquitt J A, Conlon D E, Wesson M J, et al. Justice at the millennium: A meta-analytic review of 25 years of organizational justice research [J]. Journal of Applied Psychology, 2001, 86 (3): 425 – 445.

[129] Core J E, Holthausen R W, Larcker D F. Corporate governance, chief executive officer compensation, and firm performance [J]. Journal of Financial Economics, 1999, 51 (3): 371 – 406.

[130] Custódio C, Ferreira M A, Matos P. Do general managerial skills spur innovation? [J]. Management Science, 2017, 65 (2): 1 – 18.

[131] Cyert, R. M. , & March, J. G. A behavioral theory of the firm [M]. Englewood Cliffs, NJ: Prentice – Hall, 1963.

[132] Daft R L. A dual-core model of organizational innovation [J]. Academy of Management Journal, 1978, 21 (2): 193 – 210.

[133] Daily C M, Dalton D R, Cannella Jr A A. Corporate governance: Decades of dialogue and data [J]. Academy of Management Review, 2003, 28 (3): 371 – 382.

[134] Daily C M, Dalton D R. Board of directors leadership and struc-

ture: Control and performance implications [J]. Entrepreneurship Theory and Practice, 1993, 17 (3): 65 – 81.

[135] Dalton D R, Daily C M, Johnson J L, et al. Number of directors and financial performance: A meta-analysis [J]. Academy of Management Journal, 1999, 42 (6): 674 – 686.

[136] Dalton D R, Hitt M A, Certo S T, et al. The fundamental agency problem and its mitigation: Independence, equity, and the market for corporate control [J]. The Academy of Management Annals, 2007, 1 (1): 1 – 64.

[137] Dalziel T, Gentry R J, Bowerman M. An integrated agency-resource dependence view of the influence of directors' human and relational capital on firms' R&D spending [J]. Journal of Management Studies, 2011, 48 (6): 1217 – 1242.

[138] Damanpour F. Organizational complexity and innovation: Developing and testing multiple contingency models [J]. Management Science, 1996, 42 (5): 693 – 716.

[139] David P, O'Brien J P, Yoshikawa T. The implications of debt heterogeneity for R&D investment and firm performance [J]. Academy of Management Journal, 2008, 51 (1): 165 – 181.

[140] David P, Hitt M A, Gimeno J. The influence of activism by institutional investors on R&D [J]. Academy of Management Journal, 2001, 44 (1): 144 – 157.

[141] DeFond M L, Hann R N, Hu X. Does the market value financial expertise on audit committees of boards of directors? [J]. Journal of Accounting Research, 2005, 43 (2): 153 – 193.

[142] Demsetz H, Lehn K. The structure of corporate ownership: Causes and consequences [J]. Journal of Political Economy, 1985, 93 (6): 1155 – 1177.

[143] Desai V M. The behavioral theory of the (governed) firm: Corpo-

rate board influences on organizations' responses to performance shortfalls [J].
Academy of Management Journal, 2016, 59 (3): 860 – 879.

[144] Dittmar A, Mahrt – Smith J. Corporate governance and the value of cash holdings [J]. Journal of Financial Economics, 2007, 83 (3): 599 – 634.

[145] Duchin R, Matsusaka J G, Ozbas O. When are outside directors effective? [J]. Journal of Financial Economics, 2010, 96 (2): 195 – 214.

[146] Ederer F, Manso G. Is pay for performance detrimental to innovation? [J]. Management Science, 2013, 59 (7): 1496 – 1513.

[147] Eggers J P, Kaplan S. Cognition and renewal: Comparing CEO and organizational effects on incumbent adaptation to technical change [J]. Organization Science, 2009, 20 (2): 461 – 477.

[148] Eisenberg T, Sundgren S, Wells M T. Larger board size and decreasing firm value in small firms [J]. Journal of Financial Economics, 1998, 48 (1): 35 – 54.

[149] Eisenhardt K M, Brown S L. Time pacing: competing in markets that won't stand still [J]. Harvard Business Review, 1998, 76 (2): 59 – 69.

[150] Eisenhardt K M, Martin J A. Dynamic capabilities: what are they? [J]. Strategic Management Journal, 2000, 21 (10 – 11): 1105 – 1121.

[151] Eisenhardt K M. Agency theory: An assessment and review [J]. Academy of Management Review, 1989, 14 (1): 57 – 74.

[152] Ellstrand A E, Tihanyi L, Johnson J L. Board structure and international political risk [J]. Academy of Management Journal, 2002, 45 (4): 769 – 777.

[153] Engelberg J, Gao P, Parsons C A. The Price of a CEO's Rolodex [J]. The Review of Financial Studies, 2013, 26 (1): 79 – 114.

[154] Fahlenbrach R, Low A, Stulz R M. Why do firms appoint CEOs as outside directors? [J]. Journal of Financial Economics, 2010, 97 (1):

12 – 32.

[155] Faleye O, Hoitash R, Hoitash U. The costs of intense board moni-
toring [J]. Journal of Financial Economics, 2011, 101 (1): 160 – 181.

[156] Faleye O, Kovacs T, Venkateswaran A. Do better-connected CEOs
innovate more? [J]. Journal of Financial and Quantitative Analysis, 2014, 49
(5 – 6): 1201 – 1225.

[157] Fama E F. Agency problems and the theory of the firm [J]. Journal
of Political Economy, 1980, 88 (2): 288 – 307.

[158] Fama E F, Jensen M C. Separation of ownership and control [J].
The Journal of Law and Economics, 1983, 26 (2): 301 – 325.

[159] Ferris S P, Jagannathan M, Pritchard A C. Too busy to mind the
business? Monitoring by directors with multiple board appointments [J]. The
Journal of Finance, 2003, 58 (3): 1087 – 1111.

[160] Fich E M, Shivdasani A. Are busy boards effective monitors? [J].
The Journal of Finance, 2006, 61 (2): 689 – 724.

[161] Fiegener M K, Brown B M, Dreux D R, et al. The adoption of
outside boards by small private US firms [J]. Entrepreneurship & Regional De-
velopment, 2000, 12 (4): 291 – 309.

[162] Field L, Lowry M, Mkrtchyan A. Are busy boards detrimental?
[J]. Journal of Financial Economics, 2013, 109 (1): 63 – 82.

[163] Fields M A, Keys P Y. The emergence of corporate governance from
Wall St. to Main St.: Outside directors, board diversity, earnings management,
and managerial incentives to bear risk [J]. Financial Review, 2003, 38 (1):
1 – 24.

[164] Finkelstein, Hambrick, & Cannella. Strategic leadership: Theory
and research on executives, top management teams, and boards [M]. Oxford:
Oxford University Press, 2009.

[165] Flammer C, Bansal P. Does a long-term orientation create value?

Evidence from a regression discontinuity [J]. Strategic Management Journal, 2017, 38 (9): 1827 - 1847.

[166] Forbes D P, Milliken F J. Cognition and corporate governance: Understanding boards of directors as strategic decision-making groups [J]. Academy of Management Review, 1999, 24 (3): 489 - 505.

[167] Fracassi C, Tate G. External networking and internal firm governance [J]. The Journal of Finance, 2012, 67 (1): 153 - 194.

[168] Galasso A, Simcoe T S. CEO overconfidence and innovation [J]. Management Science, 2011, 57 (8): 1469 - 1484.

[169] Gavetti G, Greve H R, Levinthal D A, et al. The behavioral theory of the firm: Assessment and prospects [J]. The Academy of Management Annals, 2012, 6 (1): 1 - 40.

[170] Gavetti G, Levinthal D A. 50th Anniversay article: The strategy field from the perspective of Management Science: Divergent strands and possible integration [J]. Management Science, 2004, 50 (10): 1309 - 1318.

[171] Georgakakis D, Ruigrok W. CEO succession origin and firm performance: A multilevel study [J]. Journal of Management Studies, 2017, 54 (1): 58 - 87.

[172] Geroski P A, Mata J, Portugal P. Founding conditions and the survival of new firms [J]. Strategic Management Journal, 2010, 31 (5): 510 - 529.

[173] Gibbs, J. P. Norms, deviance, and social control: Conceptual matters [M]. NY: Elsevier North Holland, 1981.

[174] Golden B R, Zajac E J. When will boards influence strategy? Inclination × power = strategic change [J]. Strategic Management Journal, 2001, 22 (12): 1087 - 1111.

[175] Gompers P A, Mukharlyamov V, Xuan Y. The cost of friendship [J]. Journal of Financial Economics, 2016, 119 (3): 626 - 644.

［176］ Gompers P, Ishii J, Metrick A. Corporate governance and equity prices ［J］. The Quarterly Journal of Economics, 2003, 118 (1): 107 – 156.

［177］ Gormley T A, Matsa D A. Common errors: How to (and not to) control for unobserved heterogeneity ［J］. The Review of Financial Studies, 2014, 27 (2): 617 – 661.

［178］ Graves S B. Institutional ownership and corporate R&D in the computer industry ［J］. Academy of Management Journal, 1988, 31 (2): 417 – 428.

［179］ Greve H R. A behavioral theory of R&D expenditures and innovations: Evidence from shipbuilding ［J］. Academy of Management Journal, 2003, 46 (6): 685 – 702.

［180］ Greve H R. Performance, aspirations and risky organizational change ［J］. Administrative Science Quarterly, 1998, 43 (1): 58 – 86.

［181］ Grossman G M, Helpman E. Endogenous innovation in the theory of growth ［J］. Journal of Economic Perspectives, 1994, 8 (1): 23 – 44.

［182］ Grossman G M, Helpman E. Trade, innovation, and growth ［J］. The American Economic Review, 1990, 80 (2): 86 – 91.

［183］ Grossman W. Intraindustry executive succession, competitive dynamics, and firm performance: Through the knowledge transfer lens ［J］. Journal of Managerial Issues, 2007, 19 (3): 340 – 361.

［184］ Guan J C, Richard C M, Tang E P Y, et al. Innovation strategy and performance during economic transition: Evidences in Beijing, China ［J］. Research Policy, 2009, 38 (5): 802 – 812.

［185］ Guan Y, Su L N, Wu D, et al. Do school ties between auditors and client executives influence audit outcomes? ［J］. Journal of Accounting and Economics, 2016, 61 (2 – 3): 506 – 525.

［186］ Hambrick D C, Cho T S, Chen M J. The influence of top management team heterogeneity on firms' competitive moves ［J］. Administrative Science

Quarterly, 1996, 41 (4): 659 - 684.

[187] Hambrick D C, Mason P A. Upper echelons: The organization as a reflection of its top managers [J]. Academy of Management Review, 1984, 9 (2): 193 - 206.

[188] Hambrick D C, Misangyi V F, Park C A. The quad model for identifying a corporate director's potential for effective monitoring: Toward a new theory of board sufficiency [J]. Academy of Management Review, 2015, 40 (3): 323 - 344.

[189] Hansen G S, Hill C W L. Are institutional investors myopic? A time-series study of four technology-driven industries [J]. Strategic Management Journal, 1991, 12 (1): 1 - 16.

[190] Harford J. Corporate cash reserves and acquisitions [J]. The Journal of Finance, 1999, 54 (6): 1969 - 1997.

[191] Harrison J R. The strategic use of corporate board committees [J]. California Management Review, 1987, 30 (1): 109 - 125.

[192] Hartley S. The effectiveness of the chief technology officer [J]. Research Technology Management, 2011, 54 (3): 28 - 35.

[193] Haushalter D, Klasa S, Maxwell W F. The influence of product market dynamics on a firm's cash holdings and hedging behavior [J]. Journal of Financial Economics, 2007, 84 (3): 797 - 825.

[194] Hausman J A, Hall B H, Griliches Z. Econometric models for count data with an application to the patents - R&D relationship [J]. Econometrica, 1984, 52 (4): 909 - 938.

[195] He J, Wang H C. Innovative knowledge assets and economic performance: The asymmetric roles of incentives and monitoring [J]. Academy of Management Journal, 2009, 52 (5): 919 - 938.

[196] Helfat C E, Lieberman M B. The birth of capabilities: Market entry and the importance of pre-history [J]. Industrial and Corporate Change,

2002, 11 (4): 725 - 760.

[197] Hillman A J, Cannella A A, Paetzold R L. The resource depend-ence role of corporate directors: Strategic adaptation of board composition in re-sponse to environmental change [J]. Journal of Management Studies, 2000, 37 (2): 235 - 256.

[198] Hillman A J, Dalziel T. Boards of directors and firm performance: Integrating agency and resource dependence perspectives [J]. Academy of Man-agement Review, 2003, 28 (3): 383 - 396.

[199] Hillman A J, Nicholson G, Shropshire C. Directors' multiple iden-tities, identification, and board monitoring and resource provision [J]. Organi-zation Science, 2008, 19 (3): 441 - 456.

[200] Hillman A J, Shropshire C, Cannella Jr A A. Organizational pre-dictors of women on corporate boards [J]. Academy of Management Journal, 2007, 50 (4): 941 - 952.

[201] Hillman A J, Withers M C, Collins B J. Resource dependence the-ory: A review [J]. Journal of Management, 2009, 35 (6): 1404 - 1427.

[202] Hillman A J. Politicians on the board of directors: Do connections affect the bottom line? [J]. Journal of Management, 2005, 31 (3): 464 - 481.

[203] Hirshleifer D, Low A, Teoh S H. Are overconfident CEOs better innovators? [J]. The Journal of Finance, 2012, 67 (4): 1457 - 1498.

[204] Hitt M A, Tyler B B. Strategic decision models: Integrating differ-ent perspectives [J]. Strategic Management Journal, 1991, 12 (5): 327 - 351.

[205] Hoffman E. The effect of race-ratio composition on the frequency of organizational communication [J]. Social Psychology Quarterly, 1985, 48 (1): 17 - 26.

[206] Hogg M, Abrams D. Social identification [M]. London: Rout-

ledge, 1988.

[207] Hoitash U. Should independent board members with social ties to management disqualify themselves from serving on the board? [J]. Journal of Business Ethics, 2011, 99 (3): 399 – 423.

[208] Holmlstrom B. Pay without performance and the managerial power hypothesis: A comment [J]. Journal of Corporate Law, 2005, 30 (4): 703 – 715.

[209] Holmstrom B. Agency costs and innovation [J]. Journal of Economic Behavior & Organization, 1989, 12 (3): 305 – 327.

[210] Hoskisson R E, Castleton M W, Withers M C. Complementarity in monitoring and bonding: More intense monitoring leads to higher executive compensation [J]. Academy of Management Perspectives, 2009, 23 (2): 57 – 74.

[211] Hoskisson R E, Hitt M A, Johnson R A, et al. Conflicting voices: The effects of institutional ownership heterogeneity and internal governance on corporate innovation strategies [J]. Academy of Management Journal, 2002, 45 (4): 697 – 716.

[212] Hwang B H, Kim S. It pays to have friends [J]. Journal of Financial Economics, 2009, 93 (1): 138 – 158.

[213] Iyer D N, Miller K D. Performance feedback, slack, and the timing of acquisitions [J]. Academy of Management Journal, 2008, 51 (4): 808 – 822.

[214] Jaffe A B, Trajtenberg M, Henderson R. Geographic localization of knowledge spillovers as evidenced by patent citations [J]. The Quarterly Journal of Economics, 1993, 108 (3): 577 – 598.

[215] Jensen M C, Meckling W H. Theory of the firm: Managerial behavior, agency costs and ownership structure [J]. Journal of Financial Economics, 1976, 3 (4): 305 – 360.

[216] Jensen M C. Agency costs of free cash flow, corporate finance, and takeovers [J]. The American Economic Review, 1986, 76 (2): 323 – 329.

[217] Jensen M C. The modern industrial revolution, exit, and the failure of internal control systems [J]. The Journal of Finance, 1993, 48 (3): 831 – 880.

[218] Jensen M, Zajac E J. Corporate elites and corporate strategy: How demographic preferences and structural position shape the scope of the firm [J]. Strategic Management Journal, 2004, 25 (6): 507 – 524.

[219] Jia N, Huang K G, Man Zhang C. Public governance, corporate governance, and firm innovation: An examination of state-owned enterprises [J]. Academy of Management Journal, 2019, 62 (1): 220 – 247.

[220] Johnson J L, Daily C M, Ellstrand A E. Boards of directors: A review and research agenda [J]. Journal of Management, 1996, 22 (3): 409 – 438.

[221] Johnson R A, Hoskisson R E, Hitt M A. Board of director involvement in restructuring: The effects of board versus managerial controls and characteristics [J]. Strategic Management Journal, 1993, 14 (S1): 33 – 50.

[222] Jones T M. Instrumental stakeholder theory: A synthesis of ethics and economics [J]. Academy of Management Review, 1995, 20 (2): 404 – 437.

[223] Kang J K, Liu W L, Low A, et al. Friendly boards and innovation [J]. Journal of Empirical Finance, 2018, 45: 1 – 25.

[224] Kaplan S. Cognition, capabilities, and incentives: Assessing firm response to the fiber-optic revolution [J]. Academy of Management Journal, 2008, 51 (4): 672 – 695.

[225] Khanna P, Jones C D, Boivie S. Director human capital, information processing demands, and board effectiveness [J]. Journal of Management, 2014, 40 (2): 557 – 585.

[226] Kim Y. Board network characteristics and firm performance in Korea [J]. Corporate Governance: An International Review, 2005, 13 (6): 800 – 808.

[227] Kirner E, Kinkel S, Jaeger A. Innovation paths and the innovation performance of low-technology firms—An empirical analysis of German industry [J]. Research Policy, 2009, 38 (3): 447 –458.

[228] Klein A. Firm performance and board committee structure [J]. The Journal of Law and Economics, 1998, 41 (1): 275 –304.

[229] Klein A. Audit committee, board of director characteristics, and earnings management [J]. Journal of Accounting and Economics, 2002, 33 (3): 375 –400.

[230] Kochhar R, David P. Institutional investors and firm innovation: A test of competing hypotheses [J]. Strategic Management Journal, 1996, 17 (1): 73 –84.

[231] Kor Y Y, Misangyi V F. Outside directors' industry-specific experience and firms' liability of newness [J]. Strategic Management Journal, 2008, 29 (12): 1345 –1355.

[232] Kor Y Y. Direct and interaction effects of top management team and board compositions on R&D investment strategy [J]. Strategic Management Journal, 2006, 27 (11): 1081 –1099.

[233] Krause R, Semadeni M, Cannella Jr A A. External COO/presidents as expert directors: A new look at the service role of boards [J]. Strategic Management Journal, 2013, 34 (13): 1628 –1641.

[234] Kroll M, Walters B A, Le S A. The impact of board composition and top management team ownership structure on post – IPO performance in young entrepreneurial firms [J]. Academy of Management Journal, 2007, 50 (5): 1198 –1216.

[235] Kuusela P, Keil T, Maula M. Driven by aspirations, but in what

direction? Performance shortfalls, slack resources, and resource-consuming vs. resource-freeing organizational change [J] . Strategic Management Journal, 2017, 38 (5): 1101 – 1120.

[236] Laursen K, Salter A. Open for innovation: The role of openness in explaining innovation performance among UK manufacturing firms [J]. Strategic Management Journal, 2006, 27 (2): 131 – 150.

[237] Laux C, Laux V. Board committees, CEO compensation, and earnings management [J]. The Accounting Review, 2009, 84 (3): 869 – 891.

[238] Lee C Y. A new perspective on industry R&D and market structure [J]. The Journal of Industrial Economics, 2005, 53 (1): 101 – 122.

[239] Lee P M, O'Neill H M. Ownership structures and R&D investments of US and Japanese firms: Agency and stewardship perspectives [J]. Academy of Management Journal, 2003, 46 (2): 212 – 225.

[240] Lehn K M, Patro S, Zhao M. Determinants of the size and composition of US corporate boards: 1935 – 2000 [J] . Financial Management, 2009, 38 (4): 747 – 780.

[241] Lerner J, Sorensen M, Str? mberg P. Private equity and long-run investment: The case of innovation [J] . The Journal of Finance, 2011, 66 (2): 445 – 477.

[242] Lerner J, Wulf J. Innovation and incentives: Evidence from corporate R&D [J]. The Review of Economics and Statistics, 2007, 89 (4): 634 – 644.

[243] Levinthal D A, March J G. The myopia of learning [J] . Strategic Management Journal, 1993, 14 (S2): 95 – 112.

[244] Levy O. The influence of top management team attention patterns on global strategic posture of firms [J]. Journal of Organizational Behavior, 2005, 26 (7): 797 – 819.

[245] Li Q, Maggitti P G, Smith K G, et al. Top management attention

to innovation: The role of search selection and intensity in new product introductions [J]. Academy of Management Journal, 2013, 56 (3): 893 - 916.

[246] Lim E N K, Mccann B T. The influence of relative values of outside director stock options on firm strategic risk from a multiagent perspective [J]. Strategic Management Journal, 2013, 34 (13): 1568 - 1590.

[247] Linck J S, Netter J M, Yang T. The determinants of board structure [J]. Journal of Financial Economics, 2008, 87 (2): 308 - 328.

[248] Lipton M, Lorsch J W. A modest proposal for improved corporate governance [J]. The Business Lawyer, 1992, 48 (1): 59 - 77.

[249] Lorsch, J. W. Pawns or potentates: The reality of America's corporate boards [M]. Boston: Harvard Business School Press, 1989.

[250] Lovelace K, Shapiro D L, Weingart L R. Maximizing cross-functional new product teams' innovativeness and constraint adherence: A conflict communications perspective [J]. Academy of Management Journal, 2001, 44 (4): 779 - 793.

[251] Mannix E, Neale M A. What differences make a difference? The promise and reality of diverse teams in organizations [J]. Psychological Science in the Public Interest, 2005, 6 (2): 31 - 55.

[252] Manso G. Motivating innovation [J]. The Journal of Finance, 2011, 66 (5): 1823 - 1860.

[253] Marcel J J, Barr P S, Duhaime I M. The influence of executive cognition on competitive dynamics [J]. Strategic Management Journal, 2011, 32 (2): 115 - 138.

[254] March J G, Simon H A. Organizations [M]. NY: Wiley, 1958.

[255] Martin K D, Cullen J B, Johnson J L, et al. Deciding to bribe: A cross-level analysis of firm and home country influences on bribery activity [J]. Academy of Management Journal, 2007, 50 (6): 1401 - 1422.

[256] Marvel M R, Lumpkin G T. Technology entrepreneurs' human cap-

ital and its effects on innovation radicalness [J]. Entrepreneurship Theory and Practice, 2007, 31 (6): 807 – 828.

[257] Masulis R W, Mobbs S. Independent director incentives: Where do talented directors spend their limited time and energy? [J]. Journal of Financial Economics, 2014, 111 (2): 406 – 429.

[258] McCahery J A, Sautner Z, Starks L T. Behind the scenes: The corporate governance preferences of institutional investors [J]. The Journal of Finance, 2016, 71 (6): 2905 – 2932.

[259] McDonald J F, Moffitt R A. The uses of Tobit analysis [J]. The Review of Economics and Statistics, 1980, 62 (2): 318 – 321.

[260] McDonald M L, Khanna P, Westphal J D. Getting them to think outside the circle: Corporate governance, CEOs' external advice networks, and firm performance [J]. Academy of Management Journal, 2008, 51 (3): 453 – 475.

[261] McDonald M L, Westphal J D. Getting by with the advice of their friends: CEOs' advice networks and firms' strategic responses to poor performance [J]. Administrative Science Quarterly, 2003, 48 (1): 1 – 32.

[262] McPherson M, Smith – Lovin L, Cook J M. Birds of a feather: Homophily in social networks [J]. Annual Review of Sociology, 2001, 27 (1): 415 – 444.

[263] Mintzberg H. The nature of managerial work [M]. NY: Harper and Row, 1973.

[264] Mitteness C R, DeJordy R, Ahuja M K, et al. Extending the role of similarity attraction in friendship and advice networks in angel groups [J]. Entrepreneurship Theory and Practice, 2016, 40 (3): 627 – 655.

[265] Morck R, Shleifer A, Vishny R W. Management ownership and market valuation: An empirical analysis [J]. Journal of Financial Economics, 1988, 20 (1 – 2): 293 – 315.

[266] Nahapiet J, Ghoshal S. Social capital, intellectual capital, and the organizational advantage [J]. Academy of Management Review, 1998, 23 (2): 242 – 266.

[267] Nee V, Opper S. Capitalism from below: Markets and institutional change in China [M]. Cambridge: Harvard University Press, 2012.

[268] Newman H A, Mozes H A. Does the composition of the compensation committee influence CEO compensation practices? [J]. Financial Management, 1999, 28 (3): 41 – 53.

[269] Nguyen B D, Nielsen K M. The value of independent directors: Evidence from sudden deaths [J]. Journal of Financial Economics, 2010, 98 (3): 550 – 567.

[270] Nguyen B D. Does the Rolodex matter? Corporate elite's small world and the effectiveness of boards of directors [J]. Management Science, 2012, 58 (2): 236 – 252.

[271] O'Neal D, Thomas H. Developing the strategic board [J]. Long Range Planning, 1996, 29 (3): 314 – 327.

[272] O'Reilly III C A, Caldwell D F, Barnett W P. Work group demography, social integration, and turnover [J]. Administrative Science Quarterly, 1989, 34 (1): 21 – 37.

[273] O'Sullivan M. The innovative enterprise and corporate governance [J]. Cambridge Journal of Economics, 2000, 24 (4): 393 – 416.

[274] Ocasio W. Towards an attention-based view of the firm [J]. Strategic Management Journal, 1997, 18 (S1): 187 – 206.

[275] Osterloh M, Frey B S. Motivation, knowledge transfer, and organizational forms [J]. Organization Science, 2000, 11 (5): 538 – 550.

[276] Palmer D, Barber B M. Challengers, elites, and owning families: A social class theory of corporate acquisitions in the 1960s [J]. Administrative Science Quarterly, 2001, 46 (1): 87 – 120.

［277］ Payne G T, Benson G S, Finegold D L. Corporate board attributes, team effectiveness and financial performance ［J］. Journal of Management Studies, 2009, 46 (4): 704 – 731.

［278］ Pearce J A, Zahra S A. Board composition from a strategic contingency perspective ［J］. Journal of Management Studies, 1992, 29 (4): 411 – 438.

［279］ Peng M W. Outside directors and firm performance during institutional transitions ［J］. Strategic Management Journal, 2004, 25 (5): 453 – 471.

［280］ Peng M W, Wang D Y L, Jiang Y. An institution-based view of international business strategy: A focus on emerging economies ［J］. Journal of International Business Studies, 2008, 39 (5): 920 – 936.

［281］ Penrose E T. The Theory of the Growth of the Firm ［M］. NY: Sharpe, 1959.

［282］ Pfeffer J, Salancik G R. The external control of organizations a resource dependence approach ［M］. NY: Harper and Row Publishers, 1978.

［283］ Pfeffer J. Size and composition of corporate boards of directors: The organization and its environment ［J］. Administrative Science Quarterly, 1972: 218 – 228.

［284］ Porter M. E. The Competitive Advantage of Nations ［M］. NY: Free Press, 1990.

［285］ Porter, M. E. Competitive advantage: Creating and sustaining superior performance ［M］. NY: Free Press, 1985.

［286］ Porter M E. Capital disadvantage: America's failing capital investment system ［J］. Harvard Business Review, 1992, 70 (5): 65 – 82.

［287］ Qian C, Cao Q, Takeuchi R. Top management team functional diversity and organizational innovation in China: The moderating effects of environment ［J］. Strategic Management Journal, 2013, 34 (1): 110 – 120.

[288] Raheja C G. Determinants of board size and composition: A theory of corporate boards [J]. Journal of Financial and Quantitative Analysis, 2005, 40 (2): 283 – 306.

[289] Reeb D, Upadhyay A. Subordinate board structures [J]. Journal of Corporate Finance, 2010, 16 (4): 469 – 486.

[290] Ridge J W, Kern D, White M A. The influence of managerial myopia on firm strategy [J]. Management Decision, 2014, 52 (3): 602 – 623.

[291] Romer P M. Endogenous technological change [J]. Journal of Political Economy, 1990, 98 (5): S71 – S102.

[292] Schmidt B. Costs and benefits of friendly boards during mergers and acquisitions [J]. Journal of Financial Economics, 2015, 117 (2): 424 – 447.

[293] Schubert T, Tavassoli S. Product Innovation and Educational Diversity in Top and Middle Management Teams [J]. Academy of Management Journal, 2019, forthcoming.

[294] Suchman M C. Managing legitimacy: Strategic and institutional approaches [J]. Academy of Management Review, 1995, 20 (3): 571 – 610.

[295] Schumpeter, J A. Capitalism, socialism, and democracy [M]. NY: Harper & Brothers, 1942.

[296] Seshadri S, Shapira Z. Managerial allocation of time and effort: The effects of interruptions [J]. Management Science, 2001, 47 (5): 647 – 662.

[297] Shah P P, Jehn K A. Do friends perform better than acquaintances? The interaction of friendship, conflict, and task [J]. Group Decision and Negotiation, 1993, 2 (2): 149 – 165.

[298] Shane S. Prior knowledge and the discovery of entrepreneurial opportunities [J]. Organization Science, 2000, 11 (4): 448 – 469.

[299] Shepherd D A, Mcmullen J S, Ocasio What is that an opportunity?

An attention model of top managers' opportunity beliefs for strategic action [J]. Strategic Management Journal, 2017, 38 (3): 626 – 644.

[300] Shivdasani A, Yermack D. CEO involvement in the selection of new board members: An empirical analysis [J]. The Journal of Finance, 1999, 54 (5): 1829 – 1853.

[301] Shleifer A, Vishny R W. A survey of corporate governance [J]. The Journal of Finance, 1997, 52 (2): 737 – 783.

[302] Silver A. Friendship in commercial society: Eighteenth-century social theory and modern sociology [J]. American Journal of Sociology, 1990, 95 (6): 1474 – 1504.

[303] Simon H A. Administrative behavior: A study of decision-making processes in administrative organization [M]. Chicago: Macmillan, 1947.

[304] Song F, Thakor A V. Information control, career concerns, and corporate governance [J]. The Journal of Finance, 2006, 61 (4): 1845 – 1896.

[305] Stiles P. The impact of the board on strategy: An empirical examination [J]. Journal of Management Studies, 2001, 38 (5): 627 – 650.

[306] Strebel P. Organizing for innovation over an industry cycle [J]. Strategic Management Journal, 1987, 8 (2): 117 – 124.

[307] Sun J, Cahan S F, Emanuel D. Compensation committee governance quality, chief executive officer stock option grants, and future firm performance [J]. Journal of Banking & Finance, 2009, 33 (8): 1507 – 1519.

[308] Tang Y, Li J, Yang H. What I see, what I do: How executive hubris affects firm innovation [J]. Journal of Management, 2015, 41 (6): 1698 – 1723.

[309] Tian J, Haleblian J, Rajagopalan N. The effects of board human and social capital on investor reactions to new CEO selection [J]. Strategic Management Journal, 2011, 32 (7): 731 – 747.

[310] Tian X, Wang T Y. Tolerance for failure and corporate innovation [J]. The Review of Financial Studies, 2011, 27 (1): 211 –255.

[311] Tobin J. Estimation of relationships for limited dependent variables [J]. Econometrica, 1958, 26 (1): 24 –36.

[312] Tripsas M, Gavetti G. Capabilities, cognition, and inertia: Evidence from digital imaging [J]. Strategic Management Journal, 2000, 21 (10 – 11): 1147 –1161.

[313] Tsui A S, Egan T, O'Reilly III C. Being different: Relational demography and organizational attachment [J]. Administrative Science Quarterly, 1992, 37 (4): 549 –579.

[314] Tsui A S, O'Reilly III C A. Beyond simple demographic effects: The importance of relational demography in superior-subordinate dyads [J]. Academy of Management Journal, 1989, 32 (2): 402 –423.

[315] Tuggle C S, Schnatterly K, Johnson R A. Attention patterns in the boardroom: How board composition and processes affect discussion of entrepreneurial issues [J]. Academy of Management Journal, 2010, 53 (3): 550 – 571.

[316] Tuggle C S, Sirmon D G, Reutzel C R, et al. Commanding board of director attention: investigating how organizational performance and CEO duality affect board members' attention to monitoring [J]. Strategic Management Journal, 2010, 31 (9): 946 –968.

[317] Turner, J. Social identity and intergroup relations [M]. Cambridge: Cambridge University Press, 1982.

[318] Tversky A, Kahneman D. Judgment under uncertainty: Heuristics and biases [J]. Science, 1974, 185 (4157): 1124 –1131.

[319] Upadhyay A D, Bhargava R, Faircloth S D. Board structure and role of monitoring committees [J]. Journal of Business Research, 2014, 67 (7): 1486 –1492.

［320］Useem M. Classwide rationality in the politics of managers and directors of large corporations in the United States and Great Britain ［J］. Administrative Science Quarterly, 1982, 27 (2): 199 – 226.

［321］Useem M. The inner circle ［M］. Oxford: Oxford University Press, 1984.

［322］Vafeas N. Board meeting frequency and firm performance ［J］. Journal of Financial Economics, 1999, 53 (1): 113 – 142.

［323］Vissa B. A matching theory of entrepreneurs' tie formation intentions and initiation of economic exchange ［J］. Academy of Management Journal, 2011, 54 (1): 137 – 158.

［324］Walrave B, Romme A G L, van Oorschot K E, et al. Managerial attention to exploitation versus exploration: Toward a dynamic perspective on ambidexterity ［J］. Industrial and Corporate Change, 2017, 26 (6): 1145 – 1160.

［325］Watts D J. Networks, dynamics, and the small-world phenomenon ［J］. American Journal of Sociology, 1999, 105 (2): 493 – 527.

［326］Westphal J D, Khanna P. Keeping directors in line: Social distancing as a control mechanism in the corporate elite ［J］. Administrative Science Quarterly, 2003, 48 (3): 361 – 398.

［327］Westphal J D, Park S H, McDonald M L, et al. Helping other CEOs avoid bad press: Social exchange and impression management support among CEOs in communications with journalists ［J］. Administrative Science Quarterly, 2012, 57 (2): 217 – 268.

［328］Westphal J D, Milton L P. How experience and network ties affect the influence of demographic minorities on corporate boards ［J］. Administrative Science Quarterly, 2000, 45 (2): 366 – 398.

［329］Westphal J D, Zajac E J. Who shall govern? CEO/board power, demographic similarity, and new director selection ［J］. Administrative Science

Quarterly, 1995, 40 (1): 60 – 83.

[330] Westphal J D. Collaboration in the boardroom: Behavioral and performance consequences of CEO-board social ties [J]. Academy of Management Journal, 1999, 42 (1): 7 – 24.

[331] Weterings A, Koster S. Inheriting knowledge and sustaining relationships: What stimulates the innovative performance of small software firms in the Netherlands? [J]. Research Policy, 2007, 36 (3): 320 – 335.

[332] Wu J. Asymmetric roles of business ties and political ties in product innovation [J]. Journal of Business Research, 2011, 64 (11): 1151 – 1156.

[333] Wu, S. B., Levitas, E., & Priem, R. L. CEO tenure and company invention under differing levels of technological dynamism [J]. Academy of Management Journal, 2005, 48 (5), 859 – 873.

[334] Xu D, Zhou K, Du F. Deviant versus Aspirational Risk Taking: The Effects of Performance Feedback on Bribery Expenditure and R&D Intensity [J]. Academy of Management Journal, 2019, forthcoming.

[335] Yadav M S, Prabhu J C, Chandy R K. Managing the future: CEO attention and innovation outcomes [J]. Journal of Marketing, 2007, 71 (4): 84 – 101.

[336] Yanadori Y, Marler J H. Compensation strategy: Does business strategy influence compensation in high-technology firms? [J]. Strategic Management Journal, 2006, 27 (6): 559 – 570.

[337] Zahra S A, Pearce J A. Boards of directors and corporate financial performance: A review and integrative model [J]. Journal of Management, 1989, 15 (2): 291 – 334.

[338] Zahra S A. Governance, ownership, and corporate entrepreneurship: The moderating impact of industry technological opportunities [J]. Academy of Management Journal, 1996, 39 (6): 1713 – 1735.

［339］Zajac E J, Westphal J D. Accounting for the explanations of CEO compensation: Substance and symbolism ［J］. Administrative Science Quarterly, 1995, 40 (1): 283 – 308.

［340］Zajac E J, Westphal J D. Who shall succeed? How CEO/board preferences and power affect the choice of new CEOs ［J］. Academy of Management Journal, 1996, 39 (1): 64 – 90.

［341］Zhou K Z, Gao G Y, Zhao H. State ownership and firm innovation in China: An integrated view of institutional and efficiency logics ［J］. Administrative Science Quarterly, 2017, 62 (2): 375 – 404.

［342］Zhu D H, Westphal J D. How directors' prior experience with other demographically similar CEOs affects their appointments onto corporate boards and the consequences for CEO compensation ［J］. Academy of Management Journal, 2014, 57 (3): 791 – 813.

［343］Zona F, Zattoni A, Minichilli A. A contingency model of boards of directors and firm innovation: The moderating role of firm size ［J］. British Journal of Management, 2013, 24 (3): 299 – 315.

［344］Zona F. Agency models in different stages of CEO tenure: The effects of stock options and board independence on R&D investment ［J］. Research Policy, 2016, 45 (2): 560 – 575.

后 记

转眼间，已从南开大学博士毕业，在高校从事教学科研工作近四年。一直期待能够出版自己的专著，这本书是我从事公司治理与战略管理领域科学研究的其中一个重要的结晶，如今在我从事科学研究的第十个年头（从硕士学习算起）即将出版，想要衷心感谢在我从事科研及参加工作以来对我教导、帮助过的老师、同学、同事及家人。

感谢我硕士和博士学习期间的导师周建教授，是您带我走进了学术研究的大门。至今我仍清晰地记得 2013 年 9 月硕士研究生入学后第一次在您办公室您与我谈话的场景，您耐心和兴奋地给我讲解您的团队所做的研究，您当时在纸上勾勒出公司治理和战略管理交叉领域的研究，此后，我硕士、博士六年的学习生涯，以及参加工作以来都在围绕公司治理和战略管理的交叉领域进行研究。记得我研究生刚入学时您对我的教诲："Never waste your time, or you career will be washed away little by litte"。在我整个的学习过程中，您总是能够敏锐地观察到我学术研究的些许进步和倒退，在我学业倒退时，您总是及时地训斥我、鞭策我说："你近日的研究态度有些浮躁，学如逆水行舟，不进则退"。当然，您在我写出好的论文的时候，或者在团队学习中讲解到有趣的文献时，您也总会为我开心，并毫无保留地给予我最大的鼓励和激励，让我再接再厉，这一切都是我前行、进步的养分。

感谢我在博士生联合培养期间的导师孙黎教授，感谢孙黎教授的悉心指导，在美国学习的一年，无论多么繁忙您每周总是抽出时间与我讨论研究的进展。您渊博的学识、活跃敏锐的学术视野和循序渐进的引导总是能帮助我一点点地进步。还有您总是抛很多话题让我去思考，慷慨地提供很多学习资料让我阅读。您一直鼓励我让我多参加学术会议，并在 2018 年 8 月份我有幸参加在芝加哥举办的 AOM（Academy of Management）会议，在这个会议上收获颇多。

感谢经济科学出版社的庞丽佳和编辑老师们对本书专业、耐心细致的加工。

最后，感谢我的家人，感谢他们作为我的坚强后盾，一直以来所给予我的包容、爱护和支持。感谢我的父母，妈妈的坚韧质朴和爸爸的善良仁爱是我终身学习的榜样，谨以此书作为微薄的礼物献给你们。感谢我的先生和女儿，今天刚好是儿童节，希望 Yomi 小朋友能够健康、快乐地成长，做一个独立、坚强、有爱心而精神富足的人。

罗宵依

2023 年 6 月 1 日